R

36719

LETTRES
PHILOSOPHIQUES.

Du même Auteur.

FRAGMENTS DE PHILOSOPHIE, par M. Hamilton, professeur de logique et de métaphysique à l'Université d'Édimbourg, traduits de l'anglais; avec une longue préface, des notes et un appendice du traducteur. 1 vol. in-8°, 1840.   7 fr. 50 c.

ÉLÉMENTS DE LA PHILOSOPHIE DE L'ESPRIT HUMAIN, par Dugald-Stewart, trad. de l'anglais, avec une Notice sur la vie et les ouvrages de l'Auteur. 3 vol. in-12, 1843.   10 fr. 50 c.

RAPPORTS DU PHYSIQUE ET DU MORAL DE L'HOMME et Lettre sur les causes premières; par P. J. G. Cabanis. 8ᵉ édit. augmentée de notes et précédée d'une Notice historique et philosophique sur la vie, les travaux et les doctrines de Cabanis; 1 gros vol. in-8°.   8 fr.

DE L'IMPRIMERIE DE BEAU, A SAINT-GERMAIN-EN-LAYE.

LETTRES PHILOSOPHIQUES,

SUR LES

VICISSITUDES DE LA PHILOSOPHIE

RELATIVEMENT AUX PRINCIPES DES CONNAISSANCES HUMAINES,
DEPUIS DESCARTES JUSQU'A KANT;

PAR P. GALLUPPI,

PROFESSEUR DE PHILOSOPHIE A L'UNIVERSITÉ ROYALE DE NAPLES;

Traduites de l'italien sur la 2ᵉ édition

PAR L. PEISSE.

PARIS,
LIBRAIRIE PHILOSOPHIQUE DE LADRANGE,
Quai des Augustins, 19.
—
1844
1847

AVERTISSEMENT

DU TRADUCTEUR.

La traduction d'un ouvrage de philosophie italien est une nouveauté. Ce n'est pas de ce côté qu'on s'attend à recevoir des idées. L'influence morale d'un peuple est en grande partie subordonnée à son influence politique;

et l'Italie isolée, séquestrée, gardée à vue, n'est aujourd'hui, à l'égard de la grande société Européenne, que ce qu'elle est sur la carte, un membre à demi détaché, étranger la vie et au mouvement du corps. Comprimée, abattue, mais, disons-le à son honneur, non résignée, elle aspire à des jours meilleurs. L'Europe, dont elle a été la seconde nourrice intellectuelle, viendra sans doute enfin lui tendre, comme à la Grèce son aînée, une main amie ; et en recouvrant la liberté et la nationalité, elle reprendra son rang sur la scène du monde. L'Italie paraît frappée jusqu'au cœur de cette décadence politique qui est la mort des nations ; mais, pour les nations, l'interruption apparente de la vie n'est souvent que le prélude d'une brillante métempsychose.

La philosophie qui vit de liberté, qui

n'est même, dans son essence, que le libre mouvement de l'esprit, n'a guère pu jusqu'ici prendre en Italie son développement naturel. Surveillée par deux autorités également jalouses, la politique et la théologie, elle y est frappée d'un interdit perpétuel. Cependant l'incoercible activité intellectuelle de la race italienne tend sans cesse à rompre les barrières qu'on lui oppose; et elle donne dans la spéculation philosophique, comme dans toutes les branches du savoir et de l'art, des signes non équivoques de son antique et inépuisable fécondité. A côté de ses savants, de ses poètes, de ses artistes, l'Italie a aussi des penseurs dont le nom commence à traverser les Alpes.

Parmi les écrivains dont les travaux honorent la littérature philosophique, le baron Pascal Galluppi, professeur de philosophie à l'université de Naples, mérite d'être particulièrement distingué. Sa longue carrière a été entièrement consacrée à la philosophie, dont il a été en quelque sorte le restaurateur en Italie, et certainement le plus zélé et le plus savant promoteur, et dont il est encore comme le patriache (1). Ses nombreux ouvrages sont devenus populaires, et servent de base à l'enseignement

(1) M. Galluppi (Pascal) est né en 1770 à Troppea, petite ville de la Calabre, d'une ancienne famille patricienne du royaume de Naples. Son père, le destinant au barreau et à la magistrature, l'envoya étudier la jurisprudence à Naples; mais il négligea de bonne heure cette étude pour se livrer à celle des mathématiques, de la philosophie et de la théologie. Son premier écrit, publié en 1807 *(Sull'analisi e sulla sintesi)*, indiqua la direction future de ses travaux. En 1831, il fut appelé à la chaire de *logique et de métaphysique* à l'Université de Naples, qu'il occupe encore en ce moment. M. Galluppi est, depuis 1840, membre correspondant de l'Institut (Académie des sciences morales et politiques.)

philosophique dans presque tous les États d'Italie (1).

(1) 1° *Saggio filosofico sulla critica della conoscenza*. Napoli, 1819-32. 6 vol. in-8°.

2° *Introduzione allo studio della filosofia, per uso dei fanciulli*. Napoli, 1832. In-8°.

3° *Lezioni di logica e di metafisica*, composte ad uso della regia università. 2 vol. in-8°. Napoli, 1832–33.

4° *Elementi di filosofia*. Messina, 1821. 5 vol. in-12. (Cet ouvrage a eu plusieurs éditions ; la quatrième et la dernière a paru à Naples en 1838, en 6 vol. in–12.)

5° *Lettere filosofiche sulle vicende della filosofia relativamente ai principj delle conoscenze umane, da Cartesio sino a Kant inclusivamente*. Messina, 1827. In-8°. (Deuxième édition, revue et augmentée par l'auteur. Naples, 1838, in-8°.)

6° *Filosofia della volontà*. (Cet ouvrage aura cinq volumes. Les trois premiers ont paru de 1832 à 1842 à Naples.)

7° MÉMOIRE *sur le système de Fichte, ou Considérations philosophiques sur l'idéalisme transcendental et sur le rationalisme absolu*. (Inséré dans le premier volume des *Mémoires* des savants étrangers de l'Académie des sciences morales et politiques.)

8° Divers opuscules. M. Galluppi travaille, dit-on, à une

AVERTISSEMENT

En choisissant parmi tant d'écrits, également estimables, les *Lettres Philosophiques*, on a moins eu égard à l'importance absolue et relative de ce livre, qu'à la commodité de la publication. La concision n'est pas le caractère le plus distinctif des écrivains italiens, philosophiques et autres : leurs ouvrages se composent d'ordinaire d'une masse de volumes bien propres à effrayer les lecteurs et surtout les éditeurs. C'est cette seule considération qui a fait préférer ces Lettres à la *Critique de la connaissance*, livre qui contient l'exposition approfondie de toute la doctrine de l'auteur, ou aux *Éléments de Philosophie* dont la publication serait cependant en France un service rendu à l'enseignement,

---

Philosophie des mathématiques et à une *Histoire générale de la philosophie*.

qui manque encore d'un véritable manuel élémentaire.

Quant à ces Lettres, on peut, sans anticiper témérairement sur le jugement du public philosophique, affirmer qu'on y trouvera une exposition à la fois ingénieuse et solide de la marche historique de la métaphysique dans ces deux derniers siècles. Les principaux systèmes qui se sont disputé l'empire en France, en Angleterre et en Allemagne y sont analysés avec clarté, dans leur enchaînement et leur filiation, et jugés avec l'autorité et la sûreté d'un véritable maître en ces matières. Sous des formes simples jusqu'à la bonhomie, et auxquelles on pourrait même souhaiter une élaboration littéraire moins négligée ou moins scolastique, les hommes compétents reconnaîtront l'originalité du point de vue critique qui y domine. Ce livre pourrait surtout, par l'étendue et la précision des détails, par son excellente méthode didactique et par la simplicité ingénieuse de son plan, offrir un cadre très-convenable aux leçons des professeurs de philosophie, pour la partie historique de leur enseignement.

Nous nous bornerons à ces indications biographiques et littéraires. Un travail historique et critique sur la philosophie italienne et en particulier sur les doctrines de M. Galluppi, quelque bien placé qu'il pût être en tête de ce volume, dépasserait les limites imposées à ce court avertissement.

LETTRES PHILOSOPHIQUES.

LETTRE I.

DIRECTION QUE PRIT LA PHILOSOPHIE A L'ÉPOQUE DE DESCARTES.

C'est à moi que vous vous adressez, mon cher ami, pour vous aider à débrouiller le chaos des opinions qui agitent en ce moment le monde philosophique, et pour apprendre en outre sur quels points doivent se diriger les regards de la spéculation. Vous désirez surtout connaître la philosophie Critique dont le célèbre Kant est l'auteur, et savoir en quoi elle diffère de la philosophie communément suivie en France et en Angleterre. Vous n'ignorez pas combien cet échange d'études philosophiques a d'attrait pour moi, et combien j'ai à cœur de vous satisfaire. J'entrerai donc immédiatement en matière sans autre préambule et sans me laisser arrêter par la difficulté de l'entreprise.

Qu'est-ce que la philosophie? c'est, répondent

quelques philosophes, la science de ce qui est; en conséquence elle est la science de l'homme, du monde et de Dieu. Cette définition suppose que l'homme peut connaître le monde, Dieu et lui-même. Mais, disent quelques autres, il convient d'examiner d'abord si l'homme peut savoir quelque chose, et sur quel fondement il peut le savoir. L'étude de nos moyens de connaître doit précéder et préparer la science des choses. Il suit de là que la philosophie peut être considérée sous deux aspects : comme *la science des choses* ou comme *la science de la science humaine*. Sous le premier de ces points de vue on peut l'appeler une *science objective;* sous le second, une *science subjective*. Or, si la philosophie est la science première, celle qui doit contenir la législation de toutes les autres, vous voyez bien qu'il est nécessaire de la considérer principalement sous le second de ces aspects. C'est là le sens de la fameuse maxime de l'antiquité : *Connais-toi toi-même*. Je la regarderai donc comme une science subjective.

L'état de la philosophie d'une époque est toujours lié à l'état précédent. Mais il est nécessaire de partir d'un point. Ce point, je le prendrai à Descartes qui, vers la moitié du XVIIe siècle, marqua l'ère de la renaissance de la philosophie. C'est de là que nous partirons pour arriver successivement jusqu'à nous.

La philosophie doit, comme science subjective, résoudre le problème suivant : *Puis-je savoir quel-*

que chose, et que *puis-je savoir*? Ecoutons d'abord Descartes[1].

Les sens me trompent; ils me font rapporter aux objets extérieurs mes modifications internes; non-seulement ils sont incapables de me faire connaître les véritables manières d'être des corps, mais il ne peuvent pas même m'assurer leur existence. Et comment en effet le pourraient-ils? dans mes rêves je crois voir et toucher ce que je ne vois ni ne touche; or qui m'assure que ma vie n'est pas un long rêve? Les sens sont donc insuffisants pour me conduire à la connaissance de la vérité. Je douterai donc de toutes les choses qu'ils me manifestent.

Mais, soit que je veille ou que je dorme, deux et trois joints ensemble feront toujours cinq, et le carré n'aura jamais plus de quatre côtés. Il ne me parait pas possible que des vérités si évidentes puissent être fausses ou incertaines. Toutefois il y a long-temps que j'ai dans mon esprit une certaine opinion qu'il y a un Dieu qui peut tout et par qui j'ai été fait et créé tel que je suis. Or personne ne peut m'assurer que ce Dieu ne m'ait pas fait tel que je me trompe inévitablement. Il y a peut-être des personnes qui aimeraient mieux nier l'existence d'un Dieu si puissant que de croire que toutes les autres

---

[1] Cette exposition de la doctrine de Descartes est en grande partie composée de passages des *méditations* littéralement traduits. Nous avons reproduit exactement le texte même de Descartes dans les morceaux de quelque étendue. L'auteur a aussi pris pour guide le fragment de M. Royer-Collard. (*OEuvres de Reid*. t. 3.) L. P.

choses sont incertaines. Mais en leur accordant que tout ce qui est dit ici de Dieu soit une fable; toutefois de quelque manière qu'ils supposent que je sois parvenu à l'existence ou par la nécessité, ou par le hasard, ou par une continuelle série et liaison des choses, toujours est-il certain que l'erreur étant une imperfection, moins sera puissant l'auteur supposé de mon être, plus il sera probable que mon imperfection est telle que je me trompe toujours.

Je douterai donc de toutes les choses sensibles. Je douterai encore de toutes les autres choses qui me paraissaient autrefois certaines, telles que les démonstrations et les principes des mathématiques, non-seulement par la raison qu'il y a des hommes qui s'y trompent, comme il arrive dans les longs calculs, mais surtout parce que j'ai entendu dire que Dieu, qui nous a créés, peut faire tout ce qui lui plaît, et je ne sais s'il ne m'a pas fait tel que je ne puisse éviter l'erreur. Et si je veux supposer que ce n'est pas un Dieu tout-puissant qui est l'auteur de mon être, mais que j'existe par moi-même, ou par un autre moyen quelconque, j'aurai lieu de croire que je ne suis pas tellement parfait que je ne puisse me tromper continuellement. Je douterai donc de toutes choses.

Faisons ici une observation. Le doute n'implique pas la croyance à la fausseté des choses douteuses; autre chose est de douter de l'existence des corps, autre chose de croire que les corps n'existent pas. Mais Descartes passa de son doute sur les choses sensibles et autres à l'affirmation de leur fausseté. Ce fut là le second pas de son doute. Il se proposa de n'admettre que ce qui est certain et de rejeter tout ce qui ne l'est pas; car en admettant le probable on court encore risque d'embrasser l'erreur; et il voulait lui que ses jugements fussent assurés et inébranlables. Il jugea donc qu'il était plus prudent de regarder comme fausses les choses douteuses, afin que la coutume et le préjugé ne pussent plus avoir aucune influence sur sa pensée.

Pour s'autoriser à rejeter universellement toutes les opinions qu'il avait eues, Descartes suppose à la place de Dieu un certain mauvais génie, rusé, puissant et trompeur qui fait tout au monde pour l'abuser. Avec cette supposition il détruit irréparablement l'autorité des sens, de l'évidence, de la mémoire, du raisonnement. « Je suppose, dit-il, que toutes les choses que je vois sont fausses; je me persuade que rien n'a jamais été de tout ce que ma mémoire remplie de mensonges me représente; je pense n'avoir aucun sens, je crois que le corps, la figure, l'étendue, le mouvement et le lieu ne sont que des fictions de mon esprit. Qu'est-ce donc qui pourra être estimé véritable? peut-être rien autre chose sinon qu'il n'y a rien au monde de certain. »

Ce grand homme, en doutant ainsi de toutes les opinions et les rejetant, ne voulait pas pour cela rester dans le doute et la négation de toute vérité. Son doute n'avait pas pour source, comme celui des anciens sceptiques, le désespoir de découvrir la vérité. Archimède demandait un point ferme et immobile. Descartes demande aussi une seule chose qui soit certaine. Où la trouvera-t-il? Écoutons-le.

« Pendant que je doute ou que je suppose qu'il n'y a ni Dieu, ni ciel, ni terre, et que je n'ai aucun corps, je ne peux pas supposer que moi-même je n'existe point pendant que je doute de la vérité de toutes ces choses; car j'ai tant de répugnance à concevoir que ce qui pense n'existe pas pendant qu'il pense, qu'en dépit des plus extravagantes suppositions je ne peux m'empêcher de croire que cette déduction *je pense, donc je suis*, ne soit vraie pour quiconque conduit ses pensées avec ordre.

» Mais, continue-t-il, il y a un je ne sais quel trompeur très-puissant et très-rusé qui emploie toute son industrie à me tromper toujours. Il n'y a donc pas de doute que je suis s'il me trompe; et qu'il me trompe tant qu'il voudra, il ne saura jamais faire que je ne sois rien, tant que je penserai être quelque chose. De sorte qu'après y avoir bien pensé et avoir soigneusement examiné toutes choses, enfin il faut conclure et tenir pour constant que cette proposition *je suis, j'existe*, est nécessairement vraie toutes les fois que je la prononce ou que je la conçois en mon esprit. »

Arrêtons-nous ici un moment. Quand Descartes dit: *Je suis*, ou bien, *je pense, donc je suis*, regarde-t-il le *je*, c'est-à-dire le sujet de ses propres pensées comme un objet immédiatement donné et senti par la conscience ou bien comme un objet conçu par l'entendement ? Déduit-il l'existence du *Moi* de l'existence de la pensée, ou pose-t-il à la fois, comme donnés par la conscience, et la pensée et le moi ?

Je vous prie d'examiner les trois propositions qui suivent :

1. La pensée existe, donc il y a un sujet pensant.

2. Ma pensée existe, donc il y a le Moi.

3. Je pense, donc je suis.

Par la première de ces propositions on ne pose pas le *moi*, mais seulement un sujet indéterminé. Ce raisonnement n'est pas celui de Descartes. La seconde proposition pose le *moi* en posant *ma* pensée (comme lorsqu'on dit le *fils de Socrate*, on pose en même temps et le fils de Socrate et Socrate) ; mais qui pose *ma pensée ?* la conscience. Si, en effet, ma pensée est une chose sentie par la conscience, le *moi* est senti également par elle. La troisième proposition pose le *moi* en disant *je* pense. Or cette dernière est celle de Descartes. Observez que la troisième assertion est différente de la première, mais identique à la seconde. Ainsi donc Descartes pose le *moi* comme un fait de conscience, et lorsqu'il dit *Je pense, donc je suis*, il ne fait qu'une analyse du fait équivalente à ceci : *je pense* est la même chose que *je suis dans l'état de pensée ;* et dans cette proposition est contenu *je suis.*

Descartes continue ainsi : « Je suis assuré que je suis une chose qui pense, mais ne sais-je donc pas aussi ce qui est requis pour me rendre certain de quelque chose? Certes, dans cette première connaissance il n'y a rien qui m'assure de la vérité que la claire et distincte perception de ce que je dis, laquelle, de vrai, ne serait pas suffisante pour m'assurer que ce que je dis est vrai, s'il pouvait jamais arriver qu'une chose que je concevrais ainsi clairement et distinctement se trouvât fausse; et partant il me semble que déjà je puis établir pour règle générale *que toutes les choses que nous concevons fort clairement et fort distinctement sont toutes vraies.*

» Toutefois, j'ai reçu et admis ci-devant plusieurs choses comme très-certaines et très-manifestes, lesquelles, néanmoins, j'ai reconnues par après être douteuses et incertaines. Quelles étaient donc ces choses-là? c'étaient la terre, le ciel, les astres, et toutes les autres choses que j'apercevais par l'entremise de mes sens. Or, qu'est-ce que je concevais clairement et distinctement en elles? certes rien autre chose, sinon que les idées ou les pensées de ces choses-là se présentaient à mon esprit. Et encore à présent je ne nie pas que ces idées ne se rencontrent en moi. Mais il y avait encore une autre chose que j'assurais et qu'à cause de l'habitude que j'avais à la croire je pensais apercevoir très-clairement, quoique véritablement je ne l'aperçusse point, à savoir qu'il y avait des choses hors de moi d'où procédaient ces idées, et auxquelles elles étaient tout-à-fait semblables; et c'était en cela que je me trompais; ou si peut-être je jugeais selon la vérité, ce n'était aucune connaissance que j'eusse qui fut cause de la vérité de mon jugement. »

Descartes donc, pour résoudre le problème de la réalité de la connaissance, commença par douter de tout; mais il s'aperçut que la seule chose dont il ne put douter, c'était l'existence de sa propre pensée et de son *moi*. Il resta ainsi seul avec sa pensée. Cette situation était pénible, et ce grand esprit comprit la nécessité de reconstruire ce qu'il avait détruit. Il n'en trouva le moyen que dans sa pensée même. L'âme, se dit-il, m'est plus connue que le corps. Nous pouvons douter de l'existence de toutes les autres choses, mais dans ce doute même nous percevons notre existence. Si, par exemple, je me persuade qu'il y a une terre parce que je la vois et la touche, à plus forte raison dois-je croire que ma pensée existe, car il pourrait se faire que je pense toucher la terre sans qu'il y ait peut-être aucune terre; mais il n'est pas possible que le *Moi*, c'est-à-dire mon âme, soit un rien, pendant qu'il a cette pensée. Je peux conclure de même pour toutes les autres choses qui me viennent à l'esprit, c'est-à-dire que *moi*, qui les pense, j'existe. L'existence de l'âme est donc de telle nature qu'elle s'affirme par le doute même de toutes choses. Mais l'existence de mon corps et de ceux qui m'environnent ne s'établit point par ce doute. L'âme m'est donc mieux connue que le corps; et en conséquence c'est dans ma pensée que je chercherai la source de la vérité de toutes les autres choses.

L'idée que j'ai de la pensée est distincte de celle que j'ai de l'étendue; je peux concevoir une chose qui pense sans la concevoir étendue. L'âme est donc distincte du corps. Je peux en effet douter de l'existence des corps, mais je ne peux pas douter de l'existence de l'âme.

J'ai en moi l'idée d'un être infiniment parfait. Dans cette idée est comprise l'existence de ce même être; donc il existe un être infiniment parfait. De même qu'en apercevant qu'il suit nécessairement de l'idée du triangle que ses trois angles sont égaux à deux droits, je connais absolument que les trois angles du triangle pris ensemble sont égaux à deux droits; de même en voyant que l'existence nécessaire et éternelle est comprise dans l'idée de l'être infiniment parfait, je dois tenir pour certain que l'être infiniment parfait existe. Comment pourrait-on rejeter la conséquence de ce raisonnement? C'est un principe évident et nécessaire *qu'on peut affirmer d'une chose, tout ce qui est compris dans l'idée claire de cette chose*. Or l'idée claire de l'être infiniment parfait comprend l'ensemble de toutes les perfections, et dans l'idée claire de l'existence actuelle, il est compris que cette existence est une perfection. Dieu, c'est-à-dire l'être infini, est donc existant. Son existence est ainsi établie *à priori*. Je n'ai pas besoin de la faire dépendre du témoignage incertain et trompeur de mes sens. Je la trouve en moi dans la puissante clarté de mes idées; et loin d'établir la réalité de Dieu sur celle des choses matérielles, il faut établir la seconde sur la première. Dans l'idée de Dieu on comprend la *véracité*, c'est-à-dire que Dieu ne peut être trompeur. Si Dieu ne peut nous tromper, il suit que les corps existent. Nous expérimentons bien en nous-mêmes que tout ce que nous éprouvons vient d'une cause différente de notre pensée, puisqu'il n'est pas en notre pouvoir d'avoir un sentiment plutôt qu'un autre et que cela dépend de cette cause étrangère agissant différemment sur nos sens; mais cette cause, ne pourrait-ce pas être Dieu lui-même ou quelque autre objet, et non pas cette matière qui semble nous environner? Nos sens nous font clairement et distinctement percevoir une matière étendue en longueur, largeur et profondeur; or, si Dieu présentait immédiatement à notre esprit l'idée de cette matière étendue, ou s'il permettait que cette idée fût produite en nous par quelque chose qui n'aurait ni étendue, ni figure, ni mouvement, Dieu nous tromperait certainement. Il y a donc des corps, parce que Dieu est vérace. Et non-seulement la certitude de l'existence des corps, mais encore la certitude de toute science repose sur la véracité divine. Il n'y a pas de science qui n'ait besoin de la mémoire; or, comment s'assurer que la mémoire est un guide fidèle si on ne s'en rapporte pas à la véracité divine? Quand dans un raisonnement l'esprit a devant lui actuellement les prémisses et tout l'ordre des conclusions, il est très-certain de la vérité de celles-ci. Mais lorsqu'on se souvient seulement de quelque conclusion, sans considérer la manière dont elle a été obtenue, on reconnaîtra en réfléchissant que l'auteur de notre être aurait pu nous créer tels que la mémoire nous trompât toujours; et qu'il ne peut dès-lors y avoir aucune science certaine pour l'homme tant qu'il ne connaît pas son créateur. La certitude de toute science repose donc sur la véracité de Dieu.

Descartes, croyant que toute la certitude et la réalité de la science humaine reposent sur la véracité divine, s'est efforcé de prouver de plusieurs manières l'existence de Dieu, mais toujours sans sortir de sa pensée et sur le fondement de l'idée de l'Être infiniment parfait, idée qu'il trouve en lui-même. Il établit ces deux principes : 1.° toute idée a une cause ; 2.° il doit y avoir autant de réalité formelle ou éminente dans la cause efficiente de l'idée qu'il y a de réalité objective dans l'idée elle-même. Par *réalité objective d'une idée*, dit Descartes, j'entends l'entité ou l'être de la chose représentée par l'idée. En effet, tout ce que nous concevons être dans les objets des idées est objectivement ou par représentation dans les idées mêmes.

Ces deux principes posés, Descartes raisonne de la manière suivante : « Par le nom de Dieu, j'entends une substance infinie, éternelle, immuable, indépendante, toute connaissante, toute puissante, et par laquelle moi-même et toutes les autres choses qui sont (s'il est vrai qu'il y en ait qui existent), ont été créées et produites. » Or, cette idée ne peut venir de moi ; « car encore que l'idée de substance soit en moi de cela même que je suis une substance, je n'aurais pas néanmoins l'idée d'une substance infinie, moi qui suis un être fini, si elle n'avait été mise en moi par quelque substance qui fût véritablement infinie..... Par conséquent il faut nécessairement conclure que Dieu existe. »

On peut arriver à la même conclusion de cette autre manière : Si Dieu n'était pas, quelle serait la cause de mon existence ? Ce n'est pas moi, car je me serais donné toutes les perfections dont j'ai l'idée, et en outre j'aurais la conscience d'un pouvoir par lequel je me conserverais. Je n'ai pu recevoir l'existence d'un être moins parfait que Dieu ; car cet être n'aurait pu me donner l'idée de l'infini. Je dois donc conclure qu'il y a un Dieu par qui j'ai été créé.

Je n'ai donc besoin que de la contemplation de ma propre pensée pour être certain de l'existence de Dieu, et au moyen de l'idée de Dieu, de l'existence des choses matérielles. Moi, je suis puisque je pense; Dieu est puisque j'en ai l'idée; le Monde matériel existe parce que dans l'idée de Dieu est comprise sa véracité. Voilà toute la science établie sur l'immuable base de la conscience et de la perception intérieure du moi.

Mais comment ai-je reçu de Dieu cette idée de l'infini? Je ne l'ai pas acquise par les sens; je ne l'ai pas non plus formée moi-même, puisque je n'en peux rien retrancher ni y rien ajouter; il ne me reste donc qu'à la considérer comme innée, ainsi que l'idée de moi-même. Dieu en me créant, infusa en moi cette idée, comme la marque indélébile de l'ouvrier dans son œuvre.

Il suit de tout ce qui précède que pour connaître la vérité, nous ne devons pas, selon Descartes, consulter le témoignage incertain et trompeur de nos sens. Nos sens ne nous ont pas été donnés pour nous faire connaître la vérité, mais seulement pour nous faire juger en quoi les corps extérieurs peuvent nous être utiles ou nous nuire, sans nous éclairer en rien sur leur nature, sinon par hasard et dans quelques rares circonstances. D'après ces réflexions, conclut Descartes, nous abandonnerons sans peine les préjugés des sens pour ne nous servir que de notre entendement, *parce que c'est dans l'entendement seul que se trouvent naturellement les premières notions ou idées, qui sont les semences des vérités que nous pouvons connaître.*

La certitude et la réalité de la science humaine reposent donc tout entières sur la perception intérieure de nous-mêmes.

La doctrine de Descartes que nous venons d'exposer, se trouve dans son *Discours de la méthode* qui parut en 1637, dans ses *méditations* publiées en 1641 et dans les *Principes de la philosophie* (1644).

Il importe de ne pas confondre le rationalisme de Descartes avec celui de Spinoza. Descartes part d'un fait, l'existence de sa propre pensée, appuyée sur le témoignage de la conscience. Spinoza, au contraire, part de certaines notions ou définitions. Si le premier de ces philosophes fonde ensuite la philosophie sur de pures notions qu'il trouve à *priori* en lui-même, il établit l'existence de ces notions sur le témoignage irréfragable de la conscience. Descartes va du fini à l'infini. Spinoza part tout d'abord de l'infini et sur cette notion seule élève tout son panthéisme.

La philosophie cartésienne fut embrassée par les plus grands esprits. Les idées claires qui sont en nous, dit Fénelon, sont le principe de toute certitude. Toute la clarté du raisonnement : *Je pense, donc je suis*, repose sur la connaissance que j'ai du néant et sur celle que j'ai de la pensée. Je connais clairement que le néant ne peut rien, ne sait rien, ne reçoit rien et n'est jamais que rien. D'un autre côté je connais clairement que penser c'est opérer, c'est faire, c'est avoir quelque chose ; je connais donc clairement que la pensée actuelle ne peut jamais convenir au néant. C'est l'idée claire de la pensée qui me découvre l'incompatibilité réciproque du néant et de la pensée, laquelle est une manière d'être. Je conclus donc trois choses, ajoute Fénelon, d'après l'idée claire que j'ai de mon existence par le moyen de ma pensée : 1° qu'aucun homme de bonne foi ne peut douter contre une idée complétement claire ; 2° qu'encore que nos idées fussent trompeuses, elles ne laisseraient pas que de nous induire invinciblement en erreur, toutes les fois qu'elles auraient cette clarté ; 3° qu'il n'y a rien en nous qui nous donne le droit de douter de la certitude de nos idées claires. Toute l'étendue de notre raison consiste à consulter comme une règle supérieure et immuable nos idées.

Tous ces raisonnements cartésiens supposent qu'il suffit d'avoir une idée claire dans l'esprit pour être autorisé à admettre l'existence de l'objet pensé, et qu'il suffit de pouvoir penser une chose sans une autre, pour être également en droit de supposer que l'une de ces choses n'est pas l'autre, et qu'elle existe indépendamment de l'autre. L'entendement humain est pris pour règle de la réalité.

La première chose que nous concevons dans l'âme, disent les cartésiens, c'est la pensée ; la pensée est donc l'essence de l'âme. La première chose que nous concevons dans le corps, c'est l'étendue ; l'étendue est donc l'essence du corps. Nous n'avons pas une idée claire des odeurs, des sons, des saveurs, des couleurs, du chaud, du froid, lorsque nous considérons ces choses comme des qualités de l'étendue, et en les considérant ainsi nous ne saurions dire ce qu'elles sont. Mais nous avons de ces mêmes choses une idée claire lorsque nous les regardons comme des modifications de l'âme. Ces qualités, ainsi considérées, n'existent pas dans les corps. Nous avons une idée claire du mouvement comme mode de l'étendue ; le mouvement existe donc dans la matière. Mais nous pouvons concevoir la matière en repos ; le mouvement ne lui est donc pas essentiel.

Voilà comment raisonnaient les cartésiens en conséquence de leurs principes sur la connaissance.

LETTRE II.

DE LA PHILOSOPHIE DE LOCKE.

Le cartésianisme et l'école de Locke forment deux grandes époques dans l'histoire de la philosophie. Ces deux doctrines ont paru à très-peu de distance l'une de l'autre, et la seconde est née de la première. C'est en 1694 que parut l'*Essai sur l'entendement humain* de l'illustre Locke. Ce philosophe entreprit de renverser le cartésianisme et de refaire l'entendement lui-même. Il attaqua par beaucoup d'arguments la doctrine cartésienne des idées innées, existant dans l'âme à *priori* et indépendamment de la sensation. Il partit de l'ignorance absolue, ou, comme on dit, de la table rase. Il essaya de prouver que toutes nos idées simples viennent de la sensation et de la réflexion, c'est-à-dire des sens externes et du sens interne. Suivant lui, l'expérience est la seule source où l'homme puise les éléments de son savoir; elle est extérieure ou intérieure, et par conséquent il n'y a que deux sortes d'idées, celles qui viennent de l'expérience extérieure, c'est-à-dire des sensations, et celles qui viennent de l'expérience intérieure, c'est-à-dire la conscience. Les objets des premières sont toutes les choses matérielles; les objets des secondes sont les facultés de l'âme par lesquelles elle pense, perçoit, doute, etc. Les idées simples constituent toute la matière du savoir humain, attendu que toutes les idées composées peuvent être réduites aux idées simples. L'esprit ne renferme en lui-même aucune idée simple, et il ne saurait en produire aucune. Il les reçoit toutes, telles qu'elles lui sont offertes, sans y pouvoir rien changer. Les idées simples dépendent des perceptions d'un seul sens, ou des perceptions réunies de plusieurs sens. Ainsi les idées des couleurs et de la lumière proviennent des seules sensations visuelles, celles des odeurs du sens de l'odorat, et celles des saveurs du goût. Il en est de même des sons. Au contraire, les idées de l'étendue et de la figure sont également produites par la vue et par le tact.

Mais comment ce philosophe prouve-t-il qu'il n'y a pas d'idées innées, et que toutes les idées simples viennent ou de la sensation ou de la réflexion ? S'il y avait des idées innées, dit-il, tous les hommes devraient en avoir la conscience. Il est absurde de soutenir que l'esprit ait des idées qu'il ne perçoit pas et qu'il ne connaît pas du tout. Il ne saurait contenir des principes, des propositions qu'il n'aurait jamais connus ou dont il n'aurait point eu conscience. Si donc il y avait des principes innés, ils devraient être universellement reconnus ou sentis par l'entendement. Or, en fait, les enfants, les idiots, les sauvages ne les possèdent point. Qui pourra dire que ces propositions fondamentales du savoir humain : *Ce qui est, est; il est impossible qu'une chose soit et ne soit pas en même temps*, soient entendues des jeunes enfants et des ignorants? Il ne suffit pas de répondre que les hommes connaissent ces principes dès qu'ils arrivent à l'âge de raison; car, en premier lieu, si les hommes acquièrent la connaissance de ces principes, il s'ensuit que cette connaissance est acquise et non innée; et en outre il est faux que tous les hommes parvenus à l'âge de raison connaissent le principe de contradiction. Les sauvages et en général les ignorants passent leur vie sans le connaître[1]. Enfin combien les enfants ne donnent-ils pas de preuves de l'usage de la raison bien avant d'être arrivés à l'époque où ils ont la plus légère notion de ce principe! et comment serait-il possible que la nature eût primitivement imprimé dans notre âme une chose qui est la source et la règle de l'entendement, et qui néanmoins aurait besoin de l'exercice de ce même entendement pour être connue? La doctrine des idées innées et des principes à *priori*, conclut Locke, est donc une hypothèse chimérique démentie par l'expérience.

Si on examine les idées les plus intellectuelles, dit Locke, il est facile de voir qu'elles doivent tou-

---

[1] Locke, liv. I.

tes leur origine à la sensation et à la conscience. L'idée de l'espace ou de l'étendue provient des sensations de la vue et du tact. L'expérience nous enseigne que nous voyons avec les yeux une étendue colorée, que nous touchons avec nos mains une étendue solide. L'idée d'espace nous vient donc des sensations. En rentrant en nous-mêmes, nous éprouvons une série non interrompue de modifications qui se succèdent; de-là, l'idée de la durée et du temps. Ainsi les deux principales notions de la métaphysique, l'espace et le temps, dérivent de l'expérience : la première de l'expérience externe, la seconde de l'expérience interne.

Parmi toutes nos idées, il n'y en a aucune qui nous soit suggérée par plus de voies que celle de l'*unité;* aussi n'y en a-t-il pas de plus simple[1]. Il n'y a dans cette idée aucune apparence de variété ou de composition, et elle se trouve jointe à chaque objet qui frappe nos sens, à chaque idée qui se présente à notre entendement, à chaque pensée de notre esprit. C'est pourquoi il n'y en a point qui nous soit plus familière. Il n'y en a pas aussi de plus universelle, car le nombre s'applique aux hommes, aux anges, aux actions, aux pensées, en un mot à tout ce qui existe ou peut être imaginé. C'est en répétant cette idée de l'unité dans notre esprit et en joignant ensemble ces répétitions, que nous nous formons les idées complexes des nombres.

[1] Locke, liv. II, ch. XVI, § 1, 2.

En considérant par le moyen des sens la perpétuelle vicissitude des choses, nous ne pouvons nous empêcher de remarquer que plusieurs choses particulières, soit qualités, soit substances, commencent d'exister, et qu'elles reçoivent leur existence de l'application et opération de quelque autre être. C'est par cette observation que nous acquérons les idées de *cause* et d'*effet*. Nous désignons par le nom de *cause* ce qui produit quelque idée simple ou complexe, et par le nom d'*effet* ce qui est produit. Ainsi, ayant vu que dans la cire la fluidité, qui est une idée simple, est constamment produite par l'application d'un certain degré de chaleur, nous disons que la chaleur est la cause de la fluidité et que la fluidité est l'effet de la chaleur. De même en observant que la substance du bois, qui est une certaine collection d'idées simples, est réduite au moyen du feu en une autre substance qu'on appelle cendre (autre idée complexe différente de celle du bois), nous considérons le feu par rapport aux cendres comme la cause, et les cendres comme l'effet [1].

Lorsque, en considérant une chose comme existant en un certain temps et en un certain lieu déterminés, nous la comparons avec elle-même existant en un autre temps et en un autre lieu, nous formons les idées d'*identité* et de *diversité*[2]. L'identité consiste en ce que les idées auxquelles on l'at-

---

[1] Locke, liv. II, ch. XXVI, § 1. — [2] Ibid. ch. XXVII, § 1.

tribue ne sont en rien différentes de ce qu'elles étaient au moment où nous considérions leur précédente existence à laquelle nous comparons leur existence présente. Car, ne voyant jamais et ne pouvant pas même concevoir qu'il soit possible que deux choses de la même espèce existent en même temps dans le même lieu, nous avons le droit de conclure que tout ce qui existe quelque part à un certain moment, exclut une autre chose de la même espèce et existe là tout seul. Lors donc que nous demandons *si une chose est la même ou non*, cela se rapporte toujours à une chose qui, en un tel temps, existait en un tel lieu, et qui dans cet instant était certainement là avec elle-même et non avec une autre. Il suit de là qu'une chose ne saurait avoir deux commencements d'existence, et deux choses un seul commencement, étant impossible que deux choses de la même espèce existent simultanément dans le même lieu, ou qu'une seule et même chose existe en des lieux différents. En conséquence, ce qui a un même commencement par rapport au temps et au lieu, est la même chose ; et ce qui, sous les deux rapports, a un commencement différent de cette chose, n'est pas la même chose, mais en diffère.

Si on veut savoir de quelle espèce est l'idée *d'infinité*[1], il n'y a pas de meilleur moyen que de considérer à quelle chose nous l'attribuons immédiate-

---

[1] Locke, liv. II, ch. XVII, § 1.

ment, et d'observer la manière dont se forme cette notion. Il me semble que le *fini* et *l'infini* sont regardés comme des modes de la quantité, et qu'ils ne sont primitivement attribués qu'aux choses qui ont des parties et qui sont susceptibles de plus et de moins par l'addition ou la soustraction de la moindre partie. Telles sont les idées de l'espace, du temps, du nombre. A la vérité Dieu est *incompréhensiblement infini*. Cependant, lorsque dans notre entendement si borné et si faible nous appliquons notre idée d'infini à ce premier être, c'est principalement par rapport à sa durée et à son ubiquité et, plus figurément, par rapport à sa puissance, à sa sagesse, à sa bonté et à ses autres attributs, qui sont effectivement inépuisables et incompréhensibles. C'est pourquoi lorsque nous appelons ces attributs *infinis*, nous n'avons d'autre idée de cette infinité que celle qui porte notre esprit à réfléchir sur le nombre et sur l'étendue des actes ou objets de la puissance, de la sagesse et de la bonté divines, actes et objets dont le nombre ne peut jamais être si grand que ces attributs ne soient toujours bien au-delà.

Mais comment se forment les idées de fini et d'infini ? Des portions bornées d'étendue, venant à frapper nos sens, nous donnent l'idée du fini ; de même les périodes ordinaires du temps, comme les heures, les jours et les années [1]. Quiconque a l'idée de quelque longueur déterminée, voit bien qu'il peut répé-

---

[1] Locke, liv. II, ch. XVII, § 2.

ter incessamment cette idée sans jamais arriver à la fin des additions [1]. C'est de là que dérive l'idée d'un espace infini [2]. Pareillement c'est par le pouvoir que nous avons de répéter incessamment l'idée d'une longueur déterminée de la durée que nous nous formons l'idée de *l'éternité*. — Locke conclut de tout cela, que l'idée d'une chose infinie et d'un espace infini n'est que négative, et qu'il ne faut pas confondre l'idée d'un espace infini avec celle de l'infinité de l'espace [3]. Cette dernière consiste dans l'idée d'une progression sans fin. Mais supposer qu'on puisse avoir actuellement dans l'esprit l'idée d'un espace infini, c'est supposer que l'esprit a parcouru cet espace, ce qui répugne à l'idée de l'*infinité*, laquelle implique de ne pouvoir jamais être parcourue.

Les idées de l'espace, du temps, de l'unité, du nombre, de l'identité, de la diversité, du fini, de l'infini dérivent donc, selon Locke, de la sensation et de la réflexion. Mais on lui demande quelle est l'origine de l'idée de substance? Voici sa réponse. « J'avoue [4], dit-il, qu'il y a une idée qu'il serait avantageux aux hommes d'avoir, parce qu'elle est le sujet général de leurs discours, où ils font entrer partout cette idée, comme s'ils la connaissaient effectivement : je veux parler de l'idée de la *substance*, que *nous n'avons ni ne pouvons avoir par voie de*

---

[1] Locke, liv. II, ch. XVII, § 3. — [2] Ibid. § 5. — [3] Ibid. §§ 13, 14 et suiv. — [4] Liv. I, ch. III, § 18.

sensation ou de réflexion. Si la nature se chargeait du soin de nous donner quelques idées, il y aurait sujet d'espérer que ce seraient celles que nous ne pouvons pas acquérir nous-mêmes par l'usage de nos facultés. Mais nous voyons, au contraire, que l'idée de substance ne nous parvenant pas par les mêmes voies que les autres, elle ne nous est pas distinctement connue, de manière que le mot de *substance* n'emporte autre chose à notre égard qu'un certain sujet indéterminé que nous ne connaissons point, c'est-à-dire quelque chose dont nous n'avons aucune idée particulière, distincte et positive, mais que nous regardons comme le soutien ou *substratum* des idées que nous connaissons. »

L'origine de la science est donc, selon Locke, dans l'expérience. Mais sur quoi reposent la réalité et la certitude de la science elle-même ?

« Il est évident, dit-il [1], que l'esprit ne connaît pas les choses immédiatement, mais seulement par l'intervention des idées qu'il en a. Par conséquent notre connaissance n'est réelle qu'autant qu'il y a de la conformité entre nos idées et la réalité des choses. » Mais quel sera ici notre *criterium ?* Comment l'esprit qui n'aperçoit rien que ses propres idées, connaîtra-t-il qu'elles conviennent avec les choses mêmes ? — Voici ce qu'on peut répondre [2]. — L'esprit ne peut créer les idées simples; elles ne sont donc pas des fictions de notre propre imagina-

---

[1] Locke, liv. IV, ch. IV, § 3. — [2] Ibid. § 4.

tion, mais des productions naturelles et régulières de choses existant hors de nous et opérant réellement sur nous. Ainsi les idées simples ont de la réalité, car elles représentent les choses sous les apparences qu'elles sont capables de produire en nous. L'idée de *blancheur* et *d'amertume*, telle qu'elle est dans l'esprit, étant exactement conforme à la puissance qui est dans un corps d'y produire une telle idée, a toute la conformité réelle qu'elle peut et doit avoir avec les choses hors de nous; et cette conformité entre nos idées simples et l'existence des choses suffit pour nous donner une connaissance réelle. »

Il faut distinguer dans les corps les qualités *primaires* et les qualités *secondaires* [1]. Les premières appartiennent réellement au corps et en sont inséparables : telles sont l'étendue, la figure, la solidité, la mobilité; les secondes ne peuvent être objectivement considérées comme des qualités réelles, mais comme de simples puissances qu'ont les corps de produire en notre esprit, au moyen de leurs qualités primaires, diverses idées simples, comme les couleurs, les odeurs, les sons, les saveurs. Les qualités secondes se divisent en immédiates et médiates [2]. Ainsi le lait a pour qualité seconde immédiate la blancheur, et le soleil a la qualité seconde médiate de rendre blanche la toile, parce qu'il a la puissance de produire dans les qualités primaires

---

[1] Locke, liv. II, ch. VIII, § 9 et suiv. — [2] § 26.

de la toile un changement en vertu duquel elles acquièrent le pouvoir de produire en nous l'idée simple de la blancheur. Cette distinction avait déjà été faite par les cartésiens.

Toutes nos idées complexes, ajoute Locke[1], excepté celles des substances, étant des modèles, des archi-types que l'esprit a formés lui-même et qu'il n'a pas destinés à être des copies de quoi que ce soit, ni à se rapporter à l'existence d'aucune chose, ne peuvent manquer d'avoir toute la conformité nécessaire à une connaissance réelle. Ce qui n'est pas destiné à représenter autre chose que soi ne peut, à coup sûr, être susceptible d'une fausse représentation. Le mathématicien, après avoir acquis l'idée d'espace et d'unité, peut, au moyen de l'activité de son esprit, se former les idées complexes de toutes les figures et de tous les nombres, en faisant abstraction de l'existence réelle de ces figures et nombres dans la nature[2]. Il peut, en conséquence, acquérir de cette manière des connaissances qui sont réelles par rapport à l'esprit, hypothétiques par rapport à la nature. Est-il vrai de l'idée du triangle, que ses trois angles sont égaux à deux droits? Cela sera également vrai d'un triangle réellement existant, s'il en existe un quelque part. Mais que le triangle existe, c'est ce qui n'entre en aucune façon dans la connaissance géométrique.

Il y a aussi une autre espèce d'idées complexes,

---

[1] Locke, liv. IV, ch. IV, § 5. — [2] Ibid. § 6.

qui, se rapportant à des originaux hors de nous, peuvent en être différentes [1]; et par conséquent la connaissance que nous en avons peut n'être pas réelle; telles sont nos idées des substances qui, consistant en une collection d'idées simples, qu'on suppose tirées de la nature même, peuvent cependant différer de leurs archétypes, si elles renferment plus ou moins ou d'autres idées que celles qui se trouvaient unies dans les choses mêmes.

Ainsi donc les idées simples sont réelles, parce qu'elles viennent des objets réels. Les idées complexes des substances sont réelles, lorsque l'union des idées simples qui constituent les complexes est donnée par l'expérience. *La réalité de la science humaine est donc appuyée sur l'expérience.* Par l'expérience intérieure nous connaissons notre propre existence; par l'extérieure, l'existence des corps; et, partant de ces données expérimentales, nous connaissons par démonstration l'existence de Dieu.

Mais il importe ici de développer un peu plus longuement la doctrine de Locke relative à la connaissance des existences.

Nous connaissons, dit ce philosophe[2], notre existence propre par *intuition*, celle de Dieu par *démonstration*, et celle de tout le reste par *sensation*.

Pour ce qui est de notre existence, nous l'apercevons avec tant d'évidence et tant de certitude, que

---

[1] Locke, liv. IV, ch. IV, § 11. — [2] Ibid. ch. IX, §§ 2, 3.

la chose n'a pas besoin d'être démontrée et ne peut l'être. Notre existence ou l'existence de notre Moi est donc pour Locke une vérité primitive. Le Moi est aperçu intuitivement. « *Je pense*, dit-il, *je raisonne, je sens du plaisir et de la douleur;* aucune de ces choses peut-elle m'être plus évidente que ma propre existence? Si je doute de toute autre chose, ce doute même me convainc de ma propre existence et ne me permet pas d'en douter; car, si je connais que *je sens de la douleur,* il est évident que j'ai une perception aussi certaine de mon existence que de l'existence de la douleur; et, si je connais que *je doute,* j'ai une perception aussi certaine de l'existence de la chose qui doute que de cette pensée même que j'appelle *doute.* C'est donc l'expérience qui nous atteste *que nous avons une connaissance intuitive de notre existence,* et une infaillible perception intérieure que nous sommes quelque chose. »

Jusqu'ici le philosophe anglais ne fait qu'adopter simplement le principe cartésien : *Je pense, donc je suis.*

Mais il se sépare promptement de Descartes. *Je suis ;* c'est incontestable, c'est une vérité intuitive; mais *que suis-je ?*

Que suis-je? telle est la question que s'adresse aussi Descartes, (2ᵉ médit.) et il se fait immédiatement cette réponse : *Je suis une chose qui pense, c'est-à-dire une chose qui doute, qui connaît, qui affirme, qui nie, qui veut, qui ne veut pas.* Dans l'idée d'une chose qui pense, ajoute encore Descartes, je ne trouve pas l'étendue; l'être pensant est donc inétendu et immatériel. Locke admit le principe de l'argument cartésien, mais il nia la conséquence. Je ne trouve pas, dit-il, l'étendue dans l'idée de l'être pensant, donc la matière n'est pas essentiellement pensante; mais il ne suit pas de là que Dieu n'ait pas pu accorder à la matière la faculté de penser; et à cause de cela nous ignorons si ce qui pense en nous est matière ou pur esprit.

Quant à l'existence de Dieu, Locke, ayant rejeté les idées innées, ne pouvait la déduire, comme faisait Descartes, de l'idée de l'être infiniment parfait. Mais bien que Dieu ne nous ait donné de lui-même aucune idée qui soit née avec nous, néanmoins (selon Locke), comme il a donné à notre esprit les facultés dont il est orné, et étant, comme nous sommes, doués de sensibilité, d'intelligence et de raison, les preuves de son existence ne peuvent nous manquer si nous réfléchissons sur nous-mêmes.

Voici la série des propositions qui établissent la démonstration de Dieu par Locke [1].

1. L'homme connaît sa propre existence.

2. Il connaît aussi que le néant ne peut rien produire.

3. Il suit de là que quelque être a existé de toute éternité.

4. Cet être éternel, principe de tous les êtres, est tout-puissant.

---

[1] Locke, liv. 1, ch. III, et liv. IV, ch. x.

5. L'homme étant un être intelligent, l'être éternel de qui l'homme a reçu l'existence a dû être aussi souverainement sage et intelligent.

6. Il existe donc un être éternel, tout puissant, et omniscient. Cet être, on l'appelle Dieu; donc Dieu existe.

Locke prouve de la manière suivante la spiritualité de Dieu.

1. Chaque partie ou élément de la matière ne peut constituer l'être éternel, car, dans ce cas, il n'y aurait pas un être unique, éternel, infini et pensant, mais un nombre fini d'êtres éternels, finis, et pensants, qui seraient indépendants les uns des autres, dont les forces seraient bornées et les pensées distinctes, et qui, en conséquence, ne sauraient jamais produire cet ordre, cette harmonie et cette beauté qui se remarquent dans la nature.

2. Que si on nie que chaque élément matériel pense, on fait provenir la pensée d'éléments non pensants, ce qui est absurde.

« Quant à l'existence des corps, dit Locke, outre que les sens eux-mêmes nous assurent qu'ils ne se trompent point dans leur témoignage, nous avons encore quelques autres raisons de nous confirmer dans cette assurance [1].

« Premièrement il est certain que nous ne pouvons avoir des sensations ou des idées sensibles qu'u moyen de nos sens; témoins les aveugles-nés et les

---

[1] Locke, liv. IV, ch. XI, § 1, 7.

sourds qui n'ont aucune idée des sons et des couleurs; en fermant les yeux, tous les objets visibles disparaissent. Secondement, les fantômes de l'imagination se distinguent très-bien des sensations. Il y a, dit-il, une grande différence entre les idées qui s'introduisent en moi par force et celles que je conserve dans ma mémoire et dont je peux me servir ou ne pas me servir à volonté. Il faut donc qu'il y ait là quelque cause extérieure dont je ne peux vaincre la puissance. Troisièmement, on peut dire que le plaisir et la douleur qui accompagnent une sensation actuelle n'accompagnent pas le retour de ces idées lorsque les objets extérieurs sont absents. Quatrièmement enfin, nos sens se rendent mutuellement témoignage sur l'existence des choses extérieures, comme, par exemple, le tact et la vue.

Locke semble cependant avoir senti que ses raisonnements en faveur de l'existence des corps n'étaient pas très-décisifs, car il ajoute : « La certitude des choses qui sont dans la nature étant une fois fondée sur le témoignage de nos sens, elle est non seulement aussi parfaite que notre nature peut le permettre, mais même que notre condition le requiert [1] : car nos facultés, n'étant pas proportionnées à toute l'étendue des êtres, ni à aucune connaissance des choses *claire, parfaite, absolue et dégagée de tout doute et de toute incertitude,* mais à la conservation de nos personnes, en qui elles se

[1] Locke, liv. IV, ch. XI, § 8.

trouvent telles qu'elles doivent être pour l'usage de cette vie, elles nous servent assez bien dans cette vue, en nous donnant seulement à connaître d'une manière certaine les choses qui sont convenables ou contraires à notre nature. »

Relativement à la certitude de nos connaissances, il convient d'observer que Locke admet la distinction entre les vérités d'expérience et les vérités métaphysiques *a priori*. Toutes les idées simples dérivent, selon lui, de l'expérience, mais non pas toutes les connaissances. Il y a des connaissances fondées uniquement sur la perception des rapports de nos idées abstraites, comme, par exemple, les vérités mathématiques ($2 + 3 = 5$; le triangle a trois angles). Ces connaissances sont d'une universalité absolue et nécessaire. Mais toutes les propositions universelles sur les substances ne jouissent pas de cette universalité absolue; elles ne s'étendent pas au-delà de l'expérience. Voici les paroles mêmes de Locke [1].

« Lorsque les idées dont nous apercevons la convenance ou la disconvenance sont abstraites, notre connaissance est universelle : car ce qui est connu de ces sortes d'idées générales sera toujours véritable de chaque chose particulière où cette essence, c'est-à-dire cette idée abstraite, doit se trouver renfermée, et ce qui est une fois connu de ces idées sera continuellement et éternellement véritable.

[1] Locke, liv. IV, ch. III, § 31.

Ainsi, pour ce qui est des connaissances générales, c'est dans notre esprit que nous devons les chercher et les trouver uniquement, et ce n'est que la considération de nos propres idées qui nous les fournit.

» Tant que nous n'aurons pas des sens assez pénétrants pour nous découvrir les petites particules des corps, et pour nous donner des idées de leurs affections mécaniques, nous devons nous résoudre à ignorer leurs propriétés et la manière dont ils opèrent; et nous ne pouvons être assurés d'aucune autre chose sur leur sujet, que de ce qu'un petit nombre d'expériences peut nous en apprendre. Mais de savoir si ces expériences réussiront une autre fois, c'est de quoi nous ne pouvons pas être certains, et c'est cela qui nous empêche d'avoir une connaissance certaine des vérités universelles touchant les corps naturels; car sur cet article notre raison ne nous conduit guère au-delà des faits particuliers [1].

Concluons. Selon Locke, la *connaissance humaine considérée soit dans ses éléments simples, soit dans la combinaison de ces éléments formant les idées complexes des substances, a pour origine et pour fondement l'expérience. — La certitude des connaissances à l'égard des substances matérielles ne s'étend pas au-delà de l'expérience. — La certitude sur les rapports de nos idées abstraites est d'une*

---

[1] Locke, liv. IV, ch. III, § 25.

universalité absolue et a son fondement à priori *dans l'intellect* [1].

La clarté avec laquelle Locke exposa ses idées et le soin qu'il mit à la recherche des principes de nos connaissances, répandirent rapidement sa doctrine et la firent adopter généralement. « On peut dire, écrivait d'Alembert, que Locke créa la métaphysique à peu près comme Newton avait créé la physique.... Pour connaître notre âme, ses idées et ses affections, il n'étudia point les livres, parce qu'ils l'auraient mal instruit : il se contenta de descendre profondément en lui-même ; et, après s'être, pour ainsi dire, contemplé long-temps, il ne fit dans son *Traité de l'entendement humain* que présenter aux hommes le miroir dans lequel il s'était vu. En un mot, il réduisit la métaphysique à ce qu'elle doit être en effet, la physique expérimentale de l'âme [2]. »

Mais le même d'Alembert, qui présente ici l'Essai du philosophe anglais comme un traité complet de métaphysique, nous propose, dans ses *Éléments de philosophie*, un problème dont la solution fit prendre à la spéculation une route assez différente de celle de Locke, et arriver à des conclusions que ce dernier aurait peut-être désapprouvées. Cette nouvelle direction imprimée à la philosophie de Locke, à l'é-

---

[1] Quant à la distinction des vérités expérimentales et des vérités à priori, on peut lire le premier volume de mon *Essai philosophique sur la critique de la connaissance*, ou le deuxième chapitre de mes *Éléments de Logique pure*.

[2] Discours préliminaire de l'Encyclopédie.

poque de Condillac, n'a pas été bien observée dans son origine et dans ses résultats. Suivant Locke, les idées simples qui composent les idées complexes des corps particuliers dérivent des sens, ou, pour mieux dire, ne sont pas autre chose au fond que nos sensations mêmes. Mais les sensations sont des modifications de notre esprit. Maintenant on se demande : *Comment les modifications, qui sont dans notre esprit, nous apparaissent-elles au dehors ?* « L'examen de l'opération de l'esprit qui consiste à passer de nos sensations aux objets extérieurs est évidemment le premier pas que doit faire la métaphysique [1]. » Locke ne s'occupa point de la solution de ce problème. Il admit comme fait primitif l'extériorité des sensations et ne chercha pas à l'expliquer. Les odeurs, les sons, les saveurs, les couleurs, le chaud, le froid sont dans l'âme; et cependant toutes ces choses nous paraissent être dans les corps; comment se produit cette apparence? Locke, je le répète, n'essaie pas de l'expliquer.

En outre, les idées complexes des corps ne sont autre chose que certaines collections de nos sensations. Pour que ces idées se produisent, il faut 1° que l'âme rapporte au dehors ses propres sensations; 2° qu'elle combine et réunisse ces sensations. Les sens nous procurent diverses sensations, mais celles-ci paraissent à l'âme distinctes et séparées

---

[1] D'Alembert. Éléments de philosophie, § 4.

l'une de l'autre. Si, par exemple, je prends dans la main une boule de neige, j'éprouve en même temps trois sensations distinctes, celle de froid, celle de résistance et celle de poids. Ces trois sensations sont dans mon esprit séparées l'une de l'autre, et celle-ci est indépendante de celle-là. Maintenant, pour que l'idée complexe de cette boule de neige se forme, deux conditions sont nécessaires : il faut 1° que les trois sensations de froid, de résistance et de pesanteur, qui sont dans l'intérieur de l'âme, nous apparaissent au dehors; 2° qu'elles soient réunies ensemble dans l'idée complexe de la boule de neige. Locke, avons-nous dit, négligea la solution de ces deux problèmes, qui, pris ensemble, se réduisent à un seul, à savoir : *Comment nos sensations produisent-elles les idées complexes des corps?* Locke accepta comme faits primitifs, comme données de l'expérience, et l'extériorité de nos sensations et leur combinaison dans les collections qui composent les idées complexes des corps particuliers. Il ne remonta pas au-delà de ce fait. Ce sont ses disciples qui proposèrent cette question, et c'est de là qu'on peut faire commencer l'époque de *l'idéologie*. Dans la lettre suivante je vous exposerai la manière dont Condillac a résolu le problème.

LETTRE III.

COMMENT CONDILLAC A RÉSOLU LE NOUVEAU PROBLÈME DE LA PHILOSOPHIE.

Le premier ouvrage de Condillac, *l'Essai sur l'origine des connaissances humaines*, parut en 1746. Dans ce livre il n'est pas encore question du problème dont je vous ai parlé dans la précédente lettre. Condillac y adoptait simplement la doctrine de Locke. « Les sensations, dit-il, et les opérations de l'âme sont les matériaux de toutes nos connaissances; matériaux que la réflexion met en œuvre en cherchant, par des combinaisons, les rapports qu'ils renferment [1]. La plus légère attention doit nous faire connaître que quand nous apercevons de la lumière, des couleurs, de la solidité, ces sensations et autres semblables sont plus que suffisantes pour nous donner toutes les idées qu'on a communément des corps. En est-il, en effet, quelqu'un qui ne soit pas renfermé dans ces premières perceptions? n'y trouve-t-on pas les idées d'étendue, de figure, de lieu, de mouvement, de repos

---

[1] Condillac. *Essai sur l'Or. des Conn. Hum.* ch. 1, § 5.

et toutes celles qui dépendent de ces dernières ? Qu'on rejette donc l'hypothèse des idées *innées*, et qu'on suppose que Dieu ne nous donne, par exemple, que des perceptions de lumière et de couleur : les perceptions ne traceront-elles pas à nos yeux de l'étendue, des lignes et des figures [1] ?

Condillac ne s'était donc pas encore occupé de la solution du nouveau problème : *Comment les sensations produisent-elles les idées complexes des corps ?* Le *Traité des Sensations*, publié en 1754, est le premier ouvrage où cet illustre philosophe l'agite pour la première fois. Il se demande, en premier lieu, comment l'âme, qui n'a que des sensations internes, peut arriver à connaître un *hors de soi*, ou, ce qui revient au même, comment l'âme peut placer au dehors les sensations qui sont ses propres modifications internes; et en second lieu, comment l'âme forme la synthèse des sensations en une idée complexe d'un corps particulier quelconque.

Pour répondre à ces questions, Condillac imagina une statue complètement inanimée et insensible, à laquelle on donne à volonté tel ou tel sens.

Réduite au seul sens de l'odorat, cette statue ne pouvait, selon le philosophe français, connaître aucun objet extérieur; si vous approchez du nez de la statue une rose, elle aura la sensation de l'odeur de rose, elle se croira cette odeur même et elle ne per-

---

[1] Essai sur l'orig. des Conn. Hum. ch. II, § 9.

cevra aucun objet extérieur et étendu. Les sensations des odeurs, conclut Condillac, ne peuvent donner à l'âme que le sentiment d'elle-même, sans lui rien manifester du monde des corps.

Lorsque l'oreille de la statue sera frappée du son d'un corps sonore, elle deviendra la sensation même qu'elle éprouve. « Ainsi nous la transformerons en un bruit, un son, une symphonie, car elle ne soupçonne pas qu'il existe autre chose qu'elle. L'ouïe ne lui donne l'idée d'aucun objet situé à une certaine distance. La proximité ou l'éloignement des corps sonores ne produit à son égard qu'un son plus fort ou plus faible; elle en sent seulement plus ou moins son existence [1] : »

» Dès que ces sens, pris séparément, ne donnent pas à notre statue l'idée de quelque chose d'extérieur, ils ne la lui donneront pas davantage après leur réunion. Elle ne soupçonnera pas qu'elle ait deux organes différents; si même au premier moment de son existence elle entend des sons et sent des odeurs, elle ne saura pas encore distinguer en elle deux manières d'être. Les sons et les odeurs se confondront comme s'ils n'étaient qu'une modification simple [2]. »

La bouche de la statue est aux saveurs ce qu'est le nez aux odeurs, et l'oreille aux sons. Les saveurs sont des modifications internes et incapables de la

---

[1] Traité des sensations, part. Ire, ch. viii, § 1. — [2] Ibid. ch. ix, § 1, 2.

conduire au dehors. Plusieurs saveurs réunies lui paraîtront une saveur unique, et elle ne les distinguera pas.

» Mais si l'odorat et l'ouïe ne donnent aucune idée des objets extérieurs, c'est que, par eux-mêmes bornés à modifier l'âme, ils ne lui montrent rien au dehors. Il en est de même de la vue. L'extrémité du rayon qui frappe la rétine produit une sensation ; mais cette sensation ne se rapporte pas d'elle-même à l'autre extrémité du rayon ; elle reste dans l'œil, elle ne s'étend point au-delà, et l'œil est alors dans le même cas qu'une main qui, au premier moment qu'elle toucherait, saisirait le bout d'un bâton. Il est évident que cette main ne connaîtrait que le bout qu'elle tiendrait [1]. » Les sensations de la lumière et des couleurs sont donc de pures modifications internes qui ne donnent à l'âme que le sentiment d'elle-même et ne peuvent lui rien révéler du dehors.

Il ne reste maintenant à examiner que les sensasions du toucher. Quelques-unes de ces dernières, telles que le chaud, le froid, parurent à Condillac également incapables de nous faire connaître le dehors. Mais la sensation de solidité et de résistance attira toute son attention.

Nos sensations, dit ce philosophe, ne sont autre chose que nos manières d'être. Comment donc pouvons-nous apercevoir des objets hors de nous ?

---

[1] Extrait raisonné du traité des sensations, 1re part.

Il semble, en effet, que nous ne devrions apercevoir que notre âme diversement modifiée. Aucun philosophe n'a, que je sache, résolu ce problème, et d'Alembert est le premier qui l'ait nettement posé. Avec les sensations de l'odorat, de l'ouïe, du goût et de la vue, l'homme se croit odeur, son, saveur, couleur, et il n'acquiert aucune connaissance des objets extérieurs. Faisons maintenant l'analyse de la sensation du toucher. Considérons un homme au premier instant de son existence : tant qu'il restera immobile, il n'éprouvera que les sensations que l'air ambiant lui apporte ; il sentira du froid, du chaud ; il aura du plaisir et de la douleur. Mais toutes ces choses ne sont que ses propres modifications qui demeurent concentrées dans son âme. Il ne saura pas s'il y a autour de lui de l'air, ni s'il a un corps. L'action réciproque des parties du corps les unes sur les autres produit un sentiment qu'on peut appeler le *sentiment fondamental* [1] du toucher. Mais ce sentiment seul ne suffit pas pour nous révéler des existences externes ; il ne peut donner à l'âme que le sentiment de son existence propre. Si on frappe la tête et les pieds de la statue, ces impressions modifieront le sentiment fondamental et ne produiront qu'un sentiment simple, toujours insuffisant pour faire sortir la statue d'elle-même. Mais, si par hasard la statue étend sa main et saisit, par exemple,

---

[1] Extrait raisonné du traité des sensations, 2e part. ch. 1, § 1.

une boule de neige, alors un phénomène tout nouveau se manifeste. La statue, éprouvant un sentiment de résistance, sent aussitôt le dehors. Ce sentiment a naturellement un double rapport à l'âme qu'il modifie et à quelque chose qui est hors d'elle. On ne peut éprouver de la résistance sans sentir quelque chose qui résiste. Si la statue promène sa main sur la boule de neige, elle éprouve une continuité de résistance qui lui donne l'idée de l'étendue ; elle circonscrit dans cette étendue la sensation du froid et acquiert ainsi l'idée d'un corps particulier, c'est-à-dire d'une étendue déterminée solide et froide. Le sentiment de solidité apporté à l'âme par l'exercice actif du tact est donc, selon Condillac, le pont par lequel elle passe du dedans au dehors. C'est ce même sentiment qui lui fait distinguer son propre corps d'un corps étranger. Si la statue avec une de ses mains chaudes touche son autre main froide, elle éprouve une double sensation de solidité ; elle sent quelque chose de chaud qui résiste à quelque chose de froid, et quelque chose de froid qui résiste à quelque chose de chaud ; mais, en touchant la boule de neige, elle n'éprouve qu'une seule sensation ; elle ne sent pas dans la boule même qui est l'objet touché, comme elle sent dans l'une et l'autre main, tant dans celle qui touche que dans celle qui est touchée. Cette double sensation est cause que l'âme regarde comme extérieur le corps de neige et comme sien le corps de ses deux mains.

Nous venons de voir comment Condillac, étudiant

les diverses sensations, a cru enfin avoir trouvé le pont qui fait passer l'âme hors d'elle dans le sentiment de solidité né de l'exercice actif du tact. Voyons maintenant la manière dont il résout le second point du problème proposé, à savoir : comment l'esprit réunit en un idée complexe les diverses sensations qui la constituent.

Lorsque le sentiment de solidité a révélé à l'âme *un dehors,* les autres sensations ne cessent pas pour cela d'être internes; il est donc nécessaire d'examiner comment elles deviennent aussi externes. Si la statue approche une fleur de son nez, après avoir préalablement découvert par le sentiment de solidité l'existence extérieure de la fleur, l'odeur ne laisse pas de lui paraître toujours interne. Il s'agit donc d'expliquer comment l'âme met l'odeur dans la fleur. Pareillement la sensation de blancheur de la boule de neige continue dans le même cas de paraître une simple modification spirituelle et interne; il faut également expliquer comment l'âme place dans la neige elle-même la sensation de blancheur. Si les couleurs ne sont autre chose que de pures modifications de l'âme, si elles n'existent qu'en nous, il est nécessaire d'expliquer comment nous les jetons hors de nous et les répandons sur l'étendue des corps, de manière que l'idée d'étendue s'unisse tellement avec la sensation de la couleur qu'elle en devienne inséparable.

Pour expliquer ce fait étonnant, Condillac recourt au grand principe de Causalité. Si A étant posé B l'est aussi, et si en ôtant A on ôte B, nous jugeons que A est la cause de B. La statue prend une fleur, l'approche de son nez, et la sensation d'odeur a lieu; elle éloigne la fleur, et la sensation s'affaiblit; elle la jette à une grande distance, et la sensation disparaît complètement; la statue juge que la fleur est la cause de la sensation, ou, ce qui est la même chose, que la sensation lui vient de la fleur. C'est de la même manière que la statue apprend que les sensations des sons lui viennent des corps sonores. Au premier moment où l'œil s'ouvre à la lumière, l'âme est modifiée; les modifications sont en elle, elles ne sont ni étendues ni figurées. Nous touchons un corps coloré, puis nous le couvrons immédiatement avec la main, et la sensation de couleur s'évanouit; nous retirons la main, et la même sensation se reproduit; nous nous éloignons du corps coloré, et la sensation diminue : nous concluons que la sensation de couleur nous vient du corps.

Jusqu'ici nous n'avons pas encore le phénomène de l'extériorité des sensations. Ces jugements nous découvrent seulement la cause de ces sensations; mais on ne voit pas qu'ils aient la vertu de nous les faire apparaître au dehors. Écoutons encore Condillac. Ces jugements, en se répétant constamment, deviennent habituels et sont par conséquent extrêmement rapides; l'esprit ne remarque plus aucune succession entre les sensations et les jugements qui les suivent; les jugements s'unissent aux sensations mêmes, les altèrent et leur impriment cette extériorité qu'elles n'ont pas naturellement. L'esprit ne se borne plus à juger que les odeurs, les sons, les couleurs lui viennent du dehors; il les sent dehors. C'est ainsi que s'opère, suivant Condillac, le phénomène dont nous parlons.

Mais nos sensations se rapportent non-seulement aux corps qui les produisent, mais encore aux organes sensoriaux sur lesquels les corps agissent. Ce phénomène s'explique également au moyen des jugements qui accompagnent les actions des sens. On remarque, par exemple, que la sensation d'odeur dépend constamment de la proximité ou de l'éloignement d'un certain corps du nez; ce qui fait juger qu'elle dépend non-seulement du corps odoriférant, mais encore de l'organe olfactif, et, au moyen de ces jugements devenus habituels et rapides, l'âme sent les odeurs dans le nez et toutes les sensations en général dans les divers organes sensoriaux.

Si nous couvrons nos yeux avec notre main, la sensation de couleur s'affaiblit ou s'évanouit entièrement; si nous retirons la main, la sensation reparaît. L'âme juge par là que la sensation dépend de l'œil, et puis, en vertu de ces jugements de plus en plus rapides, elle la rapporte à cet organe. Mais la rapporter à cet organe, dit Condillac, c'est l'étendre sur toute la surface extérieure touchée par la main. Voilà comment la modification simple de la couleur devient étendue. L'âme l'étend pareillement sur la surface colorée. En effet, si on couvre avec la main une portion de cette surface, la sensation s'affaiblit, mais elle ne cesse pas complètement comme il arrive lorsqu'on couvre la surface tout entière. C'est ainsi que les jugements habituels sur les causes des sensations des couleurs donnent à ces sensations l'extériorité et l'étendue qu'elles n'ont pas naturellement.

Mallebranche, avant Condillac, avait expliqué par ces jugements l'extériorité des sensations, mais il considérait ces jugements comme naturels et involontaires. Il y a, selon lui, à distinguer quatre choses dans chaque sensation : la première est l'action du corps extérieur sur nos organes ; la deuxième, la passion de l'organe sensitif ; la troisième est la passion de l'âme, c'est-à-dire la sensation ; la quatrième est le jugement par lequel l'âme connaît que ce qu'elle sent est à la fois dans l'organe et dans l'objet extérieur. « Or, dit ce philosophe, ce jugement naturel n'est qu'une sensation ; mais cette sensation ou ce jugement naturel est presque toujours suivi d'un autre jugement libre que l'âme a pris une si grande habitude de faire qu'elle ne peut presque plus s'en empêcher [1]. » — « Quand nous regardons un cube, par exemple, il est certain que tous les côtés que nous en voyons ne font presque jamais de projection ou d'image d'égale grandeur dans le fond de nos yeux ; puisque l'image de chacun de ces

---

[1] Rech. de la vérité, liv. 1, ch. x, § 4.

côtés, qui se peint sur la rétine ou nerf optique, est fort semblable à un cube peint en perspective; et, par conséquent, la sensation que nous en avons nous devrait représenter les faces du cube comme inégales, puisqu'elles sont inégales dans un cube en perspective. Cependant nous les voyons toutes égales et nous ne nous trompons point. Or, l'on pourrait dire que cela arrive par une espèce de jugement que nous faisons naturellement, savoir : que les faces du cube les plus éloignées et qui sont vues obliquement ne doivent pas former sur le fond de nos yeux des images aussi grandes que les faces qui sont plus proches. Mais comme les sens ne font que sentir, et ne jugent jamais, à proprement parler, il est certain que ce jugement naturel n'est qu'une sensation composée, laquelle par conséquent peut quelquefois être fausse. Je l'appelle composée parce qu'elle dépend de deux ou plusieurs impressions qui se font en même temps dans nos yeux. Lorsque, par exemple, je regarde un homme qui marche, il est certain qu'à proportion qu'il s'approche de moi l'image ou l'impression qui se trace de sa hauteur dans le fond de mes yeux, augmente toujours, et devient enfin double lorsqu'étant d'abord à dix pas il n'est plus ensuite qu'à cinq. Mais comme l'impression de la distance diminue dans la même proportion que l'autre augmente, je le vois toujours de la même grandeur. Ainsi la sensation que j'ai de cet homme dépend sans cesse de deux impressions différentes, sans compter le changement de situation des yeux et le reste.

« Cependant ce qui n'est en nous que sensation pouvant être considéré, par rapport à l'auteur de la nature qui l'excite en nous, comme une espèce de jugement, je parle des sensations comme des jugements naturels, parce que cette manière de parler sert à rendre raison des choses, etc...[1] »

Vous voyez donc, par ce qui précède, que l'extériorité des sensations étant un fait, les philosophes ont cherché à l'expliquer. Mallebranche et Condillac reconnaissent l'un et l'autre que l'extériorité des sensations est un produit du jugement; mais le premier la rapporte à la nature et le second à l'habitude. Condillac excepte pourtant la sensation de résistance, qui aurait, selon lui, par elle-même l'extériorité. Locke, nous l'avons dit déjà, admit comme fait primitif l'extériorité des sensations et leur union dans les idées complexes des corps. Condillac voulut expliquer le fait même.

Il suit de son explication que le livre de la nature se compose de la synthèse des sensations. La sensation de résistance et l'axiôme de Causalité sont les principes qui déterminent la synthèse de l'entendement, lequel compose le grand livre de la nature sensible avec les caractères des sensations.

Locke admit dans l'esprit un grand nombre de facultés élémentaires, la perception, la réflexion,

---

[1] Rech. de la vérité, liv. I, ch. VII, § 4.

la mémoire, la faculté de distinguer les idées, celle de les comparer, de les composer, celle d'abstraire, et enfin la volonté et le désir. Condillac trouva ce système un peu trop compliqué, et il se proposa de tout expliquer avec un seul principe. Il concentra toutes les facultés intellectuelles dans la sensation seule. L'attention, la comparaison, le jugement, la réflexion, la volonté, le désir, etc., ne sont, selon lui, que la sensation même qui se transforme diversement. Il n'admit donc pas la doctrine de Locke qui fait provenir nos idées de deux sources : la sensation et la réflexion. Il n'en reconnaît qu'une seule, la sensation. « Si, dit-il, une multitude de sensations se font à la fois avec le même degré de vivacité ou à peu-près, l'homme n'est encore qu'un animal qui sent; mais ne laissons subsister qu'une seule sensation, ou même, sans retrancher entièrement les autres, diminuons-en seulement la force; aussitôt l'esprit est occupé plus particulièrement de la sensation qui conserve toute sa vivacité, et cette sention devient *attention* sans qu'il soit nécessaire de supposer rien de plus dans l'âme. Le sentiment prend le nom de *sensation* lorsque l'impression se fait actuellement sur les sens, et il prend celui de *mémoire* lorsque l'impression n'a pas lieu actuellement, mais s'est faite précédemment. La mémoire n'est donc que la sensation transformée.

» Par-là, nous sommes capables de deux attentions, dont l'une s'exerce par la mémoire et l'autre par les sens. Dès qu'il y a double attention, il y a *comparaison ;* car, être attentif à deux idées ou les comparer c'est la même chose. Or, on ne peut les comparer sans apercevoir entre elles quelque différence ou quelque ressemblance ; et apercevoir de pareils rapports c'est *juger.* Les actions de comparer et de juger ne sont donc que l'attention même. C'est ainsi que la sensation devient successivement attention, comparaison, jugement. » — « Nous sommes obligés de porter notre attention d'un objet sur l'autre, en considérant séparément leurs qualités. Après avoir, par exemple, jugé de leur couleur, nous jugeons de leur figure, pour juger ensuite de leur grandeur, etc... L'attention ainsi conduite est comme une lumière qui se réfléchit d'un corps sur un autre pour les éclairer tous deux, et je l'appelle *réflexion.* La sensation, après avoir été attention, comparaison, jugement, devient donc encore la réflexion même.

» Que faisons-nous lorsque nous désirons? Nous jugeons que la jouissance d'un bien nous est nécessaire. Aussitôt notre réflexion s'en occupe uniquement. S'il est présent, nous fixons les yeux sur lui, nous tendons les bras pour le saisir. S'il est absent, l'imagination le retrace et peint vivement le désir d'en jouir. Le *désir* n'est donc que l'action des mêmes facultés qu'on attribue à l'entendement, et qui, étant déterminée vers un objet par l'inquiétude que cause sa privation, y détermine aussi l'action des facultés du corps. Or, du désir naissent les passions, l'amour, la haine, l'espérance, la crainte, la volonté. Tout cela n'est encore que la sensation transformée [1]. »

Toutes les facultés de l'esprit se réduisent donc à la sensation; et il n'est pas nécessaire d'admettre avec Locke deux sources des idées, la sensation et la réflexion. Il n'y en a qu'une, la sensation.

Une chose remarquable dans la doctrine de Condillac, c'est la manière ingénieuse dont il déduit d'un seul sens les principales idées de la métaphysique. Il fait cette déduction en considérant la statue bornée à un seul sens. Écoutons-le : « Ainsi qu'une odeur est présente à l'odorat par l'impression d'un corps odoriférant sur l'organe même, une autre odeur est présente à la mémoire, parce que l'impression d'un autre corps odoriférant subsiste dans le cerveau où l'organe l'a transmise. En passant de la sorte par deux manières d'être, la statue sent qu'elle n'est plus ce qu'elle a été : la connaissance de ce changement lui fait rapporter la première à un moment différent de celui où elle éprouve la seconde : et c'est là ce qui lui fait mettre de la différence entre exister d'une manière et se souvenir d'avoir existé d'une autre [2]. » — « Puisqu'elle distingue les états par où elle passe elle a quelque idée de *nombre*. Elle a celle de l'*unité* toutes les fois qu'elle éprouve une sensation, ou qu'elle

---

[1] Condillac, Extrait raisonné du traité des sensations. — [2] Traité des sensations, 1re part. ch., II. § 10.

s'en souvient, et elle a les idées de deux et de trois, toutes les fois que sa mémoire lui rappelle deux ou trois manières d'être distinctes; car elle prend alors connaissance d'elle-même comme étant une odeur, ou comme en ayant été deux ou trois successivement. — L'odorat par lui-même ne saurait donc lui donner que l'idée de l'unité, et elle ne peut tenir les idées des nombres que de la mémoire. Mais elle n'étendra pas bien loin ses connaissances à ce sujet, et elle ne pourra pas déterminer le nombre de ses idées lorsque la succession en aura été un peu considérable. — Supposons que la mémoire ne lui représente distinctement que jusqu'à trois de ses manières d'être; au-delà elle en verra une multitude qui sera pour elle ce qu'est la notion prétendue de l'*infini* pour nous. — Elle apercevra donc l'infini dans cette multitude, comme s'il y était en effet [1].

« L'habitude qu'a la statue de juger que ce qui lui est arrivé peut lui arriver encore renferme l'idée du *possible*. Elle se la forme en considérant qu'elle peut cesser d'être l'odeur qu'elle est actuellement et être de nouveau l'odeur passée [2]. »

« Du discernement qui se fait en elle des odeurs naît une idée de *succession* ; car elle ne peut sentir qu'elle cesse d'être ce qu'elle était sans se représenter dans ce changement une durée de deux instants. Comme elle n'embrasse d'une manière distincte que

---

[1] Traité des sensations, 1re part., ch. IV, §§ 5, 6, 7. — [2] Ibid. § 9.

jusqu'à trois odeurs, elle ne démêlera aussi que trois instants dans sa durée. Au-delà, elle ne verra qu'une succession indéfinie. Si on suppose que la mémoire peut lui rappeler distinctement jusqu'à quatre, cinq, six manières d'être, elle distinguera, en conséquence, quatre, cinq, six instants dans sa durée. Chacun peut faire à ce sujet les hypothèses qu'il jugera à propos.

» Le passage d'une odeur à une autre ne donne à notre statue que l'idée du passé. Pour en avoir une de l'avenir, il faut qu'elle ait eu à plusieurs reprises la même suite de sensations, et qu'elle se soit fait une habitude de juger qu'après une modification une autre doit suivre. Les odeurs qui ont précédé et celles qui sont dans l'habitude de suivre marqueront les instants qu'elle aperçoit confusément dans le passé et dans l'avenir ; et elle se représentera une durée indéfinie qui a précédé l'instant présent, et une durée indéfinie qui doit le suivre. Apercevant cette durée comme indéfinie, elle n'y peut démêler ni commencement ni fin ; elle n'y peut même soupçonner ni l'un ni l'autre. C'est donc à son égard une éternité absolue, et elle se sent comme si elle eût toujours été et qu'elle ne dût jamais cesser d'être. En effet, ce n'est point la réflexion sur la succession de nos idées qui nous apprend que nous avons commencé et que nous finirons, c'est l'attention que nous donnons aux êtres de notre espèce que nous voyons naître et périr. Un homme qui ne connaîtrait que sa propre existence n'aurait aucune idée de la mort[1]. »

Les idées de l'unité, du nombre, du fini, de l'infini, du possible, du temps et de l'éternité, peuvent donc naître des seules sensations des odeurs. *L'origine de toute science est donc dans les sensations seules*, et même *toutes les connaissances humaines ne sont autre chose que des sensations*. Tel est le résultat général du Traité dont nous faisons l'analyse.

Mais quel est, selon le même philosophe, la réalité et la certitude de ces connaissances?

Écoutons encore Condillac :

« Je ne vois proprement que moi, je ne jouis que de moi; car je ne vois que mes manières d'être; elles sont ma seule jouissance; et si mes jugements d'habitude me donnent tant de penchant à croire qu'il existe des qualités sensibles au dehors, ils ne me le démontrent pas. Je pourrais donc être tel que je suis, avoir les mêmes besoins, les mêmes désirs, les mêmes passions, quand même les objets que je recherche ou que j'évite n'auraient aucune de ces qualités. En effet, sans le toucher, j'aurais toujours regardé les saveurs, les odeurs, les couleurs et les sons comme à moi; jamais je n'aurais jugé qu'il y a des corps odoriférants, sonores, colorés, savoureux. » Mais avec le sentiment du toucher, je ne perçois autre chose encore que mes modifications. Le toucher n'étant donc pas plus croyable que les autres sens, « comment pourrais-je être assuré de ne

---

[1] Traité des sensations, 1re part., ch. IV, §§ 11, 12, 13.

pas me tromper, lorsque je juge qu'il y a de l'étendue[1] ? »

Les corps, selon Condillac, ne sont pour nous qu'une collection de sensations que le sentiment de solidité nous oblige de rapporter au dehors. Ils sont un produit de la synthèse de l'esprit qui, entraîné par le sentiment de solidité et par le principe de causalité, répand ses sensations au dehors et les réunit en certaines collections.

Mais qu'est-ce que le *moi* pour ce philosophe ? Le *moi* est la collection des sensations que nous éprouvons et de celles que la mémoire reproduit. « Mais ce Moi, conclut Condillac, qui prend de la couleur à mes yeux, de la solidité sous mes mains, se connaît-il mieux pour regarder aujourd'hui comme à lui toutes les parties de ce corps auxquelles il s'intéresse, et dans lesquelles il croit exister ? Je sais qu'elles sont à moi, sans pouvoir le comprendre : je me vois, je me touche, en un mot, je me sens ; mais je ne sais ce que je suis, et si j'ai cru être son, saveur, couleur, odeur, actuellement je ne sais plus ce que je dois me croire [2]. »

Je dois vous prévenir ici que dans ces Lettres je ne fais qu'exposer les principaux systèmes des philosophes relativement aux principes des connaissances humaines, sans rien décider sur leur vérité ou fausseté.

Quant à la doctrine de Condillac sur la certitude

---

[1] Traité des sensations, 4ᵉ part., ch. viii, § 5. — [2] Ibid.

et la réalité de la connaissance, je dois pourtant ajouter que ce célèbre philosophe publia, après le *Traité des Sensations,* son *Cours d'Études* en 1755. Dans cet ouvrage il distingua les vérités métaphysiques *à priori* des vérités expérimentales. Par les premières, dit-il, nous avons l'évidence de raison; par les secondes, l'évidence de sentiment et celle de fait. C'est par la combinaison de ces deux sortes de vérités qu'il prouva la spiritualité de l'âme, l'existence de Dieu et celle des corps. Voici comment il raisonne à l'égard de la dernière. Nous éprouvons diverses impressions qu'évidemment nous ne produisons pas nous-mêmes. Or, tout effet a une cause. Il y a donc quelque cause qui opère sur nous. On appelle *corps* toutes les choses auxquelles cette action est attribuée; et j'appelle *fait* toutes les choses que nous apercevons dans les corps. Soit que ces choses existent comme elles nous paraissent, soit qu'il n'y ait rien de semblable dans les corps, et que nous ne percevions que des apparences produites par des réalités inconnues, c'est un fait que les corps sont étendus, et c'est un autre fait qu'ils sont colorés, bien que nous ne sachions pas pourquoi ils nous apparaissent étendus et colorés.

Condillac n'admet pas la distinction de Locke entre les qualités premières et les qualités secondes des corps; et, dans son système, l'étendue pourrait bien n'être autre chose qu'un pur phénomène.

Mais en voilà assez sur la doctrine de Condillac; et il est temps de terminer cette lettre. Vous trouverez, au reste, dans les propositions suivantes, le tableau des différences des doctrines du philosophe anglais et du philosophe français.

LOCKE.	CONDILLAC.
I.	I.
L'extériorité de nos sensations et leur union dans les diverses collections qui constituent les idées complexes des corps, est un fait primitif de notre nature intellectuelle.	L'extériorité de toutes nos sensations, excepté celle de résistance, est un produit de l'habitude, c'est-à-dire de jugements habituels; et l'union des sensations dans les diverses collections qui constituent les idées complexes des corps, n'est pas un produit de notre nature intellectuelle, mais de l'habitude de ces jugements.
II.	II.
Toutes nos idées simples viennent de deux sources : des sensations et de la réflexion.	Il n'y a pas deux sources de nos idées, mais une seule, qui est la sensation.
III.	III.
L'esprit est doué d'un certain nombre de facultés élémentaires.	L'esprit n'a qu'une seule faculté élémentaire, la sensibilité.
IV.	IV.
Les qualités primaires, telles que l'extension, la figure, le mouvement, etc., sont réelles dans les corps.	Nous ignorons si les qualités primaires des corps sont apparentes ou réelles.

LETTRE IV.

POINT DE VUE AUQUEL LA CRITIQUE DE LOCKE PAR LEIBNITZ RÉDUISIT LA QUESTION DES PRINCIPES DE LA CONNAISSANCE.

Puisque ces lettres vous satisfont et vous intéressent, c'est pour moi un encouragement à continuer cette correspondance philosophique. J'aurais voulu entrer dès aujourd'hui dans l'exposition de la philosophie de Kant, en la rattachant à l'idéologie de Condillac dont je viens de vous entretenir; mais pour mieux expliquer l'origine de la doctrine kantienne, et montrer son rapport le plus immédiat et le plus étroit avec l'état antérieur de la science philosophique en Europe, il est nécessaire de nous arrêter à l'Allemagne, et de connaître le système de Leibnitz qui sera l'objet de cette lettre.

Ce grand homme fit en Allemagne ce que Descartes avait fait en France; il y fonda une nouvelle philosophie. Il connut l'Essai de Locke sur l'entendement humain, et remarqua l'enthousiasme avec lequel il était accueilli. Comme la doctrine de Locke sur la nature de l'âme était en contradiction avec la sienne propre, Leibnitz fit sur le système du philosophe anglais quelques observations auxquelles celui-ci parut ne faire que peu d'attention. Plus tard, Leibnitz écrivit un ouvrage spécial sur la doctrine de Locke en forme de dialogue, sous le titre de *Nouveaux Essais sur l'entendement humain;* mais ce livre ne fut publié qu'après la mort de son auteur, qui eut lieu le 14 novembre 1716.

Le principe dont Locke était parti pour combattre les idées innées est, comme nous l'avons vu, le suivant : *Il n'y a rien dans l'entendement qui ne soit dans la conscience.* Il compara l'âme, avant la sensation, à une table rase, et il considéra les sensations comme un effet de l'impression des corps sur l'âme. Ces deux principes étaient tout-à-fait opposés à la doctrine de Leibnitz sur l'union de l'âme et du corps. Celui-ci pensait 1° que la sensation naît de la force intérieure de l'âme; 2° qu'il y a dans l'âme une foule de perceptions dont elle n'a pas conscience.

Pour bien entendre le système leibnitzien il convient de remonter à son origine.

L'existence des sensations étant un effet, les philosophes en ont cherché la cause efficiente. La doctrine commune, adoptée par Locke, est que la sensation est un résultat de l'impression du corps sur l'esprit; mais les Cartésiens ne trouvèrent pas cette explication satisfaisante; ils crurent que le corps ne pouvait pas agir sur l'âme et y produire par conséquent la sensation, ni l'âme agir sur le corps, ni, par conséquent, y produire les mouvements dits volontaires. Mallebranche pensa que c'était Dieu qui, à l'occasion des mouvements du corps, produisait les sensations dans l'âme, et à l'occasion des volontés de l'âme les mouvements volontaires dans le corps. C'est là le fameux système des *causes occasionnelles*. Leibnitz trouva cette opinion peu philosophique, par la raison que dans un tel système on explique les effets naturels par un miracle perpétuel. Ce philosophe partit de principes plus généraux. Pour vous présenter la suite de ses pensées, nous le ferons parler de la manière suivante. — S'il y a des choses composées il y a des choses simples. Le composé est un nombre, et le nombre est impossible sans l'unité. Tout corps ne peut donc être qu'une collection de véritables unités. Chacune de ces unités s'appelle une *monade*. Le corps est donc un agrégat de monades, c'est-à-dire de substances simples. Une substance simple ne peut rien recevoir du dehors; car que recevrait-elle en effet? Un accident? mais les accidents sont inséparables de leur substance. Une substance? mais une substance ne saurait en pénétrer une autre. Les monades n'ont donc pas de *fenêtres* et ne peuvent rien recevoir du dehors. L'âme est une substance simple, c'est-à-dire une monade; elle ne peut dès lors rien recevoir de l'extérieur. La sensation ne peut, par conséquent, être l'effet de l'impression du corps sur l'âme; et il faut la considérer, au contraire, comme un changement que l'âme produit en elle-même par une force à elle propre.

Mais qu'est-ce que la sensation? C'est par la sensation que l'âme se représente le corps; or, le corps est un composé et l'âme est simple; *la sensation est donc la représentation du composé dans le simple.* Les sensations étant des actions de l'âme, elles doivent avoir leur raison suffisante en elle-même; il y a donc dans l'âme quelque chose qui est la raison suffisante des sensations. Cette raison suffisante des sensations est une *force représentative,* ainsi appelée parce que c'est par elle que sont produites les représentations du composé dans le simple. Cette force représentative constitue l'essence et la nature de l'âme.

Maintenant, pourquoi l'âme éprouve-t-elle dans le moment présent la sensation A plutôt que la sensation B? Ceci ne peut pas être expliqué par la seule force représentative de l'âme; car, de cette force il suit seulement que l'âme doit avoir des sensations, mais non pas qu'elle doive avoir celle-ci plutôt que celle-là. Les sensations ou les représentations de l'âme ont donc leur raison suffisante dans des représentations précédentes; chaque état actuel de l'âme a sa raison dans l'état qui l'a précédé immédiatement, et il est la raison suffisante de l'état qui suit. Par conséquent *le présent est gros de l'avenir.*

Mais, en partant de l'état actuel de l'âme, il faut arriver à l'état primitif de cette monade, car une série infinie d'états dont chacun a sa raison suffisante dans l'état antérieur est impossible. Dans l'état primitif de l'âme, il y a donc la représentation du composé dans le simple et la force représentative. Dieu créa l'âme avec l'idée du corps et avec une force représentative qui produit une série de représentations dont chacune est la raison suffisante de la suivante ; et c'est de cette manière qu'a été établie et déterminée toute la suite des états de chaque âme. Ainsi donc la comparaison de la table rase qui fait tout venir du dehors est absurde, appliquée à l'âme. Celle-ci a une idée primitive et tout lui vient de son propre fonds.

L'âme a dès le premier instant de sa création la représentation du corps ; mais le corps est une collection de monades ; l'âme a donc la représentation de l'état de chacune des monades, dont la réunion constitue le corps. Maintenant, qu'est-ce que cet état de chaque monade, et quelle idée pouvons-nous nous en faire ? La monade est une substance simple ; or y a-t-il autre chose à concevoir dans une substance simple, que des représentations ? L'état de chaque monade consiste donc en une représentation du composé dans le simple, et pour cela il faut admettre une force représentative dans chacune. En outre, la représentation qui constitue l'état primitif d'une monade doit être différente de celles qui constituent l'état primitif des autres ; car autrement il n'y aurait aucune diversité entre les monades.

Ceci posé, il est facile de déterminer la nature et

l'étendue de la représentation originelle d'où commence la série des représentations successives de la monade.

L'âme doit, dès le premier instant de sa création, avoir la représentation du corps, et par suite, de l'état de chacune des monades qui le composent. Soient les monades B, C, D, E; l'âme devra se représenter l'état de B, C, D, E. Mais l'état de ces monades étant une représentation, l'âme doit se représenter les représentations des monades B, C, D, E. Maintenant, la représentation de la monade B devant être la représentation d'un composé, cette monade B se représentera, par exemple, l'état des monades F, G, H, I; et par conséquent, l'âme qui a la représentation immédiate de la monade B, doit avoir en outre la représentation médiate des monades F, G, H, I. Il en est de même pour les monades C, D, E. Enfin, le même raisonnement pouvant s'appliquer aux représentations que les monades F, G, H, I et toutes les autres ont en elles-mêmes, il s'ensuit que la représentation originelle de l'âme n'a pas de limites, et qu'elle doit s'étendre à toutes les monades qui composent l'univers. L'âme est donc créée avec l'idée de l'univers entier, et avec une force qui tend incessamment à changer cette idée originaire. Cette idée primitive de l'univers, nous l'appellerons le *schème* de la monade. C'est ce schème qui fait la spécificité et la différence des substances simples, car cette idée originelle de l'univers est différente dans chaque monade. Comme la même ville, regardée de différents lieux, ne paraît plus la même, et se multiplie, pour ainsi dire, avec les divers point de vue : ainsi, par suite de la multitude infinie des substances simples, il y a en quelque sorte une infinité d'univers, qui ne sont pourtant que des représentations différentes du même monde, suivant les divers points de vue de chaque monade:

Il résulte de cette doctrine qu'il faut admettre dans l'âme des perceptions dont elle n'a pas conscience. Qui de nous a conscience de la perception d'une monade? Les perceptions dont nous avons conscience ne vont pas au-delà des corps, c'est-à-dire des composés ; elles ne peuvent atteindre le simple, c'est-à-dire les monades. Pareillement, qui peut dire avoir conscience du nombre infini de perceptions qui se rapportent à l'infinie multitude des monades dont est composé l'univers ? Cependant la raison démontre *à priori* que ces perceptions doivent être dans l'âme, et que par conséquent il y a dans l'âme des perceptions dont elle n'a pas conscience. Lorsque, par exemple, j'entends le bruit de la mer, j'entends le bruit de chaque vague, car si je n'avais pas la perception de ces petits bruits, je ne pourrais pas percevoir le bruit total. Mais le bruit total est une perception claire dont j'ai conscience, et le bruit de telle ou telle vague est une perception obscure qui se confond dans la totale, et dont je n'ai pas du tout conscience. Si le bruit d'une vague se faisait entendre seul, la perception n'en serait plus confondue avec d'autres; elle serait claire, et j'en aurais conscience. Mais le bruit de cette vague est lui-même composé de celui que fait chaque particule d'eau; il n'est donc encore qu'une perception composée de plusieurs autres perceptions desquelles je n'ai pas conscience. La perception totale résultant du mélange de plusieurs autres, je l'appelle *confuse*. Une perception peut donc être en même temps claire et confuse; elle est claire par la conscience que j'en ai; elle est confuse parce que je ne distingue pas les perceptions particulières dont elle est le résultat. Elle devient distincte à mesure que j'y distingue un plus grand nombre de perceptions particulières. La perception d'un arbre, par exemple, est distincte parce que j'y distingue un tronc, des branches, des feuilles, etc.. Mais quelque décomposition que nous fassions de nos perceptions, nous n'arriverons jamais à des perceptions simples qui auraient pour objet les monades. La sensation d'une couleur ne peut représenter l'objet coloré que parce qu'elle est composée de perceptions obscures, lesquelles représentent les mouvements et les figures qui sont les causes physiques de cette couleur; et ces diverses perceptions ne peuvent pas représenter ces mouvements et figures, parce qu'elles ne sont encore elles-mêmes que des résultats d'autres perceptions obscures, représentant les déterminations qui sont le principe des mouvements et des figures; et ainsi de suite jusqu'aux premières déterminations des monades.

Lorsque toutes les perceptions sont obscures, la monade n'a conscience d'aucune. Tel est l'état de l'âme dans un sommeil profond sans rêves; et tel paraît être l'état des monades qui composent les corps. La mort peut pour un temps, chez les animaux, produire un état semblable.

Telle était la philosophie de Leibnitz, lorsque ce philosophe connut celle de Locke. On peut la trouver résumée tout entière dans son petit écrit intitulé : *Thèse pour le prince Eugène*, publié en 1714. Vous voyez, par ce qui précède, que le philosophe allemand ne pouvait pas approuver la doctrine du philosophe anglais, et que ce dernier ne devait guère non plus tenir compte des observations du premier. Les deux philosophes étaient trop éloignés l'un de l'autre pour pouvoir se rapprocher. Le système des monades étant le plus opposé aux idées communes, Leibnitz ne réussit pas à empêcher les progrès de la doctrine de Locke. Les *Nouveaux Essais sur l'entendement humain*, publiés après sa mort, eurent plus de succès. Cet ouvrage prit la question sous un point de vue dont partit plus tard Kant, lorsqu'il voulut montrer l'insuffisance de l'analyse des idées par Locke. Leibnitz y fait voir le défaut de tout le raisonnement par lequel Locke combat l'existence des idées innées; il essaie ensuite de prouver que les connaissances nécessaires reposent sur des notions qui ne dérivent pas des sensations; et qu'en conséquence ce qu'il y a de nécessaire dans la connaissance ne vient pas de l'objet, mais du sujet, principe dont Kant fit usage dans sa philosophie.

Mais il convient de s'arrêter un peu sur ce point.

Locke, avons-nous vu, pour combattre les idées innées, était parti de ce principe : *tout ce qui est dans l'entendement est présent à la conscience.* Ce principe est faux, dit Leibnitz. Nous avons dans la mémoire une foule de perceptions qui ne sont pas présentes à la conscience. Or, si une connaissance acquise peut y être cachée par la mémoire, pourquoi la nature n'aurait-elle pu y cacher aussi quelque connaissance primitive? Avoir une connaissance sans s'en servir n'est pas la même chose qu'avoir la simple faculté de l'acquérir. Il peut donc y avoir des vérités imprimées dans l'entendement, de telle sorte que l'esprit n'a pas seulement la faculté de les connaître, mais aussi de les trouver en lui-même. Ici Leibnitz combat le principe de Locke, sans recourir au système des monades. — Je me suis servi, dit-il, de la comparaison d'un bloc de marbre qui a des veines, plutôt que d'un bloc de marbre tout uni ou de tablettes vides, ou, comme disent les philosophes, de la *table rase*, parce que si l'âme ressemblait à ces tablettes vides, les vérités seraient en nous comme la figure d'Hercule est dans le marbre, lorsque ce marbre est parfaitement indifférent à recevoir cette figure ou une autre. Mais s'il y avait dans la pierre des veines qui indiqueraient la figure d'Hercule de préférence a d'autres, cette pierre serait plus déterminée, et Hercule y serait en quelque manière inné; bien qu'il fallût du travail pour découvrir ces veines et pour les polir, en enlevant ce qui les empêche de paraître. C'est ainsi que les vérités nous sont innées, comme des inclinations, des dispositions, des habitudes ou virtualités naturelles, et non comme des actions; bien que ces virtualités soient toujours accompagnées de quelques actions, souvent insensibles, qui y correspondent.

Après avoir combattu le principe de Locke, Leibnitz établit l'existence des notions innées en cherchant l'origine des vérités nécessaires et les distinguant des vérités expérimentales. Il est évident, dit-il, que les vérités nécessaires sont innées et se démontrent par elles-mêmes, puisqu'elles ne peuvent être établies par l'expérience comme le sont les vérités de fait. Si, en effet, on peut prévoir certains événements avant toute épreuve qu'on ait pu en faire, il est clair que nous y contribuons en quelque chose de notre côté. Les sens, bien que nécessaires à toutes nos connaissances actuelles, ne suffisent pas pour nous les donner toutes, car ils ne fournissent jamais que des exemples, c'est-à-dire des vérités particulières; or, tous les exemples qui confirment une vérité générale, en quelque nombre qu'ils soient, ne suffisent pas pour établir la nécessité universelle de cette même vérité, parce qu'il ne s'ensuit pas que tout ce qui est arrivé arrivera toujours de la même manière. Les vérités nécessaires doivent donc avoir des principes indépendants des sens; ces principes ou notions sont les semences des vérités éternelles ; il sont comme des feux vivants, des traits lumineux cachés au-dedans de nous, que l'exercice des sens et l'action des objets extérieurs font apparaître, comme des étincelles que le choc fait sortir de la pierre. Toutes les connaissances nécessaires dérivent donc, selon Leibnitz, du sujet, même dans leurs éléments, c'est-à-dire dans les notions qui les composent. Voilà le point de vue auquel Leibnitz réduisit la question des principes de nos connaissances, dans ses *Nouveaux Essais sur l'entendement humain*.

Avant de terminer cette lettre, je crois utile d'ajouter encore quelques mots sur cette doctrine leibnitzienne.

Leibnitz distingue deux sortes de vérités : les vérités de Raison, qui sont les vérités nécessaires, et les vérités de Fait, qui sont les vérités contingentes. Les vérités primitives de raison, dit-il, sont celles que je désigne sous le nom général *d'identiques*, parce qu'il semble qu'elles ne font que répéter la même chose, sans nous rien apprendre de nouveau ; les vérités primitives de fait sont les expériences immédiates internes, qui sont immédiates par sentiment, et de ce nombre se trouve la première vérité des Cartésiens ou de saint Augustin : Je pense, donc je suis ; c'est-à-dire, je suis une chose qui pense. Non-seulement il m'est immédiatement évident que je pense, mais il m'est évident également que j'ai des pensées différentes, que je pense tantôt à une chose, tantôt à une autre.

Ainsi le principe cartésien est bon, mais il n'est pas le seul de son espèce.

Les vérités primitives de raison et de fait ont cela de commun qu'elles ne peuvent pas être prouvées par quelque chose de plus certain. Cette proposition, *je suis*, est de la dernière évidence et ne pourrait être prouvée par aucune autre, ce qui revient à dire qu'elle est une *vérité immédiate*. Quand on dit : je pense, donc je suis, on ne prouve pas proprement l'existence au moyen de la pensée, parce que penser et être pensant, c'est la même chose; et dire *je suis pensant,* c'est dire déjà *je suis*. Cependant on peut avec quelque raison exclure cette proposition du nombre des axiômes, parce qu'elle est une proposition de fait fondée sur une expérience immédiate, et non une proposition nécessaire dont on aperçoive la nécessité dans la convenance immédiate des idées. Il n'y a que Dieu qui sache comment ces deux termes, le Moi et l'existence, sont liés, c'est-à-dire pourquoi je suis.

Quant aux vérités d'expérience externe, il est assez difficile de les établir dans la théorie leibnitzienne. Si les sensations naissent de la force intérieure de l'âme, comment pouvons-nous connaître la réalité d'un dehors ? Ces sensations se produiraient quand même il n'existerait rien que l'âme et Dieu. Leibnitz devait donc, par suite de ses principes, demeurer seul dans l'univers qui devient une illusion dans sa philosophie. Les doctrines de la force représentative de l'âme et de l'Harmonie

Préétablie ne peuvent éviter l'idéalisme. Elles prouvent seulement qu'un accord entre les mouvements du corps et les représentations de l'âme est possible, mais elles n'en démontrent pas la réalité; elles expliquent l'accord, en supposant qu'il existe, mais elles n'en prouvent pas l'existence. En ce moment, par exemple, mon esprit aperçoit une feuille de papier sur ma table. Maintenant, en supposant la réalité du papier sur la table, l'existence de mon propre corps et l'action de la lumière qui, renvoyée par le papier et la table, produit un certain mouvement dans mes yeux, on demande à Leibnitz comment il se fait que, le corps n'agissant pas sur l'âme, le mouvement survenu dans le premier correspond à la sensation éprouvée par la seconde? Cela se fait, répond Leibnitz, par l'harmonie préétablie entre le corps et l'âme. Dieu a prévu la série des sensations ou des représentations qui auraient lieu dans mon esprit, et la série des mouvements qui auraient lieu dans tous les corps possibles, et il a joint a mon esprit un corps dans lequel la série des mouvements correspond à la série des représentations et volitions de l'âme. Cette hypothèse suppose donc la réalité de l'accord, mais elle ne le prouve pas. Mon esprit pourrait voir son propre corps et le papier sur la table, sans que ces choses existassent; mais, la réalité du mouvement produit dans mes yeux par la table et le papier supposée, l'harmonie préétablie explique comment a lieu la correspondance où l'accord de ce mouvement avec la représentation du papier sur la table, représentation qui se trouve dans mon esprit, sans l'intervention du corps. Le célèbre disciple de Leibnitz, Wolf, s'aperçut bien de cette difficulté, et, à l'exemple de Descartes, il recourut à Dieu pour la résoudre. Dieu, selon lui, agit pour manifester sa puissance; la création des corps sert à cette manifestation; les corps ont donc été créés par Dieu, et par conséquent ils existent.

La nature de l'âme consistant dans la force représentative de l'univers, il en résulte que l'âme doit se représenter constamment l'univers, et passer de représentation en représentation, de telle sorte que la représentation qui suit ait sa raison suffisante dans la représentation qui précède. L'état de l'âme est donc, sous ce rapport, le même dans les songes que dans la veille, puisque, dans le premier comme dans le second cas, cet état consiste en une suite de représentations dont chacune est la raison suffisante de l'autre. Quel moyen avons-nous dès lors de distinguer les songes de la veille? Voici comment Leibnitz résout cette question. Je crois, dit-il, que le vrai *criterium*, quant aux objets des sens, se trouve dans le lien des phénomènes, c'est-à-dire la connexion de ce qui arrive en différents lieux et en différent temps, et dans l'expérience des autres hommes qui sont aussi, eux, les uns pour les autres des phénomènes très-importants à cet égard. Et ce lien des phénomènes, qui soutient les vérités de fait à l'égard des choses sensibles hors de nous, se vérifie au moyen des vérités de raison, de même que les apparences de l'optique s'expliquent par la géométrie. Cependant il faut avouer que cette certitude n'est pas du plus haut degré, parce qu'il n'est pas impossible, métaphysiquement parlant, qu'il y ait un songe régulier et suivi comme la vie d'un homme; mais ceci est contraire à la raison, comme serait la fiction d'un livre qui se formerait au hasard par la réunion de caractères jetés confusément. Enfin, si les phénomènes sont véritablement liés, il importe peu au fond qu'ils soient appelés songes ou autrement, puisque l'expérience montre que personne ne se trompe dans les mesures prises sur les phénomènes, lorsque ces mesures sont établies d'après les vérités de raison.

Leibnitz, comme vous voyez, a recours au principe de la raison suffisante pour distinguer les songes de la veille. Les phénomènes des songes, disent les leibnitziens, n'ont pas leur raison suffisante l'un dans l'autre; je vois un ami mort et puis vivant; en moins d'un quart d'heure je me trouve à Naples et à Londres. Les phénomènes de la veille forment, au contraire, un tout continu, que le sommeil seul interrompt. Je vous avertis de nouveau que je ne fais qu'exposer les idées des philosophes et la manière dont ils ont construit leurs systèmes, sans examiner s'ils répondent bien aux objections qu'on leur oppose. Je reviens au principe de la raison suffisante au moyen duquel Leibnitz prétend distinguer le songe de la veille. Tous nos raisonnements, dit-il, sont appuyés sur deux principes : le principe de *contradiction*, au moyen duquel on démontre toutes les vérités nécessaires (comme celles de la géométrie et de l'arithmétique), et le principe de *la raison suffisante*, par lequel on rend raison des vérités contingentes, et par conséquent de l'existence des choses créées. Le principe de la raison suffisante s'énonce ainsi : *rien n'arrive sans une raison suffisante* : c'est-à-dire rien n'arrive qu'il ne fût possible à celui qui connaîtrait suffisamment les choses de donner une raison qui suffirait pour déterminer pourquoi ce qui arrive arrive, et pourquoi il arrive de telle manière et non autrement. Ce principe posé, la première question qu'on ait le droit de faire est celle-ci : *Pourquoi y-a-t-il quelque chose?* La réponse est que Dieu l'a voulu. Mais si on demande ensuite pourquoi Dieu l'a voulu ? C'est, répond Leibnitz, parce que Dieu a vu que l'existence du monde était meilleure que sa non existence, et il a voulu ce monde-ci plutôt qu'un autre, parce que de tous les mondes possibles que Dieu a connus le monde actuel est le meilleur.

Mais enfin, l'existence du monde des corps étant supposée, les diverses représentations qui ont lieu pendant la veille sont-elles conformes à la réalité des choses? Nos représentations expriment l'état réel des corps par cette multitude infinie de perceptions dont nous n'avons pas conscience; mais si nous considérons seulement ce que nous distinguons dans ces perceptions, et ce dont nous avons clairement conscience, alors il n'est plus vrai que nos représentations nous fassent connaître l'état réel des objets : elles ne nous donnent que des phénomènes, des apparences.

Pour bien entendre cette doctrine, vous voudrez bien remarquer que, dans l'école leibnitzienne, on appelle *phénomène* ce qui est l'objet d'une perception composée d'autres perceptions mêlées et confondues ensemble.

Cette école enseigne, en outre, que lorsque plusieurs perceptions diverses se confondent en une seule, l'idée sensible qui en résulte paraît différente de celles qui sont confondues. Si on mêle ensemble deux poudres très-fines et de couleurs différentes, il en résultera une couleur qui paraîtra à l'œil très-différente de la couleur des particules mélangées; mais si on regarde ce mélange avec un microscope, on distinguera les petits grains de poudre avec les couleurs qu'ils offraient avant d'être mélangés. Les petits grains ne pouvant être distingués l'un de l'autre à l'œil nu, et deux ou plusieurs grains apparaissant comme un seul, les perceptions des deux couleurs se confondent en une seule, et la couleur composée paraît complètement différente des couleurs composantes. La même chose a lieu dans les autres sensations. Qui ne sait que du mélange de deux odeurs naît une odeur mixte différente de l'une et de l'autre? Il en est de même dans l'effet résultant de deux saveurs. Nos perceptions des corps ne saisissent les monades que *in confuso*. Ces perceptions ne nous donnent donc que des phénomènes. Ces phénomènes disparaîtraient si nos perceptions devenaient parfaitement distinctes, c'est-à-dire *adequates*. Dieu, par conséquent, voit le monde d'une tout autre manière que nous. L'étendue et le mouvement sont des phénomènes; le premier résulte de la multitude des perceptions confuses qui ont pour objet les substances simples; le second, des perceptions confuses des changements survenus dans ces substances.

Quant à la réalité des connaissances abstraites et nécessaires, Leibnitz la fait reposer sur l'entendement divin. Comment, se demande-t-il, une proposition peut-elle avoir une vérité réelle, si le sujet de cette proposition n'existe pas? C'est parce que cette vérité n'est que conditionnelle, et affirme seulement que, dans le cas où le sujet existerait en un temps quelconque, il se trouvera être tel. Si l'on demande encore sur quoi est fondée cette connexion, puisqu'elle a de la réalité et qu'elle n'est pas trompeuse? On répond qu'elle est dans le lien des idées. Mais on insistera de nouveau et on demandera où seraient ces idées, si aucun esprit n'existait, et où serait alors la base réelle de cette certitude des vérités éternelles? Ceci nous conduit enfin au dernier fondement des vérités, c'est-à-dire, à cet esprit suprême, universel, qui existe nécessairement, et dont l'entendement est la région des vérités éternelles. Les vérités nécessaires renferment la raison déterminante et le principe régulateur des existences mêmes, c'est-à-dire les lois de l'univers. Dans l'entendement divin se trouve l'exemplaire des idées et des vérités qui sont imprimées dans nos âmes, non point sous forme de propositions, mais comme les sources dont les occasions feront sortir des énonciations actuelles.

Telle est la doctrine du grand Leibnitz sur les principes de nos connaissances. Avant de terminer cette lettre, je dois vous avertir de ne pas confondre la question de l'origine des idées avec celle de la cause efficiente des sensations. Ces deux questions sont indépendantes l'une de l'autre. Par la première, on cherche *si toutes nos idées viennent des sensations*; par la seconde, quelle est la cause *efficiente des sensations*. Or, quelque hypothèse qu'on adopte sur la cause des sensations, cela est indifférent pour la solution de la première question. Condillac, sans examiner celle-ci, admet que les mouvements du corps ne sont pas la cause efficiente, mais seulement la cause occasionnelle des sensations; mais, en même temps qu'il suit Descartes sur ce point, il enseigne que toutes nos idées viennent des sensations, et que l'hypothèse des idées innées est une chimère. Ainsi donc, pour adopter la doctrine de Leibnitz sur l'origine des idées, il n'est pas nécessaire d'admettre l'influence physique du corps sur l'âme, comme des métaphysiciens l'ont cru.

Leibnitz fait provenir les sensations de l'intérieur de l'âme. Cette doctrine ne me paraît pas nécessairement liée à l'hypothèse des idées innées; mais en admettant les principes de Leibnitz, la distinction qu'il fait entre les connaissances nécessaires et les connaissances contingentes me semble impossible, car elle est en contradiction avec ces principes mêmes. Selon Leibnitz, toutes les connaissances naissent du fond même de l'âme, elles dérivent donc toutes du sujet; aucune ne vient de l'objet; or, d'après lui, tout ce qui vient du sujet est nécessaire; toutes nos connaissances sont par conséquent nécessaires, et il n'y a pas de connaissances contingentes.

Leibnitz enfin soutient que toute science humaine est innée. L'âme est créée avec l'idée de l'univers entier, et l'état actuel de cet univers est lié nécessairement avec l'état antérieur et l'état futur. En outre, les connaissances peuvent être innées dans l'âme sans que nous en ayons conscience. Toutes nos connaissances devront donc, par suite des principes leibnitziens, être considérées comme innées; et Leibnitz se contredit, lorsqu'il distingue les connaissances nécessaires des contingentes, et qu'il n'accorde l'innéité qu'aux premières. Kant s'aperçut de cette contradiction, et, tout en admettant la distinction du contingent et du nécessaire, il établit deux origines de la science humaine, *l'objet* et *le sujet*. Et c'est ainsi que les Nouveaux Essais de Leibnitz préparèrent la révolution kantienne, dont je vous entretiendrai dans la lettre suivante.

LETTRE V.

COMMENT KANT, SUIVANT LES TRACES DE CONDILLAC ET ADMETTANT LE PRINCIPE DE LEIBNITZ SUR LES CONNAISSANCES NÉCESSAIRES, A POSÉ D'UNE MANIÈRE NOUVELLE LE PROBLÈME DE LA PHILOSOPHIE. — ESTHÉTIQUE TRANSCENDANTALE.

Vous attendez avec impatience l'exposition de la doctrine de Kant. Vous avez entendu dire que ce système a changé la face de la philosophie; qu'il est le fruit d'une de ces hautes conceptions qui révèlent d'un seul coup un autre aspect dans les choses humaines, et montrent sous un nouveau jour les phénomènes du monde intérieur et du monde extérieur; conceptions telles, que les hommes n'en comptent que trois ou quatre de cette portée dans le cours des siècles. Je suis loin de vouloir affaiblir en rien la force des expressions par lesquelles les admirateurs de ce philosophe exaltent son génie et son œuvre. Je connais l'importance des problèmes qu'il a soulevés, et l'élévation de ses pensées; mais je trouve dans la nature de l'entendement humain une loi à laquelle les plus grands esprits sont forcés d'obéir dans la création de leurs œuvres scientifiques. Cette loi est qu'on ne peut découvrir l'inconnu que par son analogie avec le connu; analogie qui se fait voir même dans les propositions contradictoires. C'est pour cela que l'état de la philosophie, à une époque donnée, est toujours intimement lié à l'état de celle qui a précédé. Les esprits du second ordre suivent l'impulsion des génies inventeurs. Ce sont ces derniers qui, par un élan primitif de leur intelligence, agissant sur la masse d'idées qu'ils trouvent en mouvement autour d'eux, lui impriment une direction nouvelle, et forment les époques du savoir humain.

Kant avoue que les observations de Hume sur l'entendement humain le réveillèrent de son sommeil dogmatique, et le conduisirent à la méthode Critique. Mais Hume était parti de la doctrine de Locke, et celle-ci avait déjà reçu de Condillac une nouvelle direction, et subi la réfutation de Leibnitz, lorsque parut, en 1781, la *Critique de la raison pure* de Kant. Toutes les causes qui ont concouru au renversement de la doctrine de Locke, ont contribué ainsi à la naissance de la philosophie transcendantale. La famille de Kant était originaire d'Écosse, et Hume était écossais. De là peut-être l'admiration du premier de ces philosophes pour le second. Je ferai donc partir Kant de l'Idéologie de Condillac, de la critique de Locke, développée dans les Nouveaux Essais de Leibnitz et des Essais de Hume. Mais pour ne pas trop compliquer l'exposition du Criticisme, sous ce point de vue, je la diviserai en deux parties. Dans la première, je rattacherai la philosophie transcendantale aux doctrines de Condillac et de Leibnitz; dans la seconde, je montrerai sa liaison avec celle de Hume. Je pense que cette manière de procéder mettra les penseurs à même de mieux apprécier la doctrine critique, et de déterminer en même temps avec précision les besoins actuels de la philosophie.

Il semble, au premier abord, qu'il n'est pas facile de trouver de l'analogie et des rapports entre la *philosophie transcendantale* ou *critique* de Kant et l'idéologie de Condillac. Mais une exacte comparaison du criticisme avec l'idéologie m'a fait voir le contraire ; et je pense que le système de Condillac est bien plus voisin de Kant que celui de Locke. L'étude analytique de la marche des idées du philosophe de Kœnigsberg m'a convaincu que l'idéologie française a très-bien pu le conduire à sa philosophie transcendantale. Pour vous faire connaître les points de ressemblance et d'opposition de ces philosophes, je suppose que Kant, en construisant sa théorie, ait eu pour texte de ses méditations l'idéologie française. Cette hypothèse, vraie ou fausse, me sera utile pour l'objet que j'ai en vue.

J'ai expliqué, dans la seconde lettre, la manière dont l'idéologie a résolu le nouveau problème de d'Alembert : *nos idées viennent des sensations, mais comment nos sensations produisent-elles nos idées ?* Or, connaître comment les sensations produisent les idées complexes des corps est la même chose que connaître comment l'esprit forme les objets de l'expérience externe. Les objets ne sont pour nous rien autre que l'idée que nous nous en faisons. Ceci est un point sur lequel sont d'accord les philosophes dont il s'agit. Demandez à Condillac : Que sont les corps par rapport à nous? Il vous répondra : Les corps sont des collections de nos sensations, que le sentiment de solidité nous oblige à rapporter hors de nous et de réunir diversement ensemble. Les objets de l'expérience externe sont donc des idées complexes des corps, et l'idéologie, en expliquant le mode de formation des dernières, a en même temps expliqué aussi le mode de formation des premiers. Mais expliquer la manière dont l'esprit forme les objets de l'expérience externe, c'est expliquer comment l'expérience externe est possible. Si je dis, par exemple, que l'expérience m'enseigne que les arbres sont attachés à la terre par des racines, cette expérience elle-même ne serait pas possible sans les idées de l'arbre et de la terre. Expliquer le mode de formation des idées des corps, c'est expliquer la possibilité de l'expérience sensible. Kant a donc pu, sans s'éloigner des principes de l'idéologie, énoncer cette proposition : *La philosophie a besoin d'une science qui explique la possibilité de l'expérience externe.*

Mais ici se présente immédiatement une question. La science dont il s'agit sera-t-elle une science pure *à priori* ou bien une science expérimentale? Kant a pu trouver encore dans l'idéologie une réponse à cette question. L'idéologie, en effet, voulant expliquer la possibilité de l'expérience externe, remonte au-delà de l'expérience; et la supposition dont elle part ne peut même jamais devenir expérimentale. L'expérience ne nous présente jamais cet état intellectuel où l'esprit, assailli par une multitude de sensations, n'a que le seul sentiment de sa propre existence et reste tout-à-fait privé de toute perception des objets extérieurs. L'expérience ne nous offre pas un état où les sensations des couleurs, des sons, des odeurs, etc., ne nous apparaissent pas au dehors. Un tel état n'est pas et ne peut pas être un fait d'expérience. Les idéologistes eux-mêmes conviennent que le problème posé par eux ne peut se résoudre par des faits, mais seulement par le raisonnement; ce qui revient à dire que l'idéologie doit être établie *à priori*.

Mais, direz-vous, Condillac part d'un fait, et ce fait est précisément la sensation. Je réponds que ce philosophe ne part pas d'un fait, mais d'une abstraction, et que c'est en combinant cette abstraction avec un principe également abstrait, qu'il bâtit tout son Traité des Sensations. La sensation, telle que la donne l'expérience, se montre à la conscience comme distincte du sujet sentant et de l'objet senti, et comme liée à tous deux. Nous ne croyons point être une odeur, et nous ne nous confondons point avec elle; nous croyons être une chose qui a en soi la sensation d'odeur. En outre, en sentant une odeur, nous percevons quelque chose d'extérieur qui fait impression sur notre organe. Oter à la sensation ce double rapport qui l'unit au sujet qu'elle modifie et à l'objet qui la produit, c'est faire une abstraction; et partir de la sensation séparée de ces rapports, c'est partir d'une abstraction et non d'un fait réel. Et qu'on ne dise pas qu'il faut expliquer les faits composés au moyen des faits simples; car un fait, isolé des circonstances qui le déterminent à être ce qu'il est, n'est ni un fait simple ni un fait composé, mais une idée abstraite d'un fait. La modification ne peut avoir d'existence sans le sujet qu'elle modifie; et elle ne peut être perçue telle qu'elle est en réalité, sans la perception du sujet dont elle est une manière d'être. Condillac part donc d'une abstraction. Il part aussi d'un principe abstrait, à savoir : *Qu'une modification interne ne peut nous faire connaître rien d'externe.* Mais, je le demande à ce philosophe et à ses disciples, ce principe est-il un principe expérimental ou bien un principe *à priori*, métaphysique ? Ce n'est sans doute pas un principe expérimental ; c'est donc un principe rationnel. On a lieu certes d'être surpris, lorsqu'on pense que l'auteur du Traité des Sensations est le même philosophe qui, dans le Traité des Systèmes, a cherché à montrer les inconvénients et la vanité des systèmes abstraits. Kant a donc pu, conformément à la doctrine idéologique, ajouter une nouvelle détermination à la proposition déjà rapportée, en l'énonçant ainsi : *La philosophie a besoin d'une science qui explique* A PRIORI *la possibilité de l'expérience externe.*

Les esprits vigoureux, sitôt qu'ils sont arrivés à un résultat, essaient de le rendre aussi général que possible. L'expérience est double ; elle est externe ou interne. Or, si la philosophie, aura pensé Kant, doit expliquer *à priori* la possibilité de la première, ne devra-t-elle pas aussi expliquer *à priori* la possibilité de la seconde ? Ses réflexions sur le traité des sensations ont certainement pu lui fournir l'occasion de s'élever à un point de vue plus général. Demandez à Condillac ce que c'est que le *moi*. Le moi, dit-il, est la collection des modifications que l'âme éprouve et de celles dont elle se souvient. A la première sensation la statue ne peut dire *moi*; pour qu'elle puisse le dire, il faut qu'elle expérimente en elle-même une succession de modifications. Arrêtons-nous ici un instant. Je demande à Condillac et à ses disciples : Qu'entendez-vous en disant que la modification B succède à la modification A, et comment la statue connaît-elle cette succession ? La statue, répondit-il, a conscience de la modification B et de la modification A; elle perçoit la modification B comme postérieure à la modification A, et la modification A comme antérieure à la modification B ; or, ajoute Kant, la modification B ne peut être considérée comme seconde relativement à la modification A, si celle-ci n'est rapportée à un instant du temps antérieur à celui auquel se rapporte la modification B ; l'idée du temps est donc une condition nécessaire pour que cette expérience de la succession de nos modifications soit possible. Loin de pouvoir dériver l'idée du temps de la succession de nos modifications, cette succession même ne peut être perçue sans l'idée du temps; l'idée du temps est donc en nous *à priori;* elle est par conséquent nécessaire pour pouvoir dire *moi.* De plus, le *moi* de l'expérience a son existence dans un corps qu'il regarde comme *sien*, et ce corps est, comme tous les autres, un objet de l'expérience externe.

Enfin la notion de Substance devait beaucoup embarrasser les idéologistes qui voulaient y réfléchir de bonne foi. Ils enseignaient que nous ne percevons rien que nos propres modifications. Or il suit de ce principe, ou bien que nous n'avons aucune idée de la substance, ou bien que cette idée doit exister en nous indépendamment des sensations. La première supposition est démentie par le sentiment intime et par le langage même de Locke et de Condillac : ceux-ci, en effet, confessent que nous sommes forcés d'imaginer un soutien inconnu des qualités, ce qui équivaut à attribuer à l'esprit une notion telle quelle de la substance, indépendante des sensations. Qu'on dise, tant qu'on voudra, que cette idée est une notion vague, obscure; il faut toujours convenir qu'elle est le centre auquel se rapportent les qualités, et que sans elle nous ne pouvons nous former l'idée d'un objet sensible.

Ces réflexions qui se présentent naturellement,

lorsqu'on examine l'idéologie avec un esprit analytique, montrent que pour avoir le *moi* de l'expérience intérieure, il est nécessaire de combiner en une idée complexe plusieurs modifications et plusieurs notions. Le *moi* ne se présente pas à la conscience comme une collection de modifications, mais comme un sujet dans lequel existent et se succèdent diverses modifications; l'idée de la substance et celle du temps entrent donc dans l'idée complexe du *moi empirique*. Le *moi* est donc un objet formé, comme tous les autres, par la synthèse de l'intellect, et nous sommes en droit de rendre plus générale encore la proposition déjà formulée, en disant : *La philosophie a besoin d'une science qui explique* A PRIORI *la possibilité de toute expérience*. C'est ainsi que Kant a pu généraliser le problème de l'idéologie.

Mais vous voyez ici que le philosophe de Kœnigsberg a déjà pris, pour résoudre ce problème, une route différente des idéologistes. Selon ceux-ci, toutes les idées viennent des sensations; or nous avons vu que les idées du temps et de la substance ne sauraient provenir de cette source. Kant a donc posé ce principe, que, bien que toute la connaissance humaine commence avec les sensations, elle ne dérive pas pour cela tout entière des sensations. Il admit le principe de Leibnitz que tous les éléments des connaissances nécessaires dérivent du sujet et non de l'objet. La modification ne peut exister sans la substance; le nombre est impossible sans l'unité;

l'effet est impossible sans la cause. Voilà des connaissances nécessaires; elles sont fondées sur les notions de substance et d'accident, d'unité et de nombre, de cause et d'effet; ces notions sont *à priori* dans notre intelligence, indépendamment de l'expérience. Or, si l'esprit forme les idées complexes des objets de l'expérience, il est nécessaire d'examiner la nature des éléments qu'il met en œuvre; et comme parmi ces éléments il peut s'en trouver quelques-uns qui viennent de l'esprit lui-même, et qu'on peut appeler *subjectifs*, la philosophie, qui doit déterminer le mode de formation des objets de l'expérience, doit aussi tâcher d'y distinguer les éléments que l'esprit y pose en les tirant de son propre fonds. C'est ainsi que l'artiste, opérant sur le bois de la statue, lui communique la forme, et celle-ci est un élément subjectif de la figure. La philosophie doit donc, pour résoudre le problème de la possibilité de l'expérience, déterminer : 1° quels sont, dans nos connaissances expérimentales, les éléments *purs, subjectifs*, à *priori*, et les distinguer des éléments *objectifs, adventices, empiriques;* 2° elle doit montrer comment l'esprit, à l'aide des principes subjectifs combinés avec les données de la sensibilité, forme les objets de l'expérience.

Je vais donc maintenant vous présenter la suite des pensées de Kant sur les deux points indiqués, en continuant de parler en son nom.

La première représentation que nous ayons des

objets sensibles est celle de l'Étendue. Mais d'où nous vient cette représentation ? est-elle subjective ou objective ? Pour distinguer dans la connaissance ce qui vient du sujet connaissant de ce qui lui est donné, nous avons établi ce principe : Tout ce qui, dans nos représentations, est nécessaire et universel, au témoignage de la conscience, vient du sujet; tout ce qui est contingent et variable vient de l'objet. Appliquons ce principe à la question de l'origine de la représentation de l'Espace. Si nous supposons un corps anéanti, la représentation de son étendue nous reste ; et si nous supposions tous les corps anéantis, nous conserverions encore la représentation de l'espace ; et il nous serait impossible de supposer l'espace détruit. La représentation de l'espace est donc pour le sujet qui connaît une représentation indélébile ; c'est une représentation nécessaire et universelle, car nous ne pouvons rien concevoir que dans l'espace. Par conséquent cette représentation ne nous vient pas des objets ; elle se trouve à *priori*, indépendamment des sensations, dans le sujet connaissant ; elle est donc un élément *subjectif*.

On ne peut pas dire non plus que l'espace soit une notion abstraite. Les notions abstraites et générales expriment ce qu'il y a de commun dans nos représentations particulières; mais l'espace est unique et indivisible. Les espaces particuliers ne sont que des limitations de cet espace unique et indivisible, et nous ne pouvons concevoir des espaces particuliers qu'en limitant cet espace indivisible et un. La représentation de celui-ci doit donc précéder les représentations des diverses figures que nous y concevons. Pour pouvoir se représenter le triangle, le carré, le géomètre a dû avoir d'abord dans son esprit la représentation de l'espace unique et indivisible. Cette représentation est la base de la géométrie ; les idées de toutes les figures la supposent ; elle n'est donc pas un résultat de l'abstraction.

La représentation de l'espace est une condition indispensable de celle des corps. Je ne peux concevoir un corps que dans l'espace ; mais je peux concevoir l'espace sans les corps. L'espace est une condition nécessaire pour la perception *d'un dehors*. Nous ne concevons une chose existant hors de nous et hors d'une autre chose, que parce que nous la concevons existant dans une portion de l'espace autre que celle où nous existons nous-mêmes, et autre que celle où existe une autre chose quelconque.

Le mouvement est le second fait que nous percevons dans les corps. Il se manifeste par la succession que nous remarquons dans nos modifications internes. Nous avons déjà vu que nous ne pouvons percevoir cette succession que parce que nous avons *à priori* en nous la représentation du temps. La *subjectivité* de la représentation du temps se démontre par les mêmes raisons que celle de l'espace. Si l'on suppose toutes les choses existantes anéanties, la représentation de la durée ou du temps (mots synonymes ici) nous reste. Elle est donc, comme celle de l'espace pur, une représentation dont le sujet connaissant ne saurait se dépouiller, c'est-à-dire une représentation nécessaire. Elle ne peut se former par abstraction, car le temps est un, indivisible, et nous ne concevons les temps particuliers que comme des limitations de la durée indéfinie. Ces représentations particulières supposent donc la représentation de la durée indéfinie, laquelle ne peut par conséquent provenir de celles-ci ni être produite par l'abstraction. Enfin, nous ne pouvons rien concevoir que dans le temps. La représentation du temps est donc nécessaire et universelle; elle vient du sujet et non de l'objet.

La représentation de l'espace est interne, elle est nôtre; or, comment se fait-il que ce qui est en nous apparaisse hors de nous? Les Kantistes, pour expliquer ce point de leur doctrine, ont recours à des comparaisons. Supposez un cachet sur lequel est gravée une figure quelconque; lorsqu'on l'applique sur la cire, la figure qui était dans le cachet s'y imprime. Supposons maintenant que le cachet soit doué de sensibilité; il percevra, au moment de l'impression, sa figure dans la cire, et cette figure lui semblera objective; et cependant cette *forme* de la cire provient du cachet et non de la cire, c'est-à-dire elle provient du sujet qui perçoit et non de l'objet perçu; elle ne sera donc pas véritablement *objective*, mais *subjective*. L'eau prend la forme du vase qui la contient; et si ce vase était doué de sensibilité, il verrait sa propre forme dans l'eau. Pareillement, si on regarde au travers de lunettes vertes, les couleurs des objets paraîtront assombries; le vert, qui est la forme des lunettes, c'est-à-dire du milieu par lequel on voit les objets, apparaît ainsi dans les objets mêmes. C'est de cette manière que l'espace, qui est une forme de notre sensibilité externe, apparaît, par la sensation, dans les objets extérieurs.

Kant donne le nom *d'intuitions* ou *visions empiriques* aux perceptions sensibles, c'est-à-dire celles qui proviennent des sensations, et il appelle *intuitions* ou *visions pures* les éléments subjectifs de ces perceptions. Ainsi, toute intuition empirique se compose de deux éléments, d'une *matière* et d'une *forme*. La matière, c'est la sensation; la forme, l'espace. La sensation est la portion empirique de l'intuition empirique; l'espace ou l'étendue est ce qu'il y a de pur ou subjectif. Quant au sens interne, c'est-à-dire aux perceptions de la conscience, leur matière se trouve dans nos modifications internes, leur forme est le temps. Nous ne percevons les objets à la suite l'un de l'autre, que parce que nous sentons l'une après l'autre, par le sens interne, les perceptions qui se rapportent à ces objets. Le temps est la forme *immédiate* du sens interne et *médiate* des sens externes; la succession, que la conscience aperçoit dans nos affections internes, vient de la conscience elle-même; elle n'est pas dans ces affections mêmes. Il suit de là, que, dans les objets extérieurs, l'étendue n'est que notre propre manière de les voir, et non une qualité réelle et objective. Les objets, considérés en eux-mêmes, ne sont pas plus étendus qu'ils ne sont odorants, sapides, etc... Pareillement, il n'y a dans les choses, considérées en soi, ni succession, ni *avant* ni *après;* la succession est une simple manière de percevoir ou de sentir nos affections internes.

Arrêtons-nous ici un instant pour constater le résultat de ces recherches.

L'espace et le temps, considérés en soi, n'ont aucune réalité; ils ne sont que des phénomènes constants de notre sensibilité. Le premier est le phénomène constant de la sensibilité externe; le second, du sens interne. Mais si le temps n'a rien de réel, les changements que les choses nous semblent subir n'auront non plus aucune réalité; ils ne sont qu'apparents. Un objet nous semble changer lorsque nous remarquons une succession dans ses manières d'être; or, si cette succession n'est pas réelle, mais seulement apparente, le changement lui-même ne peut être aussi qu'apparent. Il résulte de là que le changement interne de notre être, changement qui se révèle incessamment à la conscience, n'est qu'apparent, et que, par conséquent, le *moi* lui-même n'est, comme objet de l'expérience interne, qu'un phénomène, une apparence, ainsi que tous les objets de la nature. Le problème que Kant s'est proposé de résoudre embrasse dans sa généralité l'expérience interne et l'expérience externe; les résultats de sa solution doivent donc aussi être généraux. Or, si le sens externe ne peut nous offrir que des phénomènes, le sens interne ne nous offrira également que des phénomènes. La prérogative que les philosophes ont en général accordée au sens interne, ne peut être admise dans une philosophie véritablement critique. Le sens interne et le sens externe ne sauraient nous donner que des phénomènes; et il ne nous est jamais permis de conclure des phénomènes aux réalités.

Kant appelle cette doctrine sur la sensiblité *esthétique transcendantale;* Esthétique, c'est-à-dire théorie de la sensibilité; Transcendantale, parce qu'elle détermine *à priori* les modes, les formes, les conditions, les lois de notre sensibilité.

L'espace et le temps ne sont pas d'ailleurs les seuls éléments subjectifs de nos connaissances expérimentales; il y en a d'autres encore dont il sera question dans la lettre suivante.

LETTRE SIXIÈME.

DES CATÉGORIES DE KANT.

Je vous ai fait voir dans la lettre précédente que, dans la philosophie de Kant, la notion de la Substance est une conception *subjective*. Le temps et l'espace ne sont donc pas les seuls éléments subjectifs de l'expérience; il y en a d'autres encore que la philosophie doit déterminer. Pour les reconnaître, il faut remonter plus haut, à la source de la connaissance. Celle-ci commence avec les sensations; mais les sensations sont distinctes et séparées les unes des autres : or, pour que les objets de l'expérience soient constitués, il faut que les sensations soient réunies ensemble. Maintenant on demande : Les moyens de cette union sont-ils en nous, ou nous sont-ils donnés? Il est évident qu'ils ne nous sont pas donnés, puisque ces moyens d'union ne sont pas des sensations, mais les modes mêmes par lesquels les sensations se réunissent. Les moyens de réunion des sensations sont donc *subjectifs*. Nous avons vu que l'espace et le temps sont subjectifs aussi, et vous remarquerez qu'ils servent de premier lien aux sensations. Nous ramassons en effet nos sensations dans un même espace et dans un même temps. L'espace et le temps sont donc les modes primitifs par lesquels se manifeste d'abord la loi synthétique du sujet connaissant. Mais dans cette origine de la connaissance, l'être qui connaît est purement passif, il ne fait que recevoir, c'est-à-dire être affecté, bien que ce qu'il reçoit revête les formes intérieures de sa sensibilité, l'espace et le temps.

Les produits de la sensibilité s'appellent des *intuitions*; mais celles-ci ne sont pas encore les *notions*, lesquelles constituent les éléments du Jugement. Pour les rendre telles, il faut l'action propre de l'entendement qui élève les intuitions aux *concepts*. Les produits de la sensibilité sont les intuitions; les produits de l'activité de la pensée (de l'entendement) sont les concepts. Pour pouvoir dire : *La poire est pesante*, il est nécessaire que j'aie le concept de la poire : or, la sensibilité ne me fournit pas toutes les données nécessaires pour former ce concept; elle me donne l'ensemble des sensations réunies dans la poire, et en outre un espace indéfini et un temps indéfini ; mais le concept de la poire implique un espace circonscrit et déterminé, et je dois concevoir la poire comme existant dans un temps également déterminé. Il ne suffit donc pas, pour que je forme ce concept d'une poire, que la sensibilité me donne diverses sensations disséminées dans un espace et dans un temps indéfinis, il est nécessaire que l'activité de l'entendement détermine toutes ces sensations et les réunisse en un espace et en un temps déterminés. Les concepts empiriques, c'est-à-dire les objets de l'expérience, sont donc le produit de la synthèse intellectuelle. Les modes de cette synthèse doivent se trouver *à priori* dans l'entendement lui-même, et être indépendants des sensations qui doivent se joindre et s'unir avec eux.

Mais par quel moyen découvrir les modes primitifs de la synthèse intellectuelle? Le voici. Le Jugement est la synthèse du rapport du prédicat au sujet; les modes nécessaires de toute synthèse de l'entendement doivent donc se retrouver dans la synthèse du jugement. Nous aurons donc les modes de la synthèse de l'entendement, si nous découvrons ceux de tous nos jugements.

Procédons à cette recherche.

Je ne sais pas ce que je penserai demain ni à tous les instants futurs de ma vie, parce que je ne sais pas quels objets me seront présentés; mais si je ne connais pas les objets futurs de ma pensée, je n'en ignore pas le *comment*. Je ne peux pas prévoir la matière qui me sera donnée du dehors; mais je prévois la forme que prendront mes jugements. Or, en y réfléchissant, je m'assure qu'il est absolument nécessaire que tous mes jugements soient ou *singuliers*, ou *particuliers*, ou *universels*. J'ignore quel sera le sujet de ces jugements, mais il faut absolument que je le conçoive, ou comme un, ou comme plusieurs, ou comme tout. Mes jugements auront donc nécessairement la forme de la singularité, de la particularité ou de l'universalité. Cette forme est celle de la *quantité*.

Il est nécessaire encore que mes jugements soient ou *affirmatifs*, ou *négatifs*, ou *infinis*. (Le jugement *infini* est celui dans lequel la négation se rapporte à l'attribut ou au sujet.) Soient, par exemple, les jugements suivants : *L'âme est pensante ; l'âme n'est pas mortelle; l'âme est non-mortelle; le non-mortel est pensant.* Le premier de ces jugements est affirmatif; le second, négatif; le troisième et le quatrième sont infinis. Les jugements infinis, selon Kant, réunissent les deux modes, le négatif et l'affirmatif, parce qu'on y considère l'objet en tant qu'il n'a pas telle ou telle qualité, et on juge qu'il est dans un mode différent de celui où sont d'autres objets; ce qui établit dans l'universalité des objets une limite, une séparation par rapport à laquelle ils ont ou n'ont pas certaine qualité, suivant qu'on les place d'un côté ou d'un autre. Ce jugement, *L'âme est non-mortelle*, équivaut pour le sens à celui-ci, *L'âme n'est pas mortelle*, qui est négatif; mais cependant le premier établit une classe de choses mortelles de laquelle il retranche l'âme, ce que ne fait pas le second. Dans le premier on affirme que l'âme est dans un état différent de celui où sont beaucoup d'autres choses, et le second ne dit pas cela. Notre esprit doit donc, en jugeant, ou affirmer, ou nier, ou limiter, et tous nos jugements prennent nécessairement une de ces trois formes, comprises elles-mêmes sous la forme générale de *qualité*.

En outre, nos jugements doivent nécessairement aussi être ou *catégoriques*, ou *hypothétiques*, ou *disjonctifs*. Les premiers sont ceux où le prédicat se rapporte au sujet absolument et sans condition, par exemple : *Le corps est pesant*. Les seconds sont ceux dans lesquels une chose étant supposée vraie, on affirme qu'une autre chose doit l'être également, comme : *Si le corps est pesant, n'étant pas soutenu, il tombe*. Dans ces jugements composés, on fait abstraction de la vérité des deux composants; on affirme seulement un rapport entre l'un et l'autre. Les jugements disjonctifs sont ceux où, un certain nombre d'attributs étant donnés, on en affirme un du sujet, mais sans déterminer lequel, par exemple : *L'âme est ou mortelle ou immortelle*. Il est donc nécessaire que tous nos jugements se revêtent aussi d'une de ces trois formes qui constituent la forme générale de la *relation*.

Enfin, il est nécessaire que nos jugements soient ou *problématiques*, ou *assertoriques*, ou *nécessaires*. Dans le raisonnement suivant : *Si le corps est pesant, il tombe, n'étant pas soutenu ; le corps est pesant ;* donc *le corps non soutenu tombe ;* le premier jugement est problématique, parce que on ne considère pas le corps pesant comme une chose réelle, mais seulement comme une chose possible; le second est assertorique, parce que le poids est regardé simplement comme réel dans le corps, mais non comme nécessaire; le troisième est nécessaire ou *apodictique*, parce que l'action de tomber s'attribue nécessairement au corps non soutenu. Ces trois dernières formes sont celles de la *modalité*.

On voit, par tout ce qui précède, que la philosophie détermine *à priori* les formes nécessaires de tous nos jugements. Ces formes générales se réduisent à quatre, la *quantité*, la *qualité*, la *relation*, la *modalité*, qui elles-mêmes en comprennent chacune trois autres. Tous nos jugements doivent, pour se déterminer, revêtir ces quatre formes. Ainsi ce jugement : *Tous les corps sont pesants*, est, selon la Quantité, universel; selon la Qualité, affirmatif; selon la Relation, catégorique; selon la Modalité, assertorique, et se trouve de cette manière déterminé sous tous les modes.

La synthèse du jugement consiste à réduire les diverses représentations sous un concept plus élevé, c'est-à-dire plus général. Ainsi, en disant, *Titius est homme, l'homme est animal, l'animal a un corps organisé;* je réduis les diverses représentations relatives à Titius sous le concept plus élevé de l'homme, les diverses représentations de l'homme sous le concept plus élevé d'animal, et celles d'animal sous le concept de corps organisé. Je ramène ainsi à l'unité la diversité des représentations, et cette unité s'appelle *unité synthétique*, c'est-à-dire unité de composition.

Il suit de là que tout jugement repose sur un concept supérieur et dernier sous lequel se ramène la variété et au moyen duquel s'établit l'unité synthétique. Les modes de jugement étant, comme nous venons de le voir, au nombre de douze, il doit y avoir douze modes primitifs, *à priori*, pour former l'unité synthétique, c'est-à-dire douze concepts *purs, à priori*. Kant appelle ces concepts *catégories*, à l'exemple d'Aristote, qui a désigné sous ce nom les dix pensées principales sous lesquelles on pouvait, selon lui, ranger toutes les autres [1]. Voici la table de ces catégories :

QUANTITÉ, *unité, pluralité, totalité* ;

QUALITÉ, *réalité, privation, limitation* ;

RELATION, *inhérence et substance* (ou substance et accident), *causalité et dépendance* (cause et effet), *communauté* (ou réciprocité d'action) ;

MODALITÉ, *existence, possibilité, nécessité*.

Ces douze catégories sont les concepts les plus élevés, c'est-à-dire les plus généraux sous lesquels l'entendement ramène la diversité des sensations données dans un temps et dans un espace indéfinis. Ce sont des concepts subjectifs, existant dans l'esprit indépendamment des impressions sensibles ; ce sont les modes primitifs au moyen des-

---

[1] Voyez pour le vrai sens des catégories aristotéliques, *Fragments de Philosophie* de M. W. Hamilton, p. 35. Paris, 1840. In-8.

(*Note du trad.*)

quels la synthèse de l'entendement réunit les données de la sensibilité. Éclaircissons ceci par un exemple. *La pierre est pesante*. Pour pouvoir former ce jugement, il est nécessaire que les divers éléments de la représentation complexe de la pierre soient ramenés sous le concept pur de *l'unité*. Sans cela il ne serait pas possible de considérer la pierre comme un objet unique, et le jugement ne serait pas déterminé dans la forme singulière. Sans cela encore, les éléments différents de la représentation complexe de la pierre ne pourraient pas avoir l'unité synthétique. Cette catégorie de l'unité est donc un des modes de la réunion des données de la sensibilité, et par conséquent de la formation de l'unité synthétique. En outre, dans ce jugement, l'esprit considère le poids de la pierre comme Réel, et pour cela il faut nécessairement qu'il réduise les divers éléments de la représentation de *pierre pesante* sous le concept pur de *réalité;* sans ce concept il serait impossible de regarder le poids de la pierre comme réel, le jugement ne pourrait être déterminé comme affirmatif, et les éléments multiples de la représentation complexe de *la pierre pesante* n'auraient pas l'unité synthétique. Cette catégorie de la réalité est donc également indispensable pour réunir le divers de la sensibilité et constituer l'unité synthétique. Dans ce même jugement, le poids est considéré comme un mode de la pierre, et la pierre comme une chose subsistante, dont le poids est un mode, ou à laquelle le poids est inhérent. Or, cela ne peut avoir lieu sans que l'esprit réduise, sous le concept pur de *substance et accident*, les divers éléments de la représentation de la pierre pesante, et sans cette catégorie l'unité synthétique ne pourrait pas davantage se réaliser. Cette catégorie a donc la même fonction que les deux précédentes pour ramener à l'unité synthétique et unir ensemble les éléments divers de la sensibilité. Enfin, il faut que la réalité du poids de la pierre soit pensée ou comme simplement possible, ou comme existante. Dans le jugement qui nous sert d'exemple, elle est prise comme existante; et cette affirmation de la réalité actuelle du poids dans la pierre est le résultat de l'application de la catégorie *d'existence*, laquelle sert encore ici à constituer l'unité synthétique, et détermine le jugement sous la forme assertorique.

En analysant les termes du jugement énoncé ci-dessus, on y voit les quatre catégories clairement exprimées. *La pierre est pesante*. On dit *la* pierre, et non *les* pierres, pour marquer que le sujet de la proposition est unique, et non multiple. On dit *est*, et non *n'est pas*, parce qu'on considère le poids comme réel dans la pierre. On dit *pesant*, et non *poids*, pour indiquer que le poids est un mode de la pierre et la pierre la substance à laquelle le poids est inhérent. Le mode sous lequel nous concevons le rapport du prédicat au sujet n'est pas exprimé; mais il pourrait l'être en disant : *La pierre est effectivement pesante*.

Vous pouvez maintenant comprendre clairement

que les *catégories sont les divers modes par lesquels la synthèse intellectuelle réunit la diversité des représentations et constitue l'unité synthétique de la pensée.* Dans l'exemple cité, je vous ai fait voir comment les quatre catégories d'unité, de réalité, de substance et d'existence, concourent à former l'unité synthétique. Il ne faut pas confondre cette unité synthétique avec la catégorie de l'unité. La catégorie de l'unité est un des modes qui servent à former l'unité synthétique, mais il n'est pas le seul, comme vous venez de le voir. En outre, cette catégorie ne remplit sa fonction que dans les jugements singuliers; car dans les jugements particuliers et dans les jugements universels, il faut, pour établir l'unité synthétique, l'intervention des catégories de *pluralité* et de *totalité.* Par exemple, dans le jugement *Plusieurs corps sont lumineux*, je réduis la diversité des représentations qui constituent la représentation complexe de corps lumineux sous la catégorie de *pluralité*, et par là je détermine le jugement quant à sa quantité, et je fonde son unité synthétique. Pareillement dans le jugement *Tous les corps sont pesants*, je soumets la variété des représentations à la catégorie de *totalité.*

Le jugement *La pierre est pesante* est une connaissance expérimentale. Les catégories y entrent comme éléments essentiels. Les catégories sont donc *les éléments constitutifs de l'expérience possible. C'est là leur fonction.* Pour former ce jugement, il est nécessaire que j'aie quelques sensations avec leurs formes, l'espace et le temps, et il est nécessaire ensuite que l'activtié de l'entendement, combinant les éléments subjectifs avec les données de la sensibilité, constitue l'unité synthétique du jugement. *L'expérience dérive donc de deux sources, de la sensibilité et de la synthèse intellectuelle, c'est-à-dire de la sensibilité et de la pensée.*

Nous avons déduit les douze catégories des douze modes de nos jugements, en remarquant qu'aucun de ces modes de jugement ne serait possible sans le concept *à priori* correspondant qui en est la condition indispensable. Vous trouverez peut-être quelque difficulté dans la déduction de la catégorie de *communauté* qui se tire du mode des jugements disjonctifs. Dans ces jugements, les divers prédicats sont considérés comme des parties d'un tout, qui soutiennent entr'elles un rapport de réciprocité tel, que l'une étant posée les autres sont ôtées, et les autres étant ôtées une est posée. Le concept de *réciprocité* et de *communauté* est donc un concept nécessaire pour la formation de cette espèce de jugement, comme par exemple : *L'âme est ou mortelle ou immortelle; or, elle n'est pas mortelle,* donc *elle est immortelle.* Le mode par lequel l'esprit réunit les deux prédicats *mortelle* et *immortelle* est précisément la catégorie de Communauté. Nous réduisons, en effet, sous ce concept pur les notions de mortalité et d'immortalité, et les ayant ainsi solidairement liées, nous formons l'unité synthétique du jugement.

Maintenant, revenons un peu sur nos pas, pour voir le chemin que nous avons fait et éclairer notre route entre le point de départ et le point d'arrivée. Nous nous sommes proposé le problème suivant : *Comment l'esprit, au moyen de la synthèse des sensations, forme-t-il les objets de l'expérience ?* Nous avons reconnu que les modes sous lesquels s'effectue la synthèse des sensations ne dérivent pas des sensations mêmes, mais existent *à priori* dans le sujet qui connait; d'où il suit que l'esprit, dans cette synthèse, combine deux sortes d'éléments, les éléments *objectifs* et les éléments *subjectifs*. Nous avons vu que parmi ces derniers quelques-uns sont des modes de notre sensiblité, quelques autres des modes de notre pensée; les premiers sont les intuitions pures de l'espace et du temps, les seconds les douze catégories. Nous avons ainsi déjà tous les matériaux nécessaires pour construire les objets de l'expérience, ou la nature sensible. Nous pouvons donc commencer cette construction. Mais les matières développées dans cette lettre exigeant quelque méditation, je la finirai ici; et j'expliquerai dans la suivante comment le Philosophe de Kœnigsberg construit la nature sensible.

LETTRE SEPTIÈME.

COMMENT KANT CONSTRUIT LE MONDE SENSIBLE.

Vous attendez avec impatience le complément de la solution du problème que la philosophie transcendantale s'est donné à résoudre. Je terminerai cette exposition dans cette lettre.

L'agent qui construit les objets de l'expérience, ou, en d'autres termes, le monde sensible, est notre entendement. Parmi les matériaux qu'il emploie dans cette construction, les uns lui sont donnés ou présentés par la sensibilité, les autres sont dans l'entendement lui-même. Ces matériaux doivent être les uns et les autres saisis par l'entendement, sans quoi il ne pourrait rien construire. Être saisi par l'entendement signifie ici être pensé. Ainsi donc, les données de la sensibilité et les concepts purs de l'entendement doivent également être pensés. Il faut nécessairement que la représentation *je pense* puisse accompagner toutes mes représentations, sans quoi il y aurait en moi la représentation de quelque chose qui ne pourrait pas être du tout pensé; ce qui revient à dire que la représentation serait impossible ou serait nulle pour moi. On appelle *vision* la représentation qui peut être donnée antérieurement à toute pensée; et toute diversité dans la vision a un rapport nécessaire avec le *je pense*, dans le sujet même où se trouve cette diversité. Cette représentation *je pense* consiste dans un acte de l'activité de l'entendement, c'est-à-dire qu'elle ne peut être considérée comme appartenant à la sensibilité. Il ne faut pas pourtant confondre le sens interne avec la représentation *je pense*. Cette représentation, Kant l'appelle *aperception pure* ou *primitive*. Celle-ci, comme je l'ai dit, doit se trouver dans toutes les autres représentations; elle est la même et unique dans toute conscience. Lorsque j'ai une représentation, il est nécessaire que je puisse dire que j'ai cette représentation ; ainsi, ayant la représentation du pied d'un homme, je peux dire : J'ai la représentation du pied d'un homme, ce qui équivaut à dire : *Je pense la représentation du pied d'un homme;* mais si j'ai la représentation de l'autre pied de l'homme, je peux dire encore : *Je pense la représentation de l'autre pied de cet homme*. Il en est de même de toutes les autres représentations qui constituent la représentation entière de cet homme. La représentation *je pense* est donc la même dans la conscience de chacune des représentations élémentaires de la représentation totale. Cette représentation *je pense*, étant la même dans toute conscience, est une. Cette unité, Kant l'appelle *l'unité transcendantale de la conscience de soi-même*, ou bien *l'unité transcendantale de l'aperception.*

La représentation *je pense* est *à priori*, indépendamment des sensations ; mais, dans l'ordre du temps, elle n'est pas avant les sensations ; car, selon Kant, toute la science humaine commence avec les sensations, bien qu'elle ne dérive pas toute des sensations.

Il ne faut pas confondre non plus l'unité transcendantale de la conscience de soi-même avec l'unité catégorique ; cette dernière doit aussi être pensée par l'entendement, et, par conséquent, s'unir à la première pour la formation des objets de l'expérience.

Pour avoir l'unité synthétique de la représentation d'un homme, il est nécessaire que j'aie les diverses représentations qui entrent dans la représentation de cet homme, comme, par exemple, celles de la tête, des bras, du tronc, etc., et qu'en même temps j'unisse ces représentations multiples dans la représentation unique de cet homme, et que j'aie conscience de cette synthèse. Or, dire : J'ai les représentations diverses de cet homme, est la même chose que dire : Chacune de ces représentations est mienne ; dire : Chacune de ces représentations est mienne, est la même chose qu'unir la représentation *je pense* à chacune de ces représentations ; c'est faire une synthèse de chacune de ces représentations avec la représentation *je pense*. Cette première synthèse est nécessaire pour la synthèse ultérieure des diverses représentations entr'elles, et cette dernière synthèse ne peut exister sans la première, bien que la première puisse exister sans la seconde. Si j'ai en même temps la conscience des perceptions de plusieurs arbres, j'unis chacune de ces perceptions à la représentation *je pense*, mais je ne les réunis pas en une représentation unique, comme je fais pour les représentations de la tête, des bras, du tronc, etc., d'un homme. Je ne peux avoir conscience de l'union de diverses représentations en une représentation unique, si je ne considère pas d'abord ces diverses représentations comme miennes, c'est-à-dire, si je n'opère pas la synthèse de chaque représentation avec la représentation *je pense*. Cette synthèse étant précisément le fondement de la connaissance, Kant l'appelle l'*unité synthétique primitive de l'aperception;* mais celle-ci ne peut s'effectuer sans l'unité transcendantale de la conscience de soi-même. Celle-ci seule rend possible la formation des objets de l'expérience; et c'est pour cela que Kant appelle aussi la représentation *je pense, l'unité objective*.

Vous voyez par là que, dans la philosophie Kantienne, il est important de distinguer diverses espèces de consciences; la première est le sens interne passif, lequel est affecté par nos sensations et modifications intérieures; la seconde est *l'aperception pure*, c'est-à-dire la représentation *je pense*, laquelle est posée *à priori* par la spontanéité de l'entendement; celui-ci effectue la synthèse de la représentation *je pense* avec chacune des autres représentations, et par là s'établit *l'unité synthétique primitive de l'aperception*. La conscience de cette dernière est la *conscience empirique*. Il y a, en en outre, *la conscience analytique*, qui se révèle dans la décomposition de la synthèse primitive, et qui s'exprime ainsi : Ce *moi* qui étais B, je suis maintenant C. Si, pour plus de clarté, nous désignons la représentation *je pense* par A, et les autres représentations par B, C, D, etc., la synthèse primitive nous donnera A B, A C, A D; en décomposant A B, j'ai pour résultat A; en décomposant A C, j'ai pour résultat A; en décomposant A D, j'ai pour résultat A. Cet A est *l'aperception pure*. Cet A, résultat des analyses opérées, est identique; ces analyses me donnent donc l'identité de la conscience pure ou transcendantale. Kant appelle cette identité *l'unité analytique de la conscience*. Ainsi, l'unité synthétique est le fondement de l'unité analytique; car, en général, toute analyse suppose une synthèse antérieure.

La représentation *je pense* est donc le centre où doivent s'unir tous les éléments de nos concepts empiriques pour la formation des objets de l'expérience. Mais il est nécessaire de déterminer quels sont les premiers éléments que la synthèse unit avec la conscience transcendantale et entre eux. Les objets de l'expérience externe nous présentent une étendue figurée. La sensibilité nous donne l'intuition pure de l'espace, mais elle ne nous donne pas les différentes figures de l'espace qui nous sont offertes par les corps. L'esprit doit donc d'abord tracer dans cet espace indéfini les diverses figures des corps. L'entendement se trouve ici dans le même cas que le géomètre qui entreprend d'établir la géométrie. Celui-ci doit, avant tout, créer les diverses figures qui sont l'objet de sa science. Or, le géomètre, pour la création de ses figures, n'emprunte aucune donnée aux sensations; il n'a besoin que de l'intuition pure d'un espace indéfini, et avec elle il construit *à priori* toutes les figures géométriques. C'est de la même manière que l'entendement construit les figures des corps qui nous apparaissent dans le monde sensible. Il a en soi les intuitions pures de l'espace et du temps; il a aussi les éléments subjectifs de tous les concepts empiriques, c'est-à-dire les douze catégories; il doit donc unir ces deux classes d'éléments subjectifs et construire ainsi, *à priori*, toutes les figures des corps. La synthèse de l'entendement a pour règle d'unir d'abord entr'eux les éléments subjectifs de la sensibilité et de la pensée. Cette union des catégories avec les formes pures de la sensibilité constitue les *schèmes* ou *types primitifs*, au moyen desquels l'entendement construit les figures des corps. Étudions en effet le procédé des géomètres dans la formation de leurs concepts purs. Supposant un point qui se meut vers un autre point, les géomètres se forment la notion de la ligne droite, et cette ligne représente un temps déterminé; or, en faisant cela, la synthèse pose un moment et le lie à la représentation *je pense*, et, y joignant la catégorie de l'unité, elle constitue le concept pur d'un élément de cette ligne. Les catégories s'unissent donc primitivement avec le temps, et puis, au moyen du temps, avec la forme pure de l'espace. De même que les géomètres conçoivent la formation de la ligne par le mouvement d'un point, de même ils conçoivent la formation de la surface par le transport latéral des lignes, et celle des solides par le transport en haut ou en bas des surfaces. Ceci supposé, concevons un point qui, en se mouvant, engendre une ligne finie; puis concevons que cette ligne, se mouvant latéralement, engendre, avec ses deux extrémités, deux autres lignes droites égales à elle-même et qui lui soient perpendiculaires, nous aurons le *schème* du carré. Supposons enfin que ce carré s'élève le long d'une ligne qui lui est perpendiculaire et égale à la ligne génératrice, nous aurons le *schème* du cube. Ce schème naît, comme nous l'avons vu, de l'application *immédiate* des catégories à l'intuition pure du temps, et de leur application *médiate* à l'intuition pure de l'espace. C'est par le moyen de ce schématisme que les mathématiques pures naissent dans la pensée humaine. Observez, en outre, que, dans l'exemple du carré et du cube, l'esprit, en posant une ligne, dit *un*; en posant la seconde ligne perpendiculaire à la première, il dit *plus un*, et ainsi de suite jusqu'à quatre ; par conséquent, dans la génération des figures géométriques, on pose nécessairement le *nombre*. Le concept pur du nombre, en général, est donc le type de toutes les quantités, et il est ainsi le fondement des mathématiques pures. Le nombre est une représentation qui embrasse l'addition répétée de un à un. Le nombre n'est donc autre chose que l'unité de la synthèse du multiple dans une intuition homogène en général ; de sorte que dans l'acte même de l'intuition s'engendre aussi le temps. La sensibilité a pour formes pures un temps indéfini, et un espace indéfini. Maintenant, quelle est la faculté qui pose, dans ce temps indéfini, un premier et un dernier moment, pour avoir un temps déterminé, c'est-à-dire pour avoir, dans l'espace indéfini, un point dont on part et un point où on arrive ? Cette faculté, d'après Kant, est une faculté intermédiaire entre la sensibilité et l'entendement ; il l'appelle *l'imagination transcendantale ;* c'est-à-dire, une imagination productrice et non pas reproductrice d'images. Le mouvement générateur des schèmes, dont nous avons parlé, n'est pas le mouvement empirique qui nous est connu *à posteriori ;* il est le produit de la spontanéité du sujet pensant, qui pose dans un temps indéfini une détermination avec laquelle il lie les catégories. Cette faculté spontanée de poser *à priori* une détermination dans le temps indéfini est l'imagination transcendantale, qui produit des représentations, et non l'imagination empirique, qui ne fait que reproduire des représentations antérieures. Cette faculté est l'auxiliaire de l'entendement dans la synthèse des concepts.

Lorsque l'esprit a formé le schème, s'il s'ajoute à celui-ci une détermination qui le particularise davantage, le schème devient une *image;* et si à cette image se joint la sensation, l'image devient un *objet.* Ainsi, si on donne au cube une grandeur déterminée, le schème devient image, et si on joint à l'image une sensation, comme celle du poids, par exemple, l'image devient un objet. Ainsi, d'après la philosophie que nous exposons, la synthèse construit d'abord les schèmes, puis les images et enfin les objets. Remarquez que le concept pur du nombre est plus général que celui de la quantité continue et que celui de la quantité discrète; il est le genre, et ces deux quantités en sont les espèces.

Nous avons clairement expliqué comment l'entendement construit *à priori* les figures des corps que nous présente la nature. Nous avons vu que la synthèse, pour être déterminée, exige que les catégories des quatre formes générales des jugements entrent en combinaison. Les catégories, comme nous l'avons dit, doivent s'appliquer d'abord à l'intuition pure du temps; il est donc nécessaire, pour former un objet d'expérience, c'est-à-dire un concept empirique particulier, de construire quatre schèmes au moins. Supposons qu'il s'agisse de former le concept empirique d'un cube de marbre, de glace, de bois, etc., il nous faut, en premier lieu, construire la figure du cube, et nous avons vu comment se construisent les figures des corps par l'application des catégories de quantité à l'intuition pure du temps. Après avoir formé la figure du cube, joignons à cette représentation un groupe de sensations de couleur, de solidité, de poids, de froid, etc. Toute sensation a un degré; le plaisir est plus ou moins vif, la douleur plus ou moins forte, le chaud, la clarté, le son, l'odeur sont plus ou moins intenses; jetez les yeux sur une belle campagne couverte de plantes vertes, vous trouverez dans chacune un vert différent; vous aurez un vert plus foncé dans l'une, moins foncé dans l'autre. Le *degré* se trouve donc nécessairement et universellement dans toute sensation, et nous ne pouvons concevoir celle-ci sans le degré. La sensation seule ne remplit (abstraction faite de la succession de plusieurs sensations) qu'un moment indivisible; un moment n'a aucune grandeur extensive; l'absence de la sensation, dans ce moment même, représenterait celui-ci comme vide; ce concept d'un moment vide du temps résulte de la catégorie de *privation* appliquée à ce moment : il est donc un schème. Un moment, considéré comme rempli par une sensation quelconque, est un concept résultant de la catégorie de *réalité* appliquée à ce moment : c'est donc aussi un schème. Mais toute sensation est susceptible de diminution, de manière qu'elle peut s'affaiblir et s'évanouir peu à peu. Ainsi, la chaleur peut diminuer, et par degrés disparaître entièrement. Par conséquent, il y a entre la réalité et la privation, dans un phénomène, un enchaînement continu de plusieurs sensations possibles intermédiaires. Toute sensation peut donc être considérée comme composée d'autres sensations semblables. Supposons une certaine chaleur en deux sujets, A et B ; supposons, en outre, dans un autre sujet C une chaleur double de celle des sujets A et B ; nous pourrons regarder la chaleur de C comme composée des deux chaleurs de A et de B. Observez que les parties de cette chaleur ne peuvent être, comme celles de l'espace, l'une en dehors de l'autre ; elles doivent donc être regardées, non comme remplissant un espace, mais comme remplissant plus ou moins le même moment de temps ; ainsi, une masse donnée peut contenir dans le même temps autant de chaleur qu'en contiennent deux autres qui, prises ensemble, forment une masse double. Une surface peut, dans le même temps, jeter autant de lumière que deux autres surfaces dont chacune lui est égale, si elle reçoit une lumière double. Mais cette double chaleur et cette double lumière peuvent être considérées comme produites successivement en deux moments de temps, de manière que celles du premier moment se maintiennent et se retrouvent encore dans le second. Cette possibilité de considérer le degré par parties le fait regarder comme une quantité, qu'on appelle quantité *intensive* pour la distinguer de la quantité *extensive*. C'est ainsi que les rapports mutuels des degrés peuvent être exprimés par des lignes, et que, par exemple, les diverses hauteurs du mercure dans le thermomètre indiquent les rapports d'un degré de chaleur à un autre. Maintenant, en observant la loi générale ou le mode de la synthèse dans la formation du degré, on aura *le concept sensible pur du degré*; en ajoutant à ce schème ou type de tout degré une détermination qui en fasse un degré déterminé, on aura l'*image*; et puis, rendant cette image individuelle, en en faisant la couleur blanche, la couleur bleue, la douceur du sucre, on aura l'*objet*. De même donc que le nombre est le schème des catégories de quantité, de même le degré est le schème des catégories de qualité.

Dans le cube de glace nous considérons le froid et la consistance comme des qualités ou modes de la glace; la catégorie de Substance entre donc comme élément subjectif dans notre synthèse. Mais nous ne regardons le froid et la consistance de la glace comme des modes, que parce que nous pensons que ces choses peuvent cesser d'être pendant que la substance de la glace demeure; car si on approche la glace du feu, elle perd le froid et la consistance, et prend la forme de fluide. Nous regardons donc la substance comme un sujet qui continue d'exister tandis que les modes cessent. Ainsi la catégorie de substance s'applique également à l'intuition pure du temps et se combine avec elle. Pareillement, nous considérons le feu comme la cause de la fonte de la glace ; la catégorie de la causalité entre donc dans cette expérience comme élément subjectif, et s'y combine aussi avec le temps ; car le feu et son action sont supposés exister avant la fonte de la glace, et, en général, la cause, selon Kant, est conçue comme existant avant l'effet. Enfin, le cube de glace, ou, ce qui revient au même, l'ensemble de toutes les sensations qui en constituent l'intuition, est considéré comme existant dans un temps donné, ce qui a lieu au moyen de la combinaison de la catégorie *d'existence* (qui est une des catégories de modalité) avec le temps. Par conséquent, pour former un objet d'expérience et, par suite, un concept empipirique, il est nécessaire d'abord que l'entendement construise les schèmes de quelques catégories de quantité, qualité, relation et modalité, et qu'il unisse ensuite à ces schèmes, devenus images, la matière ou l'élément objectif de la sensation, et achève par là la construction de l'objet.

Ces lois du schématisme de la formation des objets de l'expérience s'appliquent aussi au *moi*, qui est l'objet de l'expérience interne. Qu'est-ce que ce *moi* qui est perçu par la conscience empirique ? C'est une substance qui, ayant été, dans un temps déterminé et dans un espace déterminé, d'une certaine manière, existe encore maintenant d'une autre manière. Il est donc nécessaire, pour former cet objet empirique, de déterminer, au moyen du schématisme des catégories de quantité, un certain espace dans lequel il pense, et un certain temps dans lequel se rangent, en une succession donnée, ses affections internes. Quand nous pensons, nous pensons en un lieu, et nos pensées se succèdent dans le temps. Il est impossible de concevoir un esprit qui pense hors de tel ou tel lieu, et dont les pensées ne se succèdent pas dans le temps. Ainsi, notre âme se présente à nous sous les mêmes modes de connaissance que notre corps. On conçoit l'âme affectée d'une série de sensations successives dont chacune a nécessairement un degré, et nous sommes également obligés de mettre des degrés dans toutes nos facultés. Le schématisme des catégories de qualité est donc nécessaire aussi pour la formation du *moi empirique*. Enfin, en regardant *le moi* comme une substance qui dure dans le temps et qui existe actuellement dans un certain mode, il se présente aussi sous le schématisme des catégories de relation et de modalité.

Voilà comment Kant construit tous les objets du monde sensible. Cette construction vous montre aussi comment les objets de l'expérience se lient et s'ordonnent entr'eux. Tous les objets sont considérés ou comme simultanés ou comme successifs, et la nature entière est l'ensemble des objets sensibles, simultanés, successifs et en connexion mutuelle. Les objets successifs sont en connexion lorsqu'on les considère comme causes les uns des autres. Les objets simultanés sont en connexion lorsque, avec la catégorie de communauté appliquée au temps, on les considère comme agissant et réagissant les uns sur les autres. C'est ainsi que l'entendement compose le grand livre de la nature visible.

Si le monde visible est un produit de la synthèse de l'entendement, il s'ensuit que les lois de cette synthèse seront aussi les lois de la nature. La législation suprême de la nature, selon cette philosophie, réside donc *à priori* dans notre entendement. Lorsqu'un architecte bâtit un édifice dont il trace le dessin, les lois de cet édifice (c'est-à-dire sa forme dans le tout et dans les parties, et les rapports de ces parties entr'elles), qui furent d'abord les lois de la synthèse *imaginative* de l'architecte, deviennent ensuite, lorsque le dessin lui-même est tracé, les lois objectives de l'édifice. L'architecte qui forme la nature sensible est notre entendement; il construit *à priori* les schèmes des catégories : les lois du schématisme doivent donc devenir les lois objectives de la nature. Ainsi, par exemple, cette loi de la nature que dans tous les changements la substance demeure, est la loi du schématisme de la catégorie de substance, et cette loi de la nature est *à priori* dans l'entendement qui, avec la synthèse des sensations, la rend objective. Il en est de même de cette autre loi, que tout événement suppose une cause qui le produit et le précède. C'est la loi du schématisme de la catégorie de causalité, produite par l'entendement au moyen de la synthèse par laquelle il construit le monde sensible.

LETTRE VIII.

OBSERVATIONS SUR LES DOCTRINES PRÉCÉDENTES. — RÉSULTATS DE L'ANALYSE DU LANGAGE. — PORT-ROYAL. — DUMARSAIS.

Je crois avoir rempli dans ma dernière lettre le désir que vous aviez de connaître la philosophie de Kant. Vous m'en avez témoigné votre satisfaction. Le philosophe de Kœnigsberg vous semble avoir pénétré jusqu'aux derniers éléments de nos connaissances, et avoir déterminé avec précision leurs modes de combinaison et leurs produits. Mais il ne faut pas pourtant précipiter votre jugement. Les principes dont part ce philosophe peuvent cacher des équivoques et des erreurs; ils peuvent conduire à des conséquences dont la monstruosité vous frapperait. Quoi qu'il en soit, n'ayant d'autre but en ce moment que d'exposer les systèmes des philosophes sur la question qui nous occupe, je crois nécessaire de revenir sur les doctrines précédemment développées, et d'en marquer avec netteté les ressemblances et les différences.

Il faut distinguer dans la connaissance humaine deux moments : le premier consiste dans la synthèse, qui construit les objets de l'expérience et compose le grand livre de la nature sensible; dans ce moment l'esprit pose *un dehors,* il forme les corps extérieurs et s'en fait un à lui, qu'il lie aux autres. La première opération de l'entendement doit être la synthèse. Le second moment commence avec la lecture du livre de la nature; l'esprit revoit sa propre œuvre, et l'analyse est alors son premier acte. Locke s'occupe de cette dernière époque; il suppose le grand livre de la nature composé, et il introduit l'esprit pour le lire et le comprendre; il part du fait, que les sens nous donnent les idées complètes des objets individuels de l'expérience; il prend comme des *data* l'extériorité des sensations et leur union en un objet, et il fait, en conséquence, sortir toutes les idées simples de l'expérience au moyen de l'analyse. L'idéologie condillacienne remonte plus haut; elle se place au-delà de l'expérience, à l'origine du premier moment de la connaissance; elle se demande *comment nos sensations produisent toutes nos idées;* elle commence par la synthèse pour faire naître tous les phénomènes, ceux des corps, ceux du *moi* et ceux de la nature entière. La philosophie transcendantale suit la même direction que l'idéologie, mais croyant devoir examiner plus attentivement la nature des éléments des diverses combinaisons synthétiques, elle pense avoir découvert deux espèces d'éléments, les *subjectifs* et les *objectifs;* et, étudiant ensuite de plus près les premiers, elle les divise en modes de la sensibilité et en modes de la pensée.

Voici donc les différentes doctrines sur l'objet qui nous occupe : 1° *La première opération de l'entendement est l'analyse.* C'est la doctrine de Locke.

2° *La première opération de l'entendement est la synthèse; celle-ci ne combine autre chose que des sensations.* C'est la doctrine idéologique de Condillac.

3° *La première opération de l'entendement est la synthèse, mais elle n'unit pas les sensations seules; elle combine en outre quelques éléments subjectifs qui sont en nous indépendamment des sens.* C'est la doctrine de la philosophie transcendantale.

Selon la philosophie critique, l'esprit construit *à priori* les figures des corps. Selon l'idéologie de Condillac, c'est aussi l'esprit qui se forme les idées diverses des figures visibles; car elle enseigne, comme nous l'avons vu, que les sensations de la vue ne nous les manifestent pas primitivement. La figure visible est donc, pour Condillac, un produit de la synthèse de l'esprit, qui, à l'occasion de certaines impressions de lumière et de couleur, forme la notion de la figure tangible, et, unissant celle-ci aux sensations visuelles, produit le phénomène de la figure visible. L'esprit, dans la production de ces phénomènes, n'est pas toujours passif. On peut admettre, il est vrai, que s'il s'agit de corps dont la figure est familière au toucher, l'idée de la figure tangible se reproduise par association, à l'occasion de certaines sensations de la vue ; mais lorsque les corps n'ont pas été observés par le toucher, ou qu'ils ont des figures différentes de celles reconnues par ce sens, il faut nécessairement supposer que c'est l'activité de l'esprit qui produit les idées de figure tangible. L'esprit est donc, pour Condillac, comme pour Kant, le véritable créateur du spectacle que nous offre, dans une nuit sereine, la voûte azurée du ciel. La seule différence en ceci entre la doctrine du philosophe français et celle du philosophe allemand est que, selon le premier, l'esprit construit la figure visible, conduit par l'expérience du toucher, tandis que, selon le second, l'esprit construit absolument *à priori* toute espèce de figures.

L'idéologie est la science de l'origine et de la génération des idées. La philosophie transcendantale, qui s'occupe du même objet, est aussi une idéologie. Néanmoins, elle se distingue de l'idéologie enseignée par Condillac, en ce qu'elle admet un ordre de notions *à priori*, indépendant de la sensation. Cet ordre s'appelle l'*ordre transcendantal*. Cet ordre ne constitue pas la connaissance, mais son mode et sa forme; car les intuitions pures de l'espace et du temps sont les modes de notre sensibilité, c'est-à-dire les modes dans lesquels nous sentons; et les douze catégories sont les modes de notre pensée, c'est-à-dire les modes dans lesquels nous pensons.

La philosophie transcendantale est donc celle qui détermine *à priori* le mode et la forme de notre connaissance. On l'appelle aussi *philosophie formelle*. Enfin elle prend le nom de *philosophie critique*, c'est-à-dire de philosophie *examinatrice*, parce qu'elle examine les fondements et la valeur de nos connaissances.

Mais ici se présente d'abord une question à résoudre. Cet ordre transcendantal, admis par la philosophie critique, est-il le même que les principes innés des écoles antérieures de Descartes et de Leibnitz? Nullement. Il y a, entre ces doctrines, une différence essentielle qu'il importe de bien connaître et de bien préciser.

Les écoles cartésienne et leibnitzienne attribuaient à l'ordre *à priori* une réalité en soi, indépendamment de toute expérience. Dans ces doctrines, les notions innées étaient des semences de savoir, que l'Auteur suprême de la nature avait déposées dans nos âmes, pour nous faire connaître les choses considérées en elles-mêmes. Les idées innées de l'Unité, de la Substance, de la Cause, de l'Infini sont, pour ces écoles, réelles par elles-mêmes, et ont des archétypes auxquels elles correspondent. Il y a dans la nature, indépendamment de nos perceptions, des unités réelles, des substances réelles, des causes réelles, un infini réel. Descartes, trouvant en lui la notion de l'être infini, en conclut, comme je vous l'ai dit dans la première lettre, l'existence de Dieu. Leibnitz et Wolf crurent que l'argument cartésien *à priori* pour prouver l'existence de Dieu, était valable, pourvu cependant qu'on prouvât d'abord la possibilité de l'être infini. Pour faire cette preuve, ils raisonnaient eux-mêmes comme il suit. La possibilité consiste dans l'absence de la contradiction ; la contradiction, étant l'union de l'être et du non-être, ne peut se rencontrer dans l'être infiniment parfait, en qui tout est réalité ou être, et en qui il n'y a pas de privation ou de non-être ; l'être infiniment parfait est donc possible. Enfin, l'existence actuelle est une perfection, cet être est donc existant. Les cartésiens et les leibnitziens attribuaient ainsi la réalité à l'ordre *à priori*. Ils se croyaient autorisés à passer, sans aucun intermédiaire, de la région de la pensée à celle de l'existence. Cette manière de raisonner était devenue très-commune, et fut adoptée même par des philosophes qui professaient des doctrines différentes du cartésianisme et du leibnitzianisme. Voici, par exemple, comment raisonne Clarke pour prouver l'existence du vide, niée par les écoles de Descartes et de Leibnitz. Nous avons une idée de l'étendue et de l'espace, et cette idée est distincte de celle du corps ; il y a donc une étendue différente de celle du corps. En outre, en supposant tous les corps anéantis, nous ne pouvons concevoir l'anéantissement de l'espace ; la nécessité de l'idée d'espace suppose l'existence nécessaire de cet espace, et l'impossibilité de concevoir cet espace comme limité suppose qu'il est infini : il a y donc nécessairement un espace infini. Maintenant, l'es-

pace doit être ou substance ou attribut de quelque substance. Il n'est pas substance, car l'espace est conçu comme un mode ; il est donc l'attribut d'une substance. Il en est de même de la durée infinie. C'est ainsi que ce philosophe, dans le IVe chapitre du tome Ier de son Traité de l'Existence de Dieu, prouve, par l'existence des idées de l'espace et de la durée, l'existence de l'immensité et de l'éternité, et, par l'existence de ces choses, celle d'une substance éternelle et immense. « Les idées de
» l'infinité et de l'éternité, dit-il, sont si bien
» imprimées dans mon âme, que je ne puis m'en
» défaire, c'est-à-dire que je ne peux pas suppo-
» ser, sans tomber dans une contradiction dans les
» termes, qu'il n'y ait pas dans l'univers un être au-
» quel ces attributs appartiennent nécessairement.
» Les attributs ou les modes, en effet, n'existent
» que par l'existence de la substance dont ils sont
» les attributs et les modes ; or, tout homme qui
» est capable d'admettre qu'il n'y a dans l'univers
» ni éternité ni immensité, et, par conséquent,
» qu'il n'y a point de substance par l'existence de
» laquelle ces attributs ou modes existent, pourra,
» s'il lui plaît, anéantir avec la même facilité la re-
» lation d'égalité entre deux fois deux et quatre. »

Mais ni l'existence d'une idée dans notre esprit, ni l'impossibilité de s'en défaire n'ont paru à Condillac des motifs suffisants pour affirmer l'existence de l'objet de cette idée. L'existence d'une idée dans notre esprit ne prouve que l'existence de cette idée même, et rien de plus. Qui jamais pourra conclure d'une figure peinte l'existence d'une chose semblable à cette peinture? En voyant deux figures ou images, nous pourrons seulement connaître le rapport qu'il y a entre ces deux images, mais non le rapport entre l'image et l'objet. On ne peut donc établir *à priori*, c'est-à-dire en vertu de nos idées seules, aucune existence.

Kant, tout en admettant avec Descartes et Leibnitz certaines notions *à priori*, reconnaît avec Condillac qu'il n'y a de réalité que dans l'expérience. Il y a, selon Kant, un ordre de principes *à priori*, mais cet ordre est purement idéal. L'*idéalisme transcendental* est donc une vue fondamentale de la philosophie critique; et c'est en cela que consiste la principale différence entre la doctrine des *idées innées* de Descartes et de Leibnitz, et la doctrine des *formes pures* de la sensibilité et de l'entendement de Kant. Ces formes ne sont, pour ce dernier, que les éléments subjectifs de nos connaissances expérimentales; elles ne servent qu'à former l'expérience, qui sans elles serait impossible.

L'expérience résulte du concours de la sensibilité avec l'activité de la pensée. Sans la sensibilité, la pensée n'aurait pas d'objet pour exercer son action, et sans l'action de la pensée, la sensibilité n'offrirait à l'esprit qu'un désordre, un chaos où l'on ne verrait aucune trace de la science humaine. Le concours de l'activité de l'entendement avec la sensibilité forme les objets de l'expérience et compose le grand livre de la nature empirique, dont la lecture et l'intelligence constituent tout savoir. Il suit de là que les éléments subjectifs de nos concepts empiriques sont de deux espèces ; les uns sont dans les objets de l'expérience, en tant que ces objets sont sentis, les autres en tant qu'ils sont pensés. Si je dis : *Le soleil est étendu*, — *Son lever a lieu avant son coucher;* dans le premier jugement, le mot *étendu*, et dans le second, le mot *avant*, expriment un élément subjectif du soleil, en tant que le soleil est senti. Dans ces autres jugements : *Le soleil est un*, — *Il est la cause de la chaleur sur la terre*, les mots *un* et *cause* expriment un élément subjectif du soleil, en tant que le soleil est pensé. C'est à la pensée qu'il appartient de considérer le soleil comme *un*, c'est-à-dire de réduire les diverses perceptions qui constituent la perception complexe du soleil sous le concept plus élevé d'unité, et de mettre en connexion le soleil avec la terre, c'est-à-dire, de réduire la variété des perceptions de ces deux objets sous la catégorie de *causalité*.

Lorsque la synthèse a combiné quelques éléments, l'analyse peut les séparer des produits qu'ils composent. Il suit de là que les intuitions pures du temps et de l'espace peuvent, aussi bien que les catégories, être trouvées en faisant l'analyse de l'expérience. Ce résultat de la philosophie transcendantale montre l'insuffisance de toute la théorie de Locke sur l'origine et la génération de nos idées. Que dit, en effet, ce philosophe ? Il présente à l'esprit humain le grand livre de la nature, et il lui en fait tirer toutes les notions simples par le moyen de l'analyse. Or, on ne peut pas conclure de là que toutes les notions simples ainsi obtenues soient des données directes ou indirectes de la sensibilité. Si, parmi ces notions simples, on trouve quelques éléments subjectifs, on pourra bien déduire ceux-ci par voie d'analyse de l'expérience, mais on ne le peut précisément que parce que l'esprit les a déjà posés dans la synthèse par laquelle il a construit les objets de l'expérience. La question fondamentale consiste à déterminer si l'opération primitive de l'activité de la pensée est l'analyse ou la synthèse. Si l'on admet, avec Condillac et avec Kant, que la synthèse est l'opération primitive de l'entendement, l'analyse de Locke est insuffisante pour déterminer l'origine, objective ou subjective, de nos notions simples. Locke prétend que l'idée de l'étendue nous vient par les sens externes; il part de ce principe, que les corps se révèlent au toucher et à la vue comme étendus; or ce raisonnement croule lorsqu'on suppose, avec la philosophie transcendentale, que l'étendue qui apparait dans les corps est un élément subjectif, et que si l'esprit retrouve les corps étendus, c'est parce qu'en formant leur concept par synthèse, il y a mis l'élément subjectif de la figure qu'il a construite *à priori* en combinant les Catégories avec les formes de la sensibilité. Ainsi donc, bien que la notion de figure puisse être déduite par voie d'analyse de l'expérience, elle peut néanmoins provenir du sujet connaissant. Il en est de même de l'idée de la durée, que Locke dérive de la succession de nos modifications reconnue par le sens interne. Cette explication, en effet, est sans valeur, lorsqu'on suppose, avec Kant, que c'est nous-mêmes qui posons dans nos manières d'être un *avant* et un *après;* et que c'est la forme pure du temps, laquelle est en nous indépendamment de nos modifications, qui nous les fait apparaître comme successives. Si donc l'esprit, réfléchissant sur ses propres modifications, en tire l'idée de durée par analyse, c'est parce qu'il l'y a mise d'abord par synthèse. Quant à la notion de la substance, Locke confesse qu'elle ne peut dériver des sensations, et bien qu'il ajoute que nous n'avons de la substance qu'une notion vague, cette réponse même fait voir l'impuissance de sa théorie, car une notion vague ne laisse pas d'être une notion; et, si on accorde qu'elle ne dérive pas de la sensibilité, il faut bien accorder qu'elle est en nous *à priori*. Cette notion se montre dans l'analyse de tout objet empirique, mais elle s'y montre, dit Kant, parce que l'esprit l'y a mise par synthèse. Lorsque Locke observe que chaque idée de notre esprit, chaque objet de la nature s'offre à nous comme *un*, il énonce seulement le fait, mais non la raison du fait. Mais cette *unité* d'où vient-elle? de la sensation? Non; car il n'y a certainement aucune sensation qui soit l'unité. L'unité est une simple vue de notre esprit, un simple mode de notre pensée.

Et comme l'expérience dérive à la fois de la sensibilité et de la pensée, l'unité se retrouve par analyse dans tout objet empirique, parce qu'elle y est entrée par synthèse. Condillac, dans sa *Langue des calculs*, trouve les notions des nombres et le fondement de l'arithmétique dans l'ouverture successive des doigts de nos mains ; mais tout cela suppose les concepts empiriques des deux mains et de leurs doigts : or, selon Kant, dans la formation de ces concepts, il y a déjà celui du nombre, lequel est le *schème* des catégories de quantité : et c'est ainsi que l'esprit retrouve, par le moyen de l'analyse, le concept du nombre dans les deux mains, parce qu'il l'y a mis avec la synthèse. Concluons. La théorie qui déduit analytiquement de l'expérience les notions simples ne peut légitimement décider la question importante de l'origine de ces notions ; et l'analyse de Locke est par conséquent insuffisante.

Toute la connaissance humaine, dit Kant, *commence avec les sensations; mais elle ne dérive pas toute des sensations*. En ceci, ce philosophe s'éloigne des cartésiens, mais il s'accorde avec Leibnitz. Selon les premiers, ou du moins selon quelques-uns, il y a dans l'âme des notions antérieures, dans l'ordre du temps, aux sensations. Selon Leibnitz, l'âme étant créée avec l'idée de l'univers sensible, a primitivement la représentation du composé dans le simple, représentation qui, pour ce philosophe, est la sensation. Il n'y a donc, dans l'ordre du temps, dans l'âme aucune notion antérieure à la sensation.

Ainsi, d'après Leibnitz, toute la science humaine commence bien avec les sensations, mais elle ne dérive pas toute des sensations, c'est-à-dire, de ces changements qui arrivent dans l'âme et que nous regardons comme passifs. Les sensations sont l'occasion qui fait sortir de l'intérieur de l'âme ce qui y est primitivement contenu, comme le choc fait jaillir les étincelles du caillou. La doctrine kantienne des formes pures ne diffère, à certains égards, de la doctrine leibnitzienne, développée dans les *Nouveaux Essais,* que dans l'idéalisme transcendental. Kant, comme je l'ai dit, n'attribue aucune valeur réelle à l'ordre des notions *à priori.* Toute la réalité de la connaissance humaine gît dans l'expérience, et ne peut se trouver hors de l'expérience. L'ordre *à priori* est tout idéal. Le Criticisme a été, en conséquence, justement considéré comme un *idéalisme transcendantal* et un *réalisme empirique.*

Mais enfin, dirons-nous au philosophe de Kœnisberg, qu'est-ce donc que ce réalisme empirique? et quelle valeur a cette expérience dans les limites de laquelle est renfermée toute la science humaine? Les concepts empiriques sont une combinaison des éléments subjectifs avec les éléments objectifs. Les éléments subjectifs n'ont par eux-mêmes aucune réalité; ils ne peuvent nous conduire à la connaissance des choses considérées en soi, que Kant appelle *noumènes*; ils ne sont que des phénomènes constants. Les éléments objectifs, c'est-à-dire les sensations, sont aussi par eux-mêmes incapables de nous donner la moindre connaissance des *noumènes*; ils ne supposent rien qui soit conforme à ceux-ci. Par conséquent, la combinaison des éléments subjectifs avec les éléments objectifs ne produit aucune connaissance conforme à la réalité absolue des choses. L'expérience ne nous instruit aucunement des choses considérées en elles-mêmes. Que nous apprend-elle donc? L'expérience, répond Kant, ne nous donne autre chose que des *phénomènes*, c'est-à-dire des *apparences*. Faisons l'analyse de ce qui se montre à nous dans un corps, et nous trouverons un groupe d'apparences, mais aucune réalité. Un corps nous offre une figure, c'est-à-dire une étendue figurée, mais celle-ci n'est qu'une apparence; elle naît, comme nous l'avons vu, de la synthèse des éléments subjectifs. Les qualités que nous attribuons à cette étendue figurée ne sont elles-mêmes autre chose que nos sensations, et ne supposent rien de réel hors de nous. Mais les corps seront-ils au moins, comme le pensait Leibnitz, une collection de monades, c'est-à-dire de substances simples? Non, répond Kant; l'unité, la pluralité, la substance, sont des catégories, c'est-à-dire des modes de notre pensée; et il n'y a rien de semblable à ces modes dans les choses considérées en elles-mêmes. Les corps ne sont donc qu'une collection d'apparences; ils sont des *phénomènes* dans la rigueur du mot. Mais nos sensations qui, selon le Criticisme, nous sont données, n'auront-elles pas une cause hors de nous? Il faut répondre que si la Causalité est une catégorie, on ne peut philosophiquement affirmer que les sensations soient produites en nous par une cause. Bornons-nous donc à répéter que les corps sont des phénomènes, des apparences. Le *moi* lui-même est un phénomène. Qu'est-ce, en effet, que le *moi* ? Il se révèle au sens intime comme une substance qui dure et qui change incessamment. Mais la substance, le temps, le changement ne sont que des phénomènes. Le *moi* de la conscience empirique est donc aussi, comme tous les autres objets de la nature, une apparence.

Mais, demande-t-on encore, ces sensations, considérées comme matière de la conscience, ne sont-elles pas du moins réelles ? Non. Otez aux sensations la succession, qui est un phénomène, vous ne pourrez pas du tout les concevoir ; elles se montrent comme des modes d'être, et par conséquent sous la catégorie de l'Accident ; elles apparaissent dans un ordre de succession, et cette succession est une apparence ; toutes les sensations ont un degré, et ce degré est un phénomène. Enfin, toutes les sensations se répandent en un espace (car elles se rapportent aux parties de notre corps, et la pensée elle-même se rapporte à la tête), et l'espace n'est qu'une forme vide de réalité. Le Moi de la conscience est donc aussi un phénomène. *Toute la science humaine tourne dans un cercle d'apparences sans pouvoir en sortir jamais.*

Tel est le résultat général du Criticisme.

Leibnitz a dit : *Il y a des notions* à priori ; *elles*

ont des archétypes auxquels elles sont conformes. Kant a dit : *Il y a des notions* à priori ; *elles n'ont pas d'archétypes ; elles sont de simples formes dépourvues de toute valeur réelle.*

Leibnitz a dit : *Les vérités nécessaires contiennent la raison déterminante et le principe régulateur des existences mêmes, c'est-à-dire les lois de l'univers.* (Voyez la IVe lettre.) Kant a dit : *Les vérités nécessaires sont les conditions formelles de l'expérience ; elles sont les lois, non des choses considérées en elles-mêmes, mais des seuls phénomènes. Les choses en soi ne peuvent être connues ni par des* data adventices, *ni* à priori. *L'ordre* à priori *est un pur idéal ; c'est l'ordre des phénomènes constants. Ces phénomènes, combinés avec les phénomènes passagers et accidentels des sensations, constituent les phénomènes complexes des corps, du moi, et toute la nature phénoménique. Hors de la nature phénoménique les vérités nécessaires n'ont aucune valeur.*

La comparaison que je viens d'établir entre la doctrine des idées innées de Descartes et de Leibnitz, et la doctrine transcendantale des formes pures de Kant, vous fait connaître le point de vue tout différent sous lequel ce grand homme a envisagé la question de l'existence et de la valeur des principes *à priori*. L'idée originale de considérer l'expérience comme composée de principes subjectifs et objectifs, et de ne donner aux premiers d'autre destination que de rendre l'expérience possible, fut le principe fécond d'où sortit la révolution kantienne qui a réclamé l'attention des penseurs. Mais, dit Degérando, cette distinction entre les principes subjectifs et objectifs est-elle au fond bien différente de celle que les philosophes français, et Dumarsais en particulier, ont établie entre les idées qui expriment les objets et celles qui ne sont que des vues de l'esprit? Pour répondre à cette question, il convient de remonter un peu en arrière et d'examiner les résultats de l'analyse du langage.

Après la renaissance de la philosophie, à l'époque de Descartes, les savants remarquèrent que l'on ne peut bien saisir les divers éléments du langage, sans connaître les éléments de la pensée et son mode de formation; et que, d'un autre côté, en réfléchissant sur les éléments du langage et sur leur connexion, on arrive à connaître les éléments de la pensée et leur liaison. La pensée est dans notre esprit, elle est par conséquent l'objet de la seule expérience interne; mais la pensée devient présente au sens externe dans le langage parlé et dans le langage écrit. Nous pouvons ainsi, d'une certaine manière, pour connaître notre esprit, employer non-seulement l'expérience interne, mais encore l'expérience externe. En écrivant cette proposition : *Le soleil est lumineux*, je vois avec les yeux, dans le mot *soleil*, la pensée du sujet de mon jugement; dans le mot *lumineux*, la pensée de la qualité de ce sujet, et dans le mot *est*, l'action de l'esprit qui unit la qualité au sujet. Le langage fait donc l'analyse de la pensée.

De même que les instruments et les machines décomposent les corps dans leurs éléments chimiques, de même le langage est un instrument qui décompose la pensée. L'analyse intellectuelle de celle-ci n'est donc pas moins instructive que l'analyse chimique. C'est là une observation importante pour ceux qui, bornés à la seule contemplation de la matière, dédaignent de replier leur regard sur eux-mêmes. Celui qui veut communiquer à un autre, par le moyen des paroles, sa propre pensée, est obligé de l'étudier et d'en faire l'analyse, et le langage présente successivement à celui qui écoute les éléments de cette pensée, et les lui fait réunir. Quelques-uns ont tenté de faire l'analyse de la pensée avec le scalpel anatomique; entreprise absurde et vaine! La pensée se décompose dans la conscience et dans le langage. Les Darwin auront un nom parmi les médecins, mais non parmi les philosophes.

Le langage faisant l'analyse de la pensée, les philosophes eurent l'idée de composer une grammaire générale. La première fut la Grammaire Générale et Raisonnée de Port-Royal, composée par Arnauld et Lancelot, œuvre classique et lumineuse qui fut imprimée pour la première fois en 1660, et ensuite en 1664. La troisième édition, revue et augmentée, de 1676, contient des additions intéressantes. Dans cet ouvrage on établit la distinction entre les mots objectifs et les mots subjectifs de la manière suivante :

« La plus grande distinction de ce qui arrive
» dans notre esprit est de dire qu'on y peut considé-

» rer l'*objet* de notre pensée et la *forme* ou la *ma-
» nière* de notre pensée, dont la principale est le
» jugement, mais on y doit encore rapporter les
» conjonctions, les disjonctions et autres semblables
» opérations de notre esprit, et tous les autres mou-
» vements de notre âme, comme les désirs, le com-
» mandement, l'interrogation, etc. De là il suit que
» les hommes ayant eu besoin de signes pour dési-
» gner tout ce qui arrive dans notre esprit, il con-
» vient aussi que la plus générale distinction des mots
» soit que les uns signifient les *objets* des pensées, et
» les autres la *forme* et la *manière* de nos pensées. »

C'est sur cette distinction, observe Duclos, qu'est appuyée la métaphysique des langues. Le célèbre grammairien philosophe Dumarsais l'a adoptée et développée. « Les signes, dit-il, dans le Traité de
» l'Article, sont destinés à désigner non-seulement
» les *objets* de nos idées, mais encore les *différentes*
» *vues* sous lesquelles l'esprit considère ces objets...
» Tous les mots qui ne désignent pas des choses
» n'ont d'autre destination que de faire connaître
» ces différentes vues de l'esprit. »

L'analyse du langage a donc conduit à distinguer deux espèces d'éléments dans nos connaissances, les éléments objectifs et les éléments subjectifs ou formels. Dumarsais a développé cette distinction en traitant des adjectifs. « Comme nous avons coutume, remarque-t-il, de qualifier les êtres physiques en conséquence des impressions immédiates qu'ils font sur nous, nous qualifions aussi les êtres métaphysiques et abstraits, non moins que les êtres physiques mêmes, en conséquence de quelques considérations de notre esprit. Les adjectifs qui expriment ces sortes de vues ou considérations sont ceux que j'appelle *adjectifs métaphysiques*. Ces adjectifs sont en très-grand nombre; on en pourrait faire autant de classes différentes qu'il y a d'espèces de vues sous lesquelles l'esprit peut considérer les êtres physiques et les êtres métaphysiques. Supposons une allée d'arbres dans une vaste plaine; deux hommes y arrivent, l'un par une extrémité, et l'autre par une extrémité opposée. Chacun de ces hommes regardant les arbres dont nous parlons, dit : *Voilà le premier;* de manière que l'arbre que l'un appelle *le premier*, est le *dernier* par rapport à l'autre. Ainsi *premier*, *dernier* et les autres noms de nombre ordinal, ne sont que des *adjectifs métaphysiques;* ce sont des adjectifs de relation et de rapport numérique. Les noms de nombre cardinal, comme *deux*, *trois*, etc. sont aussi des adjectifs métaphysiques qui qualifient des collections d'individus. » Dans le solide Traité de l'Abstraction, Dumarsais résout ainsi la question sur l'origine de nos idées :

« Les impressions que nous recevons des objets,
» et les réflexions que nous faisons sur ces impres-
» sions avec l'usage de la vie et par le moyen de
» la méditation, sont la source de toutes nos idées,
» c'est-à-dire de toutes les affections de notre es-
» prit lorsqu'il conçoit quelque chose, de quelque
» manière qu'il la conçoive. »

Mais cette distinction des mots subjectifs et objectifs ne fut pas admise par Condillac. Si ce philosophe l'avait adoptée, il n'aurait pas mis au jour son système de la sensation transformée.

Il semble que les philosophes français n'ont pas bien compris toute la portée de cette distinction, et qu'ils n'ont pas remarqué qu'elle modifie d'une manière essentielle la doctrine de Locke. Selon Locke, toutes les idées dérivent des sens externes ou du sens interne ; or, d'après Dumarsais, il y a des idées de rapport qui naissent de l'activité synthétique de l'esprit ; il est donc faux que toutes les idées simples dérivent des sentiments, ou qu'elles ne soient, comme veut Laromiguière, que des sentiments distincts et isolés des autres. Et qu'on ne dise point que les idées de rapport sont senties par la conscience ; car le sentiment de ces idées suppose leur existence, et celle-ci est produite par le sujet qui compare et non par l'impression des objets comparés.

Mais ces notions subjectives, simples produits de la synthèse intellectuelle, sont-elles la même chose que les formes pures de la sensibilité et de l'entendement que Kant pose dans notre faculté de connaître? Ces idées subjectives de Dumarsais sont, dans l'ordre du temps, postérieures à l'expérience ; étant des rapports, elles supposent la perception des termes de la relation ; elles ne sont donc pas indépendantes des sensations, bien qu'elles ne dérivent pas des sensations. Ces idées sont produites par l'esprit, mais non pas retrouvées par l'esprit en lui-même. Les formes pures de Kant, au contraire, bien qu'elles ne se manifestent pas à la conscience avant les impressions sensibles, constituent cependant la nature de la sensibilité et de l'entendement, et, à ce titre, se posent en même temps que ces facultés ; elles font donc primitivement partie du sujet. En outre, les éléments subjectifs de Kant servent à former les objets sensibles, tandis que les éléments subjectifs de Dumarsais supposent l'existence de ces objets. Dans mon *Essai Philosophique* et dans mes *Éléments de Philosophie*, j'ai distingué deux espèces d'expérience, la primitive et la comparée, et j'ai fait voir que dans la formation de la seconde entrent, comme éléments constitutifs, les rapports, qui sont des vues de notre esprit.

Je ne peux m'empêcher, en finissant, de vous faire remarquer une contradiction dans la doctrine kantienne. Toute la science humaine, dit Kant, commence avec les sensations, mais elle ne dérive pas toute des sensations. Mais si la science humaine tout entière commence par les sensations, il n'existe rien avant les sensations ; les prétendues formes qu'on pose dans le sujet connaissant, indépendamment des sensations, sont donc un néant ; et par conséquent, le sujet dont ces formes constituent la nature n'existe pas avant les sensations. L'existence de ce sujet est donc une pure hypothèse dans le système de Kant et de son école.

Mais il est temps de terminer cette lettre.

LETTRE IX.

NOUVEAUX PROBLÈMES PROPOSÉS PAR HUME A LA PHILOSOPHIE.

La surprise que vous a causée la suite des pensées du philosophe de Kœnigsberg me paraît un peu dissipée. Votre attention, je le présume, s'est tournée sur le résultat général du criticisme. Selon cette philosophie, nous ne pouvons rien connaître des choses en elles-mêmes, et nous sommes condamnés à une ignorance absolue à leur égard. Notre connaissance roule entièrement sur les phénomènes, c'est-à-dire sur les apparences, et le *moi* lui-même n'est qu'un phénomène. Cette philosophie prétend avoir démontré l'impossibilité pour l'homme d'une connaissance réelle, et avoir réduit toute notre science à un rêve régulier. Le résultat général de cette philosophie, dite Critique, vous semble donc être le scepticisme. Cette pensée est pénible, et vous demandez des moyens d'en sortir. Votre conclusion est juste. Le scepticisme, en effet, ne demande rien de plus que ce que lui accorde le philosophe critique. Aucun sceptique n'a songé à contester l'existence des *apparences*. Le scepticisme s'est borné à mettre en doute le rapport des apparences aux choses réelles. Il n'y a, en effet, aucune connaissance, s'il n'y a pas des objets connus ; et la connaissance n'est qu'un vain mot, si elle n'est pas la connaissance de quelque chose de réel. Si toute notre science n'est composée que d'apparences, toute notre science est vaine. Demandez à un kantiste si, par l'expérience ou par des principes *à priori*, nous sommes autorisés à répondre à ces questions : Y a-t-il quelque chose de réel hors de nous ? quelle est cette chose, et quelle relation a-t-elle avec nous ? Y a-t-il un Dieu ? y a-t-il au moins une substance pensante ? Il vous répondra que nous ne pouvons rien connaître des choses en elles-mêmes, et que toute notre science ne peut aller au-delà des apparences. Les kantistes conviennent que le résultat de leur philosophie est sceptique ; mais ils veulent unir ce scepticisme avec le dogmatisme sur les principes de nos connaissances. La philosophie, dit Willers, relativement à son procédé, est ou *dogmatique*, ou *sceptique*, ou *critique*. Si elle pose des principes qu'elle démontre, ou qu'elle regarde comme certains sans démonstration, et sur lesquelles elle élève un système qu'elle nous donne comme un corps de doctrine solide et prouvée, dans ce cas, le procédé de la philosophie est *dogmatique*. Si elle rejette la certitude des principes, dévoile leur insuffisance, et, sans aller plus loin, demeure dans l'état de doute, son procédé, dans ce second cas, est *sceptique*. Enfin, si, après avoir accompagné le scepticisme jusqu'au point où il reconnaît l'illusion des systèmes et l'insuffisance de ce que le dogmatisme donne pour des principes, elle ne s'arrête pas dans la stagnation du doute, mais va plus loin, et recherche comment naissent les systèmes illusoires, pourquoi les principes du dogmatisme sont insuffisants, et, dans ce but, examine avec rigueur l'entendement humain, et fait l'analyse la plus profonde de notre faculté de connaître, dans laquelle naissent les systèmes et leurs principes, et remonte ainsi à la formation de toutes nos connaissances; son procédé, dans ce cas, s'appelle *critique*, c'est-à-dire examinateur. Jusqu'à Kant, ajoute cet écrivain, on n'avait philosophé que dans les deux premières manières. Toutes les philosophies avaient été Dogmatiques ou Sceptiques; Kant est l'auteur de la méthode Critique, bien que plusieurs de ceux qui l'ont précédé aient eu des idées et des soupçons de cette méthode.

Hume a enseigné le scepticisme dans ses *Essais Philosophiques* sur l'entendement humain, publiés en 1747. Kant nous apprend que c'est la lecture de ces Essais qui le tira de son sommeil Dogmatique, et le conduisit à la méthode critique. Le résultat de cette méthode est, comme nous avons vu, l'ignorance absolue de l'homme sur les objets considérés en eux-mêmes. Dans ma cinquième lettre, je vous promis de conduire Kant à son criticisme, en le faisant partir de la doctrine de Hume. Je commencerai aujourd'hui à remplir ma promesse en vous exposant les idées du philosophe d'Edimbourg.

La connaissance philosophique consiste dans la connaissance du rapport entre les effets et les causes. Connaître simplement un fait, c'est une connaissance historique ; connaître le mode de production de ce fait est une connaissance philosophique. La *causalité* a donc été regardée comme l'objet de la philosophie. C'est sur ce point que Hume dirigea ses méditations.

« Tous les objets, dit Hume, dont la raison humaine se propose la recherche, se divisent naturellement en deux classes ; la première comprend *les relations des idées*, et la seconde *les choses de fait*. A la première appartiennent toutes les propositions de géométrie, d'algèbre et d'arithmétique, toutes celles en un mot qui sont, ou intuitivement, ou démonstrativement certaines. Dire que *le carré de l'hypothénuse est égal aux carrés des deux côtés*, c'est exprimer une relation entre des figures. Dire que *trois fois cinq sont égaux à la moitié de trente*, c'est en exprimer une entre des nombres. Les propositions de ce genre se découvrent par de simples opérations de la pensée, et ne dépendent en rien des choses qui existent dans l'univers. N'y eût-il ni cercle ni triangle dans la nature, les théorèmes démontrés par Euclide n'en conserveraient pas moins leur évidence et leur éternelle vérité. Ce n'est pas ainsi que s'établit la certitude des *choses de fait*, qui composent la seconde classe des objets sur lesquels la raison s'exerce. Quelque grande que puisse être cette certitude, elle est d'une nature différente. Le contraire de chaque fait demeure toujours possible, et, ne pouvant jamais impliquer contradiction, l'esprit le conçoit aussi distinctement et aussi facilement que s'il était vrai et conforme à la réalité. *Le soleil se lèvera, le soleil ne se lèvera pas*, sont deux propositions également intelligibles, et aussi peu contradictoires l'une que l'autre.

» S'il y a donc une évidence qui nous certifie les existences réelles, et sur laquelle reposent les choses de fait, qui ne sont ni présentes aux sens, ni enregistrées dans la mémoire, sa nature est un objet très-propre à exciter notre curiosité. On ne trouve pas que ni les anciens ni les modernes se soient fort appliqués à cultiver cette branche de la philosophie....

» Les raisonnements que nous formons sur les choses de fait paraissent avoir tous pour fondement la relation qui a lieu entre les causes et les effets ; elle est, en effet, la seule qui puisse nous transporter au-delà de l'évidence qui accompagne les sens et la mémoire. Demandez à un homme pourquoi il croit un fait qui se passe dans les lieux où il n'est pas, par exemple, que son ami habite la campagne, ou qu'il voyage en France : il vous donnera pour raison un autre fait; il alléguera une lettre qu'il a reçue de lui, des résolutions qu'il lui a vu prendre, des promesses qu'il lui a entendu faire. Je trouve dans une île déserte une montre, ou quelque autre ouvrage de mécanique : aussitôt je conclus que cette île a été découverte avant que j'y abordasse. Tous les autres raisonnements qui concernent des faits sont de la même nature ; on y suppose toujours une liaison entre le fait présent et celui qu'on en déduit par voie de conséquence. S'il n'y avait point de liaison entr'eux, toutes nos inductions seraient fautives. Pourquoi une voix articulée, et un discours raisonnable entendu dans un lieu ténébreux, m'assurent-ils de la présence d'un homme? C'est parce que ce sont là des actes propres à l'organisation humaine. Analysez tous les raisonnements de cette espèce, vous les trouverez tous appuyés sur la relation qui existe entre les causes et les effets; et cette relation se présentera toujours, ou prochaine ou éloignée, ou directe ou collatérale. C'est ainsi que la chaleur et la lumière sont des effets collatéraux du feu, et qu'on peut légitimement inférer l'existence de l'un de l'existence de l'autre. »

La distinction des deux espèces de vérités objets de nos raisonnements, fondés eux-mêmes sur deux principes différents, le principe d'identité ou de contradiction et le principe de causalité, avait été indiquée avant Hume par Leibnitz. Les mathématiques, selon Leibnitz, reposent sur le premier principe, et la physique sur le second, qu'il appelle *principe de la raison suffisante.* Mais revenons à Hume.

On demande, en premier lieu : est-ce la raison ou bien l'expérience qui nous instruit du rapport de causalité, ou, ce qui revient au même, si un des termes du rapport m'est offert par les sens, puis-je, avant et sans l'expérience, arriver à la connaissance de l'autre? Ou, en d'autres termes encore, si l'expérience me présente un objet appelé *cause*, sans me donner d'autre instruction, puis-je, avant et sans l'expérience, connaître les faits qui en dérivent? ou bien enfin si l'expérience m'offre un effet dont elle ne m'a jamais manifesté la cause, puis-je avoir la connaissance de cette cause? A ces questions Hume répond que ce n'est pas la raison, mais l'expérience qui nous instruit des effets et des causes. La cause et l'effet se présentent à l'esprit comme deux faits tout-à-fait distincts, sans que l'idée de l'un puisse par elle-même conduire à l'idée de l'autre. Vous ne trouverez pas, dit Hume, deux faits de la nature tels que la présence de l'un nous fasse connaître, avant et sans l'expérience, l'existence de l'autre. Quelle connexion trouvons-nous entre les qualités sensibles du pain manifestées par la vue et le toucher et la sensation de saveur que nous éprouvons en le mangeant, et la nutrition qui en résulte dans notre corps? Et si cet objet que nous appelons pain se présentait à nous pour la première fois, pourrions-nous par hasard connaître, avant l'expérience et indépendamment d'elle, l'effet qu'il produira en nous en le mangeant? Chacun doit confesser qu'ici il n'y a pas la moindre connexion à nous connue, entre ce que nous appelons cause et ce que nous appelons effet; et que l'expérience seule peut nous apprendre *que le pain nous procure une saveur qui n'est pas désagréable, et qu'il nous nourrit.*

« Présentez au plus fort raisonneur qui soit sorti des mains de la nature, à l'homme qu'elle a doué de la plus haute capacité, un objet qui lui soit entièrement nouveau; laissez-lui examiner scrupuleusement toutes ses qualités sensibles; je le défie, après cet examen, de pouvoir indiquer une seule de ses causes, ou un seul de ses effets. Les facultés de l'âme d'Adam nouvellement créé, eussent-elles été plus parfaites encore qu'on ne les décrit, ne le mettaient pas en état de conclure de la fluidité et de la transparence de l'eau, que cet élément pourrait le suffoquer, ni de la lumière et de la chaleur du feu, qu'il serait capable de le réduire en cendres. »

Et non-seulement les faits du genre de ceux dont nous venons de parler ne nous présentent aucune connexion, mais il en est de même, selon Hume, des faits de mécanique qui semblent en offrir une. La mécanique étudie les lois de la chute des graves. Mais cette chute est un fait qu'on ne peut déduire *à priori* de l'idée du corps qui tombe. « Une pierre est soutenue dans l'air : ôtez-lui son support, elle tombera; mais, à considérer la chose *à priori*, que trouvons-nous dans la situation de la pierre qui puisse nous faire naître la notion *d'en bas* plutôt que celle *d'en haut*, ou de toute autre direction? »

On peut faire la même observation sur les lois du choc des corps. « Je vois, par exemple, sur un billard une bille se mouvant en ligne droite, pour en aller choquer une autre qui est en repos : je suppose, par surabondance, qu'il me vienne accidentellement dans l'esprit que l'effet du contact ou de l'impulsion sera un mouvement produit dans la seconde bille ; je demande si je n'aurais pas pu, avec le même droit, concevoir cent autres événements tout-à-fait différents, qui eussent également pu résulter de cette cause? Les billes ne pouvaient-elles pas demeurer toutes deux dans un repos absolu? La première ne pouvait-elle pas retourner en ligne droite, comme elle était venue? ne pouvait-elle pas se réfléchir dans une autre direction en suivant une autre ligne quelconque? Ces suppositions n'ont rien d'absurde ni d'inconcevable : pourquoi donc adopterions-nous l'une préférablement aux autres, qui sont tout aussi conséquentes, et qui ne sont pas plus difficiles à concevoir? Qu'on argumente *à priori* tant que l'on voudra, on ne sera jamais en état de rendre raison d'une pareille préférence? » Hume examine plusieurs autres faits de la nature, et conclut également pour tous, que la nature nous présente des faits qui sont seulement en conjonction, mais non en connexion ; et qu'en conséquence on ne peut établir la causalité *à priori*, mais seulement par expérience.

Hume adopte, sur l'origine des idées, la doctrine de Locke. Toutes les idées simples dérivent donc selon Hume, des sensations externes et du sens interne, en un mot, de l'expérience. Or, si toutes les idées dérivent de l'expérience, et si celle-ci ne nous présente jamais des faits en *connexion*, il s'ensuit que nous n'avons aucune idée de cette connexion. Nous n'avons pas davantage l'idée de *pouvoir*. Si, en effet, nous avions cette idée, nous verrions, dans le pouvoir lui-même, avant et sans l'expérience, ce qui dérive de ce pouvoir ; en d'autres termes, nous verrions *à priori* l'effet dans sa cause. Or, comme nous l'avons vu, c'est ce qui ne peut jamais arriver. Cette doctrine de Hume conduit à affirmer que nous n'avons aucune notion de la cause efficiente ou métaphysique. La cause efficiente est ce qui, par son action, produit l'effet ; l'action de la cause efficiente posée, l'effet suit nécessairement. Par conséquent, en nous refusant la notion de connexion et de pouvoir, Hume doit nous refuser aussi la notion de cause efficiente. Aussi a-t-il combattu l'analyse de l'idée de cause de Locke. Locke, observe-t-il, dit, dans son chapitre de la *puissance*, qu'on arrive à cette idée en remarquant qu'il se fait de nouvelles productions dans la matière, d'où l'on conclut la nécessité d'une chose qui soit capable de les effectuer. Mais Locke lui-même confesse que les idées nouvelles, originales et simples, ne peuvent être acquises par le raisonnement ; il se trompe donc sur l'origine de celle de Pouvoir. C'est ainsi que Hume réfute la théorie de Locke, sur l'origine des idées de cause, de puissance, de force, etc.

L'expérience, d'après Hume, nous enseigne que certains objets sont constamment suivis d'autres objets. L'expérience nous oblige donc à définir la cause : *un objet tellement suivi d'un autre objet, que tous les objets semblables au premier sont suivis d'objets semblables au second.* La vue d'une cause conduit l'âme, par le moyen d'une association habituelle, à l'idée de l'effet. Cette expérience fournit une seconde définition de la cause : *La cause est un objet tellement suivi d'un autre objet, que la présence du premier fait toujours penser au second.* Nous n'avons aucune idée de la *connexion*, et nous ne savons pas même ce que nous cherchons, lorsque nous nous efforçons de concevoir cette idée. Nous disons, par exemple, que la vibration de cette corde est la cause de ce son ; mais qu'entendons-nous par là ? Une de ces deux choses : ou bien que cette vibration est suivie de ce son, et que toutes les vibrations semblables ont toujours été suivies de sons semblables ; ou bien que cette vibration est suivie de ce son, et qu'à l'apparition de la première, l'esprit, prévenant les sens, forme immédiatement l'idée du second.

Mais certains faits ont embarrassé le philosophe dont nous exposons la doctrine. En premier lieu, la dernière définition semble exiger quelqu'addition. Dans la causalité, non-seulement les idées de cause et d'effet s'associent mutuellement, mais en outre la perception de la cause ne se borne pas à produire l'idée de l'effet ; elle fait croire que cet effet existe. Pareillement, la présence de l'effet ne produit pas seulement l'idée de la cause, mais aussi la croyance à son existence. Avant d'entendre la voix d'un ami dans la chambre voisine, je pouvais le supposer là présent, par imagination ; mais mon esprit, dans ce cas, n'attribuait aucune réalité à ce fantôme de mon imagination ; il se bornait à se représenter une personne dans la chambre voisine, mais non à la croire présente. Mais lorsque j'entends la voix de mon ami, non-seulement l'imagination me donne l'idée de sa personne, mais en outre, je le crois réellement présent dans la chambre, et, par suite de cette persuasion, je cours l'embrasser. Maintenant, se demande Hume, en quoi consiste ici la différence entre l'acte *d'imaginer*, et l'acte de *croire?* Elle n'est pas simplement dans une idée particulière qui manquerait aux fictions, tandis qu'elle se trouverait jointe aux récits qui opèrent la conviction ; car, en ce cas, rien n'empêcherait l'âme, dont la volonté exerce un pouvoir souverain sur ses propres créations, de réunir cette idée aux produits de son imagination, et, par conséquent, elle serait en état de croire tout ce qu'il lui plairait ; ce qui est démenti par l'expérience journalière. Il ne tient qu'à nous de joindre en idée une tête humaine au tronc d'un cheval ; mais il ne tient pas à nous de croire qu'un pareil animal ait jamais existé dans la nature. Ce qui distingue la *fiction* de ce qui est *croyable*, doit donc être quelque sentiment inséparable de l'une et incommunicable à l'autre ; d'où il suit que ce sentiment ne dépend point de la volonté, et ne se produit point par notre commandement. « Ce serait entreprendre, sinon l'impossible, au moins une chose bien difficile, que de vouloir donner une définition ou une description de ce sentiment; il serait tout aussi aisé de définir la sensation du froid, ou la passion de la colère, à des hommes qui ne les auraient jamais éprouvées. Le vrai et propre nom de ce sentiment, c'est celui de *croyance*. »

L'observation que nous venons de faire nous oblige de modifier la seconde définition de la manière suivante : *La cause est un objet tellement suivi d'un autre objet, que la présence du premier fait regarder le second comme réel.*

L'homme qui, pressé du besoin de la faim, prend sa nourriture accoutumée, en attend avec confiance l'effet déjà éprouvé, c'est-à-dire la cessation du besoin et la nutrition. C'est cette attente même qui pousse l'agriculteur à confier le grain à la terre; cette attente, en un mot, est en toutes choses la règle de notre conduite. Mais d'où provient cette attente, ou, pour mieux dire, en quoi consiste le sentiment de la *croyance?*

Le sentiment de la croyance, suivant Hume, n'est qu'une conception plus vive et plus ferme des simples actes de l'imagination. Cette manière de concevoir résulte de l'habitude de joindre l'objet conçu à une chose actuellement présente aux sens ou à la mémoire. Les fantômes, c'est-à-dire les concepts reproduits par l'imagination, peuvent être éveillés, ou par d'autres fantômes, ou par des perceptions d'objets présents. Ces derniers sont plus vifs et plus frappants que les premiers. « Remarquons ce qui nous arrive à la vue du portrait d'un ami absent. Il est évident que l'idée que nous avions de lui se ranime par la ressemblance, et que les passions que cette idée occasionne, comme la joie ou la tristesse, se renforcent et prennent une nouvelle vigueur. Deux choses concourent à produire cet effet : une impression présente, et un rapport. Si la peinture ne ressemble pas à notre ami, ou si elle n'est pas destinée à le représenter, elle ne nous fera pas même penser à lui. Si le portrait est absent aussi bien que la personne, l'âme peut encore passer de l'idée de l'un à celle de l'autre ; mais cette idée s'affaiblira dans le passage, au lieu de s'aviver. » Si j'entre pour la première fois dans le cabinet de travail d'un ami mort, je me retrace son image, et il s'éveille en moi aussitôt une multitude de sentiments ; il me semble le voir assis sur la chaise où je le vis la dernière fois, et mon cœur est ému. Or, cette image n'avait point été si vive et si forte dans d'autres circonstances où elle n'avait été éveillée que par un simple souvenir. Il est certain qu'il n'y a pas d'idée à laquelle la distance de son objet n'ôte de la force, tandis que la seule proximité de l'objet, alors même que les sens ne le découvrent pas encore, en rend l'idée très-vive et très-frappante. Dans le premier cas, la représentation de l'objet est éveillée par d'autres représentations; dans le second, elle est éveillée par la perception d'un autre objet présent aux sens. Concluons. Les perceptions des objets présents rendent les fantômes qui s'y associent plus vifs et plus forts que ceux qui sont éveillés par d'autres fantômes; et les fantômes éveillés par les perceptions des objets présents, sont d'autant plus vifs que le lien des idées associées est plus constant. Maintenant, le lien entre les causes et les effets ayant été constamment expérimenté par nous, cette habitude d'aller de la perception de la cause à celle de l'effet, et réciproquement, fait que les idées d'effet et de cause qui naissent de la présence des objets mêmes sont plus claires, plus vives, plus frappantes que toutes les autres; et c'est dans cette plus grande clarté, vivacité, et énergie, que consiste, selon Hume, le sentiment de la *croyance*. Ce sentiment est donc un produit de l'habitude. « En jetant un morceau de bois sec au feu, je conçois immédiatement que la flamme sera augmentée. Ce n'est point ici une transition raisonnée de la cause à l'effet; c'est une façon de concevoir qui tire son origine de la *coutume* et de l'expérience; et cet objet, actuellement soumis aux sens, rend l'idée de la flamme beaucoup plus vive, que ne ferait une de ces chimères vagues qui ne font que flotter à la superficie de l'imagination. Cette idée naît immédiatement; l'âme la forme en un instant, et lui donne toute la force de l'impression sensible primitive dont elle est une partie. L'idée de la douleur peut me venir accidentellement, après qu'on m'aura présenté un verre de vin; mais cette idée sera bien autrement vive, lorsque je verrai la pointe d'une épée appliquée sur ma poitrine. Y en a-t-il une autre raison que l'habitude où nous sommes de passer du premier objet, qui est présent, à l'idée du second, que cette même habitude en a rendu inséparable? » C'est en cela que consiste tout le pouvoir de l'esprit à l'égard des réalités connues par le rapport de causalité.

Observez que, dans les exemples cités, l'objet du fantôme et l'objet actuellement présent aux sens formaient autrefois un tout. Le nom de *César* excite une sensation; celle-ci se rapporte à un objet, c'est-à-dire à celui qui le prononce; mais la personne de celui qui dit *César* n'est pas un objet qui ait fait un tout avec la personne de César, comme l'était la toge ensanglantée du dictateur. Le fantôme éveillé par la vue de cette robe doit donc être plus vif que celui qu'éveille le mot *César*. De plus, ces fantômes, éveillés par les perceptions sensibles des objets qui faisaient un tout avec l'objet du fantôme, sont d'autant plus vifs et plus énergiques, que nous avons été plus accoutumés à voir les objets ensemble. Maintenant, les associations naturelles étant constantes, et les associations fortuites et artificielles inconstantes, et l'association de la cause et de l'effet étant naturelle, il suit que les fantômes éveillés par celle-ci doivent être les plus vifs. Cette plus grande vivacité étant une conséquence de l'habitude de percevoir ensemble la cause et l'effet par les sens, et le sentiment de la croyance consistant, selon Hume, dans cette plus grande vivacité des fantômes, on comprend très-bien pourquoi ce philosophe regarde la causalité comme un produit de l'habitude ou de la coutume. Lorsque je vois la maison où habitait mon ami mort, son image est plus vive que celle qu'éveillerait son nom prononcé; mais elle est moins vive que celle qui se retraçait en moi lorsque j'entendais sa voix dans la pièce voisine. La seconde image est plus vive que la première, parce qu'elle est éveillée par un objet sensible, qui faisait autrefois un tout avec l'objet de l'image. La troisième image est plus vive que la seconde, parce que elle est fondée sur une association naturelle et, par conséquent, constante; au lieu que l'association d'où résulte la seconde est fortuite et inconstante, un homme pouvant très-bien se trouver hors de sa maison. Voilà le sentiment de Hume exposé avec la plus grande clarté.

Ce philosophe a dit depuis que le sentiment de la croyance est ce qui nous fait mettre une connexion entre la cause et l'effet. Cette manière de s'exprimer a fait tomber dans une équivoque quelques-uns des lecteurs de ce philosophe. Ils ont cru que Hume admettait réellement une connexion entre la cause et l'effet, et qu'il la regardait comme un résultat de l'habitude. Partant de cette supposition, Willers fait l'objection suivante : Si une première expérience ne peut me donner la notion de connexion, de puissance, de cause efficiente, comment une telle notion peut-elle naître en moi par la même expérience répétée? Hume n'aurait-il pas dû raisonner autrement, et dire : La causalité n'est pas dans les choses observées, elle est donc dans l'observateur? Mais Willers et Kant, qui avait déjà fait cette observation, se trompent. Hume a toujours pensé que les faits de la nature se montrent à nous en conjonction et non en connexion, et que l'expérience ne nous donne jamais aucune idée de cette connexion. La seule chose que l'expérience répétée, et par conséquent l'habitude, nous donne, c'est *le sentiment de la croyance;* et l'idée de ce sentiment est, selon Hume, la seule idée de connexion que nous puissions avoir. Mais il ne faut pas confondre ce sentiment de la croyance avec la perception d'une relation nécessaire entre la cause et l'effet. Ce qui suit achèvera de mettre dans tout son jour l'opinion de Hume.

On demande : La croyance que l'avenir sera semblable au passé est-elle appuyée sur quelque argument légitime? Peut-on, par exemple, raisonner ainsi : L'eau que j'ai bue m'a désaltéré, donc l'eau que je boirai me désaltérera? Ou, pour poser la question d'une manière générale, de ce que j'ai trouvé en toute occasion une certaine qualité sensible accompagnée d'autres qualités, pourrai-je conclure que toutes les qualités sensibles semblables à la première, seront toujours accompagnées de qualités sensibles semblables aux secondes? Hume répond que cette conclusion n'est ni intuitivement évidente, ni démontrée.

En effet, cette proposition, *l'avenir est semblable au passé*, ne peut être regardée comme une proposition nécessaire, car l'idée du prédicat n'est pas comprise dans celle du sujet, l'idée du futur ne contenant pas l'idée de sa ressemblance avec le passé. Quelle est donc sa nature? « La nommer expérimentale, dit Hume, ce serait supposer ce qui est en question, vu que toutes les inductions de l'expérience se fondent sur ce que l'avenir ressemblera au passé, ou sur ce que la réunion de qualités déjà observée continuera d'exister. Ainsi donc, dès qu'il y a le moindre soupçon que le cours de la nature peut changer, le passé cesse d'être une règle pour l'avenir; l'expérience perd tout usage, et ne peut faire naître aucune conclusion; et il est par conséquent impossible qu'elle prouve cette ressemblance de l'avenir au passé, puisqu'elle ne saurait employer de preuve qui ne la suppose d'avance. Je veux que la marche de la nature ait été régulière jusqu'ici, il faudra toujours un nouvel argument pour démontrer qu'elle continuera de l'être. Le pain que je mangeais, il y a quelque temps, me nourrissait : cela revient à dire, qu'un corps doué de telles ou telles qualités sensibles était alors pourvu de telles ou telles vertus secrètes; mais s'ensuit-il que d'autre pain doive me nourrir aussi dans un autre temps, ou que les mêmes vertus doivent toujours se rencontrer avec des qualités semblables? Il n'y a pas ici une ombre de nécessité. » Or, si l'expérience réitérée ou l'habitude ne nous autorisent pas, selon Hume, à conclure l'avenir du passé, il suit que l'habitude ne nous a pas donné l'idée de connexion. Qu'a donc produit en nous l'habitude de plus que ce qui se trouvait dans la première expérience? Elle y a produit le sentiment de la croyance de la ressemblance de l'avenir au passé. Ce sentiment est une espèce d'instinct que la nature nous a donné pour nous guider dans nos actions, ayant trouvé convenable de les confier à cet instinct plutôt qu'aux opérations incertaines de l'intelligence. Si nos conclusions expérimentales ne sont pas fondées sur des raisonnements formels, il faut qu'elles le soient sur quelque autre principe qui ait autant de poids et d'autorité que le raisonnement, et dont l'influence dure autant que l'homme même. Ce principe s'appelle *coutume* ou *habitude*.

La philosophie nous fait voir que l'esprit humain ne peut pénétrer dans les objets, et qu'il n'en possède que des idées ou représentations. Or, quel moyen avons-nous de nous assurer de la réalité des objets correspondant à nos idées sensibles? Les philosophes ont eu recours d'ordinaire au principe de la causalité; ils ont regardé nos perceptions sensibles comme des effets dont les objets externes étaient la cause. Hume, ayant soumis à l'examen le principe de causalité, dut aussi s'occuper de cette question. Les idées sensibles, a-t-il dit, sont-elles produites par des objets externes qui leur ressemblent? C'est là, répond-il, une question de fait qu'on ne peut résoudre, ainsi que toutes les autres questions de cette nature, que par l'expérience. Or, ici l'expérience se tait et doit se taire. Rien ne peut être présent à l'esprit, hors les perceptions ou les idées; et il est, par conséquent, impossible d'avoir une expérience de la conjonction des idées avec les objets. Ce serait donc sans fondement raisonnable qu'on supposerait une conjonction de ce genre.

La raison ne nous donne aucune connaissance sur l'avenir; mais une espèce d'instinct nous montre un avenir semblable au passé. Pareillement, la raison ne nous fournit aucun moyen pour établir la réalité des objets extérieurs; mais un autre instinct nous en assure constamment. « Un instinct naturel semble porter les hommes, comme par droit de possession, à s'en fier à leurs sens. Sans raison, et même avant l'usage de la raison, nous supposons un univers extérieur, indépendant de nos perceptions, et qui n'en existerait pas moins, quand nous serions absents ou anéantis avec toutes les créatures sensibles. » Mais ici non-seulement l'instinct va au-delà des limites de la raison; il paraît en outre en contradiction avec elle. L'instinct qui nous révèle un avenir semblable au passé, instinct que Hume appelle croyance, va certainement aussi au-delà des limites de la raison; mais il ne la contredit pas. L'instinct qui nous conduit à la réalité des objets externes suppose, ce semble, que les images présentées par les sens sont les objets extérieurs mêmes. « Cette même table dont nous voyons la blancheur, et dont nous touchons la solidité, nous la jugeons existante, indépendamment de notre perception; nous la croyons quelque chose d'extérieur à l'âme qui l'aperçoit : notre présence ne la réalise point, et notre absence ne l'anéantit point; elle conserve son être dans sa totalité et dans son uniformité; et cet être ne relève, en aucune façon, de la situation des intelligences qui l'aperçoivent ou qui le considèrent. Cependant cette opinion, bien qu'elle soit la première en date et la plus universellement reçue chez les hommes, se détruit bientôt à l'aide de la plus légère teinture de philosophie. Celle-ci nous enseigne que rien ne peut être présent à l'âme qui ne soit image ou perception, » (ce qui revient à dire que l'âme ne peut avoir conscience que de ses idées et de ses propres modifications) « et que les sens ne sont que des canaux qui transmettent les images, sans accorder à l'âme aucun commerce avec les objets externes. A mesure que nous nous éloignons d'un objet, nous le voyons diminuer en grandeur; et cependant cet objet réel, qui existe indépendamment de nous, ne souffre aucun changement. Ce qui se présentait à notre esprit n'était donc autre chose que l'image. » Jusque là le raisonnement nous force de contredire les premiers instincts de la nature. Lorsqu'il s'agit ensuite d'établir la réalité des objets extérieurs, nous avons vu que la philosophie nous laisse dans une parfaite ignorance. « Ces perceptions ne pourraient-elles pas résulter d'une force propre à l'âme, ou de l'opération de quelque esprit invisible et inconnu, ou enfin de quelque autre cause plus cachée encore?... Les philosophes modernes tombent unanimement d'accord que toutes les qualités sensibles, telles que sont la dureté, la mollesse, la chaleur, le froid, le blanc et le noir, etc. ne sont que des qualités secondaires, qui n'existent point dans les objets, n'étant que des perceptions de l'âme qui ne sont modelées sur aucun archétype. Or, si cela est vrai des qualités secondaires, il doit l'être aussi de l'étendue et de la solidité, qu'on prétend être des qualités premières ; et cette dénomination de Premières ne peut leur appartenir préférablement aux autres. L'idée de l'étendue ne nous vient que par les sens de la vue et du toucher : ainsi elle dépend entièrement d'idées sensibles ou d'idées des qualités secondaires. Si donc toutes les idées acquises par les sens sont dans l'âme et non dans les objets, la même chose doit avoir lieu pour l'étendue et la solidité. » Et qu'on ne dise pas, ajoute Hume, que les idées de ces qualités premières s'acquièrent par voie d'abstraction. Une étendue qui n'est ni tangible, ni visible, ne saurait être conçue, et une étendue tangible ou visible, qui n'est ni dure, ni molle, ni noire, ni blanche, est également hors de la portée de notre conception. » Concluons. L'instinct nous mène à la réalité des objets externes que la raison ne saurait établir. L'instinct va donc au-delà de la raison. L'instinct nous fait supposer que nous percevons immédiatement les objets externes, et la raison nous dit que nous ne percevons immédiatement rien autre que nos propres idées. L'instinct est donc ici en contradiction avec la raison.

Il résulte des recherches précédentes que nous ne pouvons établir rien de certain à l'égard du rapport des causes et des effets. Si la cause et l'effet sont deux objets d'expérience, l'expérience du passé ne peut nous autoriser à supposer entr'eux une connexion; elle nous apprend seulement que ces deux objets ont été en conjonction, mais non en connexion; d'où il suit que l'expérience ne nous dit pas que ces deux objets continueront à l'avenir d'être joints ensemble. Par conséquent, nous n'avons aucune connaissance philosophique sur l'avenir; et quant au passé, nous n'en avons qu'une connaissance historique. La connaissance philosophique nous manque tout-à-fait. La possibilité de la physique, comme science, est détruite.

Mais si notre connaissance ne s'étend pas au-delà des faits observés par les sens et rappelés par la mémoire, cette connaissance peut-elle du moins atteindre à des objets autres que nous-mêmes ? Il résulte de la doctrine exposée que nous n'avons connaissance que de ce qui arrive au dedans de nous. Si notre science des causes et des effets ne s'étend pas au-delà de l'expérience, et si les objets externes et Dieu lui-même ne sont pas des objets d'expérience, il suit que le principe de Causalité est incapable de nous conduire à la connaissance certaine de la réalité de quoi que ce soit hors de nous.

Relativement à Dieu, Hume raisonne comme il suit : « Je doute fort qu'il soit possible de connaître une cause uniquement par son effet, ou, pour dire la chose autrement, qu'il puisse y avoir une cause d'une nature si singulière et si unique qu'elle n'admette aucune cause parallèle et n'ait aucun rapport, aucune ressemblance avec les autres objets qui s'offrent à notre considération. Nous ne saurions inférer un objet de l'autre qu'après avoir remarqué une liaison constante entre leurs *espèces;* et si l'on nous présentait un effet entièrement unique, qui ne pût être compris sous aucune espèce connue, je ne vois pas que nous pussions former aucune induction ni conjecture sur sa cause. Si l'expérience, l'observation et l'analogie sont en effet nos seuls guides raisonnables dans ces sortes d'inductions, il faut que l'effet et la cause tout ensemble ressemblent à d'autres effets et à d'autres causes qui nous soient connus et que nous ayons trouvés fréquemment unis. » Or l'univers est un effet unique dans son espèce ; on ne peut donc rien conclure sur sa cause. Le résultat général des réflexions de Hume sur la causalité est un scepticisme général sur l'existence des objets et un conflit entre l'instinct et la raison.

Ce conflit même n'a pas permis à ce philosophe

d'être toujours conséquent à ses principes. Dans son douzième Essai (sur le scepticisme), il conclut comme il suit : « Je crois pouvoir affirmer avec certitude que les quantités et les nombres sont les seuls objets d'une véritable science et d'une véritable démonstration. Toutes les autres recherches de l'esprit humain roulent sur des matières de fait et d'existence, et par là il est évident qu'elles ne sont pas susceptibles de démonstration. Tout ce qui est pourrait ne pas être ; la négation d'un fait n'implique jamais contradiction ; la non-existence de quelque être que ce soit présente une idée aussi claire et aussi distincte que son existence; et la proposition qui affirme qu'il n'existe pas n'est pas moins concevable ni moins intelligible que celle qui affirme qu'il existe... » « L'existence d'un être ne peut donc se prouver que par des arguments tirés des causes ou des effets de cet être, et ces arguments ne sont fondés que sur l'expérience. En raisonnant *à priori*, il nous paraîtra que toute chose peut produire toute chose : la chute d'un caillou peut éteindre le soleil (au moins ne sommes-nous pas sûrs du contraire), et la volonté de l'homme peut arrêter les planètes dans leur course. La maxime impie *ex nihilo nil fit*, dont les anciens philosophes se servaient pour nier la création du monde, cesse d'être une maxime dans notre philosophie. Non-seulement la volonté du souverain Être peut créer la matière ; mais nous ne savons pas *à priori* si elle ne peut pas être créée par la volonté de tout autre être ou de toute autre cause que l'imagination la plus fantasque puisse concevoir... La théologie, en tant qu'elle prouve l'existence d'un Dieu et l'immortalité des âmes, est composée de raisonnements qui en partie roulent sur des faits particuliers et en partie sur des faits généraux. La raison en est la base, en tant qu'elle est appuyée sur l'expérience; mais son meilleur et son plus solide fondement, c'est la foi et la révélation divine... Supposons à présent que, persuadés de ces principes, nous entrions dans une bibliothèque; quel dégât n'y allons-nous pas faire ? Si nous prenons en main, par exemple, un volume de théologie ou de métaphysique scolastique, nous demanderons : Ce volume contient-il des raisonnements abstraits sur les quantités ou les nombres ? Non. Des raisonnements d'expérience sur des choses de fait ou d'existence ? Non. Jetez-le donc au feu ; car il ne peut s'y trouver que des sophismes et de l'illusion.

Vous vous serez aperçu qu'ici Hume ne raisonne pas conformément à ses principes. Que signifient, pourrait-on lui demander, dans votre doctrine, les preuves d'expérience sur les existences ? N'avez-vous pas dit que l'expérience ne nous donne que des faits isolés et sans connexion ; que l'expérience du passé ne nous autorise à aucune induction sur l'avenir, et qu'en ceci l'instinct est notre seul guide, et non la raison ? Dans votre doctrine donc il ne peut y avoir de raisonnement sur les choses de fait. Qu'est-ce que cette théologie dont vous parlez? Est-ce que le Théisme est possible dans votre système? N'avez-vous pas combattu la preuve au moyen de laquelle l'esprit s'élève de l'univers visible à Dieu invisible? Je n'ajoute ici ces réflexions que pour vous ôter tout embarras dans l'intelligence de la doctrine de Hume.

Cette doctrine peut se résumer ainsi : *La philosophie tout entière, roulant sur les choses de fait, a pour base le principe de causalité. Il faut donc chercher quelle est la valeur de ce principe pour déterminer la réalité de la science philosophique.* Voilà le problème général et nouveau proposé par Hume sur la réalité de nos connaissances, et sa solution est celle-ci : 1° le principe *Il n'y a pas d'effet sans cause,* n'est pas un principe connu à priori : c'est un principe expérimental; il signifie que quelques faits de la nature se sont montrés à nous dans le passé joints ensemble; 2° ce principe n'a aucune valeur pour l'avenir, comme fondement d'un raisonnement légitime.

Il suit de cette solution : 1° que la physique comme science est impossible; 2° que la métaphysique comme science est impossible; 3° que nous ne pouvons avoir la connaissance certaine de l'existence d'aucun être, excepté le nôtre; en un mot, le corollaire général de cette solution est un scepticisme presque universel. Wolf avait cherché, dans ses gros volumes, à rattacher toute la philosophie au principe de la Raison Suffisante; Hume mit en question ce principe, et, croyant avoir prouvé qu'il est illusoire, il a cru aussi par là avoir détruit la science philosophique.

J'ai dit que, selon Hume, nous n'avons aucune certitude de l'existence de quelque être autre que nous. Mais il faut se garder de croire que ce philosophe considère notre être comme une substance, c'est-à-dire comme le sujet de nos sensations et de nos pensées. Dans son *Traité de la nature humaine*, il regarde comme une erreur vulgaire d'admettre un esprit qui soit le sujet de nos pensées. L'esprit, le *moi*, n'est pour lui autre chose que la succession des impressions et des idées correspondantes, dont nous avons la conscience et la mémoire.

Mais quel est ce *moi* qui se souvient et qui a la conscience d'une succession d'impressions et d'idées? Hume répond qu'il n'est autre chose que cette succession même. Il suit de là que cette succession d'impressions et d'idées se souvient d'elle-même et a conscience d'elle-même. Mais on pourrait demander encore si les impressions (les sensations) sont ce qui a la conscience et la mémoire des idées (des images des impressions), ou si les idées sont ce qui a la conscience et la mémoire des impressions, ou si les unes et les autres ensemble ont la conscience et la mémoire d'elles-mêmes, ou réciproquement, la conscience et la mémoire les unes des autres? On pourrait encore demander si les idées présentes se souviennent des idées futures comme elles se souviennent des idées passées. Toutes ces questions naissent naturellement du système de Hume. Ce philosophe semble nous laisser du moins la sensation et la succession, comme vraies en soi; ce que ne nous laisse pas Kant, qui regarde la succession comme une apparence, et le degré de la sensation comme subjectif et vide de réalité.

Je vous laisserai méditer quelque temps sur ces doctrines, et je reprendrai ensuite la plume pour continuer l'exposition que j'ai entreprise.

LETTRE X.

COMPARAISON DE LA DOCTRINE DE HUME AVEC QUELQUES AUTRES DOCTRINES ANTÉRIEURES. — MALLEBRANCHE. — BAYLE. — BERKELEY.

Vous m'exprimez vivement la perplexité où vous a jeté la lecture de mes deux dernières lettres. Vous avez vu Kant, partant de l'existence des principes *à priori*, obtenir pour résultat l'*acatalepsie* des anciens sceptiques, c'est-à-dire l'incompréhensibilité de toutes choses. Vous avez vu Hume, partant de l'expérience seule et reléguant dans le pays des chimères l'existence des idées *à priori*, obtenir pour résultat le scepticisme, c'est-à-dire l'impossibilité de toute philosophie. Cette perplexité vous pèse, et vous voudriez en sortir. Vous voudriez que, abandonnant l'exposition des idées des philosophes, et que réfutant directement ces objections contre la réalité de nos connaissances, j'établisse celle-ci sur des fondements solides, à l'abri des attaques des ennemis de la vérité. Mais ne nous pressons pas tant. L'explication de la manière dont s'engendrent les erreurs peut elle-même nous faire connaître le chemin de la vérité. L'esprit humain est souvent forcé de passer par l'erreur avant d'arriver au vrai. Une erreur de calcul, petite dans le principe, devient très-apparente dans le résultat, et oblige le calculateur à revoir son opération. En multipliant, par exemple, 4 par 4, on aura 16; mais si on pose 12, il y aura une erreur de 4; si ensuite on multiplie de nouveau 12 par 5, on aura 60; au lieu que si on eût multiplié 16 par 5, on aurait eu 80. On a donc une erreur de 20, quand dans le principe elle n'était que de 4. Ainsi, lorsque nous sommes étonnés de certaines conclusions, il faut imiter les calculateurs, et remonter aux principes de nos raisonnements; car une erreur légère dans les principes paraît monstrueuse dans les conséquences. Les erreurs sont comme les fleuves; près de leur source, ils ne nous épouvantent point; on les franchit sans s'en apercevoir; mais, après un long cours, on ne peut plus les traverser. L'objet de ces lettres est de vous présenter un tableau analytique de tous les systèmes de philosophie, relativement aux principes des connaissances humaines, depuis Descartes jusqu'à Kant. Elles ont pour but de montrer l'influence de chaque doctrine sur les doctrines suivantes, et de faire connaître la liaison de la philosophie d'une époque avec celle de l'époque qui l'a précédée. Nous sommes partis de Descartes; nous avons rattaché à la doctrine de Descartes celle de Locke; à la doctrine de Locke celles du *Traité des Sensations* de Condillac et des *Nouveaux Essais* de Leibnitz, et enfin à ces dernières la *Critique de la Raison pure* de Kant. Mais celui-ci avoue être parti de Hume, et Hume n'est pas parti de Locke seul, mais aussi d'autres doctrines des successeurs de Descartes, c'est-à-dire de Malebranche, de Bayle, de Berkeley. Ces trois philosophes ont eu des idées originales qui ont influé sur la naissance du système de Hume. Ce dernier doit faire époque pour avoir fait dépendre tout le sort de la philosophie des recherches sur le principe de la causalité.

Hume n'admit pas de causes efficientes dans la nature. Cette opinion lui fut suggérée par Mallebranche, un des principaux philosophes de l'école cartésienne. Les arguments employés par Hume pour prouver que les faits de la nature se montrent à nous en conjonction, mais non en connexion, avaient été exposés par Mallebranche dans sa *Recherche de la vérité*. Je donnerai ici les principaux, et spécialement ceux que j'ai omis en exposant la doctrine de Hume, pour éviter la répétition. — L'idée de mouvement n'est pas comprise dans l'idée de corps; nous ne trouvons aucune connexion entre l'une et l'autre, et nous pouvons tout aussi bien concevoir le corps en mouvement qu'en repos. Il est donc évident que tous les corps grands et petits, comme une montagne, une maison, une pierre, un grain de sable, n'ont pas la force de se mouvoir eux-mêmes. Nous avons deux seules espèces d'idées : celles d'esprit et celles de corps; et ne devant rien dire que ce que nous concevons, nous ne devons raisonner que sur ces deux idées. Ainsi, puisque les idées que nous avons de tous les corps nous font connaître qu'ils ne peuvent se mouvoir les uns les autres, il faut conclure qu'ils sont mûs par les esprits. Mais lorsqu'on examine l'idée qu'on a de tous les esprits finis, on ne voit pas non plus qu'il y ait un lien nécessaire entre la volonté et le mouvement d'un corps quelconque; on voit, au contraire, qu'il n'y en a pas et qu'il ne peut y en avoir. On doit donc conclure encore, si l'on veut raisonner d'après ce que l'on sait, qu'il n'y a aucun esprit créé qui puisse mouvoir un corps quelconque, du moins comme cause vraie et principale, car, *une vraie cause est celle dont l'esprit voit le lien nécessaire avec son effet.* La principale preuve qu'apportent les philosophes en faveur de l'efficacité des causes secondes, se tire de la volonté et de la liberté de l'homme; l'homme veut, il se détermine par lui-même; et vouloir et se déterminer, c'est agir : « Je sais que je veux, dit Mallebranche, et que je veux librement; je n'ai aucune raison d'en douter, qui soit plus forte que le sentiment intérieur que j'ai de moi-même. Je ne le nie pas aussi. Mais je nie que ma volonté soit la cause véritable du mouvement de mon bras, des idées de mon esprit, et des autres choses qui accompagnent mes volontés; car je ne vois aucun rapport entre des choses si différentes. Je vois même très-clairement qu'il ne peut y avoir de rapport entre la volonté que j'ai de remuer le bras et entre l'agitation des esprits animaux, c'est-à-dire, de quelques petits corps dont je ne sais ni le mouvement ni la figure, lesquels vont choisir certains canaux des nerfs entre un million d'autres que je ne connais pas, afin de causer en moi le mouvement que je souhaite par une infinité de mouvements que je ne souhaite point. Je nie que ma volonté produise en moi mes idées, car *je ne vois pas même comment elle pourrait les produire,* puisque ma volonté ne pouvant agir ou vouloir sans connaissance, elle suppose mes idées et ne les fait pas; je ne sais même précisément ce que c'est qu'idée; je ne sais si on les produit de rien, et si elles rentrent dans le néant dès qu'on cesse de les voir. » On n'a donc, selon Mallebranche, aucune idée claire de ce pouvoir ou force que l'âme a sur elle-même et sur son corps, ni de celui que le corps a sur l'âme.

« Mais, dira-t-on, continue Mallebranche, je connais par le sentiment intérieur de mon action que j'ai véritablement cette force; ainsi je ne me trompe point de la croire. Je réponds que lorsqu'on remue son bras, on a sentiment intérieur de la volonté actuelle par laquelle on le remue, et l'on ne se trompe point de croire qu'on a cette volonté. On a de plus sentiment intérieur d'un certain effort qui accompagne cette volonté, et l'on doit croire aussi qu'on fait cet effort. Enfin je veux qu'on ait sentiment intérieur que le bras est remué dans le moment de cet effort; et cela supposé, je consens aussi que l'on dise que le mouvement du bras se fait dans l'instant qu'on sent cet effort, que l'on a une volonté *pratique* de le remuer. Mais je nie que cet effort, qui n'est qu'une modification ou un sentiment de l'âme, qui nous est donné pour nous faire comprendre notre faiblesse, et nous donner un sentiment obscur et confus de notre force, soit par lui-même capable de donner du mouvement aux esprits animaux, ni de les déterminer. Je nie qu'il y ait rapport entre nos pensées et les mouvements de la matière. Je nie que l'âme ait la moindre connaissance des esprits animaux dont elle se sert pour remuer le corps qu'elle anime. Enfin, quand même l'âme connaîtrait exactement les esprits animaux, et quand elle serait capable de les mouvoir, ou de déterminer leur mouvement, je nie qu'avec tout cela elle pût choisir les tuyaux des nerfs, dont elle n'a aucune connaissance, afin de pousser en eux les esprits et remuer ainsi le corps.... Il en est de même de la faculté que nous avons de penser. Nous connaissons, par sentiment intérieur, que nous voulons penser à quelque chose, que nous faisons effort pour cela, et que, dans le moment de notre effort, l'idée de cette chose se présente à notre esprit; mais nous ne connaissons point par sentiment intérieur que notre volonté ou notre effort produise notre idée. Nous ne voyons point, par la raison, que cela se puisse faire. C'est par préjugé que nous croyons que notre attention ou nos désirs sont cause de nos idées; c'est que nous éprouvons cent fois le jour qu'elles les suivent ou qu'elles les accompagnent...

Nous ne voyons point en nous de force pour les produire ; la raison ni le sentiment intérieur que nous avons de nous-mêmes ne nous disent rien sur cela. »

Ces raisonnements de Mallebranche ont été reproduits par Hume; mais, bien que ces deux philosophes s'accordent dans l'exposition des faits, ils diffèrent dans les conséquences qu'ils en tirent.

La nature, dit Mallebranche, ne nous présente pas de faits en connexion, ou, pour mieux dire, nous n'apercevons aucun rapport nécessaire entre les faits de la nature ; donc ce rapport n'existe pas et les causes efficientes naturelles sont des chimères. L'expérience, dit Hume, ne nous présente pas des faits en connexion ; nous n'avons donc aucun motif légitime de supposer une connexion entre les faits de la nature, et même nous ne devons en avoir aucune idée. Nous devons donc nous borner à confesser notre ignorance à cet égard. Observez ici que le principe du dogmatisme cartésien : *Lorsque je ne conçois pas un rapport entre deux choses, ce rapport n'existe pas,* exerce toute son influence sur l'esprit de Mallebranche. Observez encore que les deux propositions qui suivent sont différentes : 1° *Il n'y a aucune connexion entre les faits de la nature, et les corps sont dépourvus de tout pouvoir.* 2° *Nous n'apercevons aucune connexion entre les faits de la nature, et l'observation ne nous donne pas l'idée d'un pouvoir quelconque.* La première proposition, passant de la pensée à l'existence, décide sur les choses en elles-mêmes; la seconde se borne à notre mode de connaître.

Mais ce n'est pas tout. Le principe *Il n'y a pas d'effet sans une cause,* entendu dans le sens de la cause efficiente, est pour Mallebranche un principe incontestable et nécessaire, qui a une valeur réelle et objective. Il en conclut que tous les effets de la nature ont pour cause efficiente la volonté souveraine de Dieu. Après avoir rejeté les causes efficientes naturelles, il reconnaît dans tout l'univers l'opération efficace de la cause première. Voici comment il raisonne. — Quand on médite sur l'idée de Dieu, c'est-à-dire, d'un être infiniment et par conséquent tout puissant, on voit qu'il y a un tel lien entre sa volonté et le mouvement de tous les corps, qu'il est impossible de concevoir qu'il veuille qu'un corps soit mû et que celui-ci ne le soit pas. Nous devons donc dire qu'il n'y a que la volonté de Dieu qui puisse mouvoir les corps. La force motrice des corps n'est pas dans les corps mêmes, car elle n'est autre chose que la volonté de Dieu. Les corps n'ont, par conséquent, aucune action. Lorsqu'une bille en mouvement pousse une autre bille, elle ne lui communique rien qui lui appartienne, puisque la force communiquée n'est pas à elle. Ainsi donc, *une cause naturelle n'est pas une cause réelle et véritable, mais seulement une cause* occasionnelle *qui détermine l'auteur de la nature à agir de telle ou telle manière dans telle et telle circonstance.* Toutes les forces de la nature ne sont que la volonté de Dieu toujours efficace. Il n'y a donc pas de force, de puissance, de cause vraie dans le monde matériel et sensible, et on ne doit pas admettre des formes, facultés et qualités réelles, pour produire les effets que les corps ne produisent pas, et partager ainsi avec Dieu la force et la puissance qui lui sont essentielles. Dieu seul est donc la vraie cause, qui a véritablement la puissance de mouvoir les corps.

Hume déclare avec Mallebranche que l'expérience, ou la vue des faits que la nature nous présente, ne nous donne aucune notion de pouvoir ou de connexion nécessaire; mais il n'accorde pas la conséquence qui fait considérer Dieu comme la seule cause efficiente.

« Le gros des hommes, dit Hume, ne voient aucune difficulté à rendre raison des opérations communes de la nature, comme de la descente des corps pesants, de la végétation des plantes, de la génération des animaux, et de la nutrition qui nous approprie les aliments; dans tous ces cas-là, ils sont persuadés qu'ils aperçoivent la force même par laquelle les causes entraînent leurs effets, et ils supposent que les actions de ces causes sont immanquables. Une longue habitude leur ayant donné ce tour d'esprit, l'apparition d'une cause leur fait attendre aussitôt avec assurance l'événement qui marche d'ordinaire à sa suite; et on aurait bien de la peine à leur faire concevoir qu'un autre en pût résulter. Il n'y a que des phénomènes peu communs, tels qu'un tremblement de terre, une peste, ou quelque prodige, qui puissent les déconcerter; ce n'est qu'alors qu'ils se trouvent embarrassés à assigner des causes convenables aux effets, et à expliquer la manière dont ceux-ci sont produits. Or que font-ils pour se tirer d'embarras? Ils ont recours à quelque intelligence invisible, qui intervient comme cause immédiate de l'événement qui les étonne et qu'ils croient inexplicable par les puissances de la nature. Mais les philosophes, qui vont un peu plus loin dans leurs recherches, se sont aisément aperçus que l'énergie des causes n'était pas plus marquée dans les événements les plus journaliers que dans les plus extraordinaires ; ils ont reconnu que nous n'avons sur ce sujet que les seules lumières de l'expérience, qui ne nous instruit que d'une coexistence fréquente de certains objets, sans nous mettre jamais en état de comprendre ce qu'on nomme leur liaison. De là vient que plusieurs d'entr'eux ont cru que la raison les forçait d'admettre, dans toutes les occasions, le même principe auquel le vulgaire n'a recours que dans les cas qui lui paraissent tenir du surnaturel et du miraculeux. Peu contents d'ériger l'esprit et l'intelligence en cause première et originelle de tout être, ils veulent en faire la cause unique et immédiate de chaque événement dans l'univers. Ils prétendent que les *causes* communément dites ne sont, à proprement parler, que des *occasions*, et que ce n'est point dans les forces naturelles qu'il faut chercher la raison des effets, mais dans la volonté du souverain être, qui trouve bon que certains objets soient éternellement liés entr'eux. Au lieu de dire qu'une première bille en meut une seconde par une force qu'elle tient originairement de l'auteur de la nature, ils vous diront que la divinité elle-même, par une volonté spéciale, imprime le mouvement à la seconde bille, et que l'impulsion de la première ne fait que déterminer le monarque du monde à cet acte, en vertu des lois générales qu'il s'est prescrites à lui-même dans le gouvernement de son empire. Le progrès des spéculations a fait encore découvrir aux philosophes que le pouvoir qui opère l'action de l'âme sur le corps et celle du corps sur l'âme, ne nous était pas mieux connu que celui qui opère les actions que les corps exercent les uns sur les autres; et que les lumières que nous empruntons, soit des sens, soit de la conscience interne, sont également insuffisantes dans les deux cas. La même ignorance les a donc ramenés à la même conclusion. Dieu est encore, selon eux, la cause immédiate de l'union de l'âme avec le corps. Ce ne sont plus les organes des sens, agités par les objets extérieurs, qui produisent nos sensations; c'est une volonté particulière du Tout-Puissant qui les excite, en conséquence des mouvements survenus dans les organes. Ce n'est plus notre volonté qui cause le mouvement local dans nos membres; impuissante en elle-même, Dieu se plaît à la seconder; il ordonne aux parties du corps de se mouvoir; et c'est très-abusivement que nous en faisons honneur à nos propres forces et à notre propre efficace. Les philosophes ne s'en tiennent pas là; il y en a qui portent cette conclusion jusqu'au dedans de l'âme elle-même, et l'appliquent à ses opérations purement internes. Ce qu'on appelle *vision mentale*, ou formation des idées, n'est, pour eux, autre chose qu'une suite de révélations émanées du Créateur. Lorsque nous tournons volontairement la pensée sur quelque sujet, ce n'est pas notre volonté qui crée les idées; celui qui a créé toutes choses les découvre à l'âme et les lui rend présentes.

« Ainsi, selon ces philosophes, tout est plein de Dieu. C'est peu pour eux que rien n'existe que par sa volonté, qu'il n'y ait point de pouvoir qui ne remonte originairement à lui; ils dépouillent la nature et les êtres créés de toute force, afin de rendre la dépendance où ils sont de Dieu plus immédiate et plus frappante. Mais ils ne considèrent point que leur théorie, au lieu d'exalter la grandeur de ces attributs, dont ils affectent tant de faire le panégyrique, n'est propre qu'à la rabaisser. Il y a sûrement plus de puissance en Dieu à départir un certain degré de pouvoir à ses créatures qu'à faire tout lui-même par une volonté directe; il y a plus de sagesse a avoir agencé l'univers dès le commencement, avec une prévoyance si parfaite qu'il serve de lui-même et par son propre mécanisme aux vues de la Providence, que si son grand auteur était obligé, à chaque instant, d'en raccommoder les parties et de ranimer par son souffle, toute l'activité de cette prodigieuse machine. »

Nous n'avons d'autre guide dans nos jugements sur la causalité que l'expérience. Or, l'être suprême est au-delà de l'expérience. Par quel moyen donnons-nous donc aux effets sensibles une cause invisible et qui ne peut tomber sous les sens?

« Je ne puis apercevoir, ajoute Hume, aucune solidité dans l'argument sur lequel cette théorie est fondée. Nous ignorons, à la vérité, la manière dont les corps agissent les uns sur les autres; leur efficace nous est inconcevable; mais n'ignorons-nous pas également la manière dont une intelligence, je dis même la souveraine intelligence, agit, soit sur l'esprit, soit sur le corps? Et concevons-nous mieux la force dont elle est douée? D'où, je vous prie, en prendrions-nous l'idée? Nous ne sentons aucun pouvoir en nous-mêmes, et nous n'avons d'autre notion de l'être suprême que celle que nous nous formons en réfléchissant sur nos propres facultés. Si donc notre ignorance était une raison suffisante pour nier une chose, nous devrions refuser toute force active à Dieu, aussi bien qu'à la matière la plus grossière; puisque très-assurément nous ne comprenons pas davantage les opérations divines que celles des corps. Y a-t-il plus de difficulté à concevoir le mouvement comme résultant d'un choc que comme procédant d'une volition? Tout ce que nous savons à ces deux égards, c'est que nous ne savons rien. »

Ainsi donc, tout en admettant le principe de Mallebranche sur la relation des faits de la nature, Hume en a déduit des conséquences différentes. Le premier rattache ces faits à un seul anneau invisible; le second, nous ôtant toute idée de lien et nous interdisant toute induction, appuyée sur le principe de causalité, nous conduit au scepticisme. Voici la doctrine des deux philosophes, mise en regard dans les propositions suivantes :

MALLEBRANCHE.

1.

Les sens ne nous ont pas été donnés pour connaître la vérité. Pour connaître avec certitude la vérité, il faut consulter les idées claires de la raison.

2.

Une de ces idées claires est celle de la cause efficiente; et il est compris dans cette idée que tout effet doit avoir sa cause efficiente.

3.

Dans l'idée claire que nous avons de chaque fait de la nature, nous ne voyons aucun lien nécessaire entre ce fait et les autres faits. Cette idée de cause efficiente n'a donc pas sa réalité dans l'univers créé.

4.

D'autre part, entre l'idée d'un être tout-puissant et l'existence d'un effet voulu par cet être, nous trouvons un lien nécessaire. La volonté de cet être suprême est donc la seule cause efficiente de toute la suite des faits qui frappent nos sens.

HUME.

1.

Toutes nos idées dérivent de la sensibilité, et il n'y a pas d'idées *à priori* dans notre entendement.

2.

Les faits de la nature, observés par nous, ne nous présentent aucune connexion ; ils ne peuvent donc pas nous donner l'idée de connexion, ni, en conséquence, celle de *cause efficiente*. Nous n'avons donc pas cette idée.

3.

Le principe, *Il n'y a pas d'effet sans cause*, pris dans le sens de la cause efficiente, n'a par conséquent aucune valeur et est vide de sens.

4.

La philosophie entière, reposant sur le principe de causalité, est impossible.

Hume a ainsi établi son système de la causalité sur la doctrine de l'origine sensible des idées, de Locke, et sur la doctrine du rapport entre les faits de la nature, de Mallebranche.

La doctrine de Mallebranche fut aussi l'occasion du scepticisme de Bayle, qui publia, en 1797, son Dictionnaire. Dans les articles Pyrrhon, Arcésilas,

Zénon, Xénophane, et autres, Bayle a élevé une foule de difficultés contre la réalité de nos connaissances. Dans l'article Pyrrhon, il rapporte la conversation de deux abbés, dont l'un, cherchant à soutenir le scepticisme, prend son point de départ dans la doctrine de Mallebranche et raisonne ainsi :

« Personne parmi les bons philosophes ne doute plus que les sceptiques n'aient raison de soutenir que les qualités des corps, qui frappent nos sens, ne sont que des apparences. Chacun de nous peut bien dire, *Je sens de la chaleur à la présence du feu*, mais non pas *Je sais que le feu est tel en lui-même qu'il me paraît*. Voilà quel était le style des anciens Pyrrhoniens. Aujourd'hui la nouvelle philosophie tient un langage plus positif. La chaleur, l'odeur, les couleurs, etc., ne sont point dans les objets de nos sens ; ce sont des modifications de mon âme ; je sais que les corps ne sont point tels qu'ils me paraissent. On aurait bien voulu en excepter l'étendue et le mouvement ; mais on n'a pu ; car si les objets des sens nous paraissent colorés, chauds, froids, odorans, encore qu'ils ne le soient pas, pourquoi ne pourraient-ils point paraître étendus et figurés, en repos et en mouvement, quoiqu'ils n'eussent rien de tel... L'abbé Foucher proposa cette objection dans *sa Critique de la recherche de la vérité*. Le père Mallebranche n'y répondit pas. Il en sentit bien la force... Bien plus ; les objets des sens ne sauraient être la cause de mes sensations : je pourrais donc sentir le froid et le chaud, voir des couleurs, des figures, de l'étendue, du mouvement, quoiqu'il n'y eût aucun corps dans l'univers. Je n'ai donc nulle bonne preuve de l'existence des corps. (Le père Mallebranche montre dans un Éclaircissement sur la Recherche de la vérité, qu'il est très-difficile de prouver qu'il y a des corps, et qu'il n'y a que la foi qui puisse nous convaincre qu'il y a effectivement des corps). La seule preuve qu'on m'en peut donner doit être tirée de ce que Dieu me tromperait, s'il imprimait dans mon âme les idées que j'ai du corps, sans qu'en effet il y eût des corps; mais cette preuve est fort faible; elle prouve trop. Depuis le commencement du monde, tous les hommes, à la réserve peut-être d'un sur deux cents millions, croient fermement que les corps sont colorés, et c'est une erreur. Je demande, Dieu trompe-t-il les hommes par rapport à ces couleurs? S'il les trompe à cet égard, rien n'empêche qu'il ne les trompe à l'égard de l'étendue. Cette dernière illusion ne sera pas moins innocente, ni moins compatible que la première avec l'être souverainement parfait. S'il ne les trompe point quant aux couleurs, ce sera sans doute parce qu'il ne les pousse pas invinciblement à dire, *Ces couleurs existent hors de mon âme*, mais seulement *il me paraît qu'il y a là des couleurs*.

« On vous soutiendra la même chose à l'égard de l'étendue. Dieu ne vous pousse pas invinciblement à dire il y *en a*, mais seulement à juger que vous en

13

sentez, et qu'il vous paraît qu'il y en a. Un cartésien n'a pas plus de peine à suspendre son jugement sur l'existence de l'étendue, qu'un paysan à s'empêcher d'affirmer que le soleil luit, que la neige est blanche, etc. C'est pourquoi, si nous nous trompons en affirmant l'existence de l'étendue, Dieu n'en sera pas la cause, puisque, selon vous, il n'est point la cause des erreurs de ce paysan. »

Bayle non-seulement donne raison au sceptique sur le témoignage de nos sens; mais, remontant plus haut, il observe que non-seulement le scepticisme est à l'abri des coups des dogmatiques, mais encore qu'il possède de très-fortes raisons pour combattre la légitimité de tout motif de nos jugements. Il présente le raisonnement suivant. « Il est impossible, je ne dirai pas de convaincre un sceptique, mais de raisonner juste contre lui, n'étant pas possible de lui opposer aucune preuve qui ne soit un sophisme, le plus grossier même de tous les sophismes, je veux dire une pétition de principe. En effet, il n'y a point de preuve qui puisse conclure, qu'en supposant que tout ce qui est évident est véritable, c'est-à-dire, qu'en supposant ce qui est en question. Car le Pyrrhonisme ne consiste proprement qu'à ne pas admettre cette maxime fondamentale des dogmatiques. »

Dans ce même article Pyrrhon, Bayle observe que le scepticisme est contradictoire. «On voit, dit-il, que la logique du scepticisme est le plus grand

effort de subtilité que l'esprit humain ait pu faire ;
mais on voit en même temps que cette subtilité ne
peut donner aucune satisfaction ; elle se confond
elle-même, car si elle était solide, elle prouverait
qu'il est certain qu'il faut douter.... Quel chaos
et quelle gêne pour l'esprit ! Il semble donc
que ce malheureux état est le plus propre de tous
à nous convaincre que notre raison est une voie
d'égarement, puisque lorsqu'elle se déploie avec
le plus de subtilité, elle nous jette dans un tel
abîme. »

Mais le même philosophe cherche à prouver,
dans l'article *Arcésilas*, que le reproche de contradiction fait au sceptique est injuste. Lactance
avait reproché à Arcésilas la même contradiction
que Bayle lui-même reproche aux sceptiques dans
l'article *Pyrrhon. En sachant*, dit Lactance, *que
vous ne savez rien, vous savez quelque chose; puisque si vous ne savez rien du tout, vous ne savez
pas non plus qu'on ne peut rien savoir. Quiconque
donc affirme qu'on ne sait rien, confesse par là
qu'on peut savoir quelque chose.* Ceci, ajoute
Lactance, se confirme dans les écoles par cet
exemple : Un homme a songé qu'il ne faut pas
croire aux songes ; s'il croit à ce songe, il s'ensuit
qu'on ne doit pas croire aux songes ; et s'il n'y
croit pas, il s'ensuit qu'il faut croire aux songes.
De la même manière, si l'on ne peut rien savoir, il
faut qu'on sache cela même qu'on ne sait rien ; il
est donc faux de dire qu'on ne peut rien savoir.

D'où il suit que l'argument d'Arcésilas se contredit et se détruit lui-même. Cet argument de Lactance est, selon Bayle, « plutôt une subtilité qu'une raison convaincante : le bon sens débrouille bientôt cet embarras. Si je songe que je ne dois pas croire aux songes, me voilà bien attrapé; car si je n'y crois pas, j'y croirai, et si j'y crois, je n'y croirai pas. Où est l'homme qui ne voie qu'en ce cas-là il faut excepter des autres songes celui en particulier qui m'avertit de ne pas croire aux songes? »

Bayle, pour combattre le témoignage de la conscience et de la mémoire, se sert aussi du principe enseigné par Descartes et adopté par Mallebranche, à savoir que la conservation est une création continuée. Dans la conversation des deux abbés, le défenseur du Pyrrhonisme dit à l'autre : « Vous avez cru jusqu'ici qu'un pyrrhonien ne saurait vous embarrasser; répondez-moi donc : vous avez quarante-cinq ans, vous n'en doutez pas, et s'il y a quelque chose dont vous soyez assuré, c'est que vous êtes la même personne à qui l'on donna l'abbaye de **, il y a deux ans. Je vais vous montrer que vous n'avez point de bonnes raisons d'en être certain. J'argumente sur les principes de notre théologie. Votre âme a été créée; il faut donc qu'à chaque moment, Dieu lui renouvelle l'existence, car la conservation des créatures est une création continuelle. Qui vous a dit que ce matin Dieu n'a pas laissé retomber dans le néant l'âme qu'il avait continué de créer jusques alors depuis le premier moment de votre vie ? Qui vous a dit qu'il n'a point créé une autre âme modifiée comme était la vôtre (c'est-à-dire, avec la réminiscence qu'il eût reproduite, s'il avait continué de créer l'âme de l'abbé)? Cette nouvelle âme est celle que vous avez présentement. Faites-moi voir le contraire. Que la compagnie juge de mon objection. Un savant théologien qui était là prit la parole, et reconnut que la création étant une fois supposée, il était aussi facile à Dieu de créer à chaque moment une nouvelle âme, que de reproduire la même ; mais que néanmoins les idées de sa sagesse, et plus encore les lumières que nous puisons dans sa parole, nous peuvent donner une certitude légitime que nous avons la même âme en nombre aujourd'hui que nous avions hier, avant-hier, etc.; et il conclut qu'il ne fallait point s'amuser à la dispute avec des Pyrrhoniens, ni s'imaginer que leurs sophismes puissent être commodément éludés par les seules forces de la raison ; qu'il fallait, avant toutes choses, leur faire sentir l'infirmité de la raison, afin que ce sentiment les porte à recourir à un meilleur guide, qui est la foi. »

Ce principe, *la conservation des créatures est une création continue*, conduit, selon Bayle, à ôter toute activité aux créatures, et, par conséquent, à notre âme; puisque, dans ce système, Dieu nous crée à chaque instant dans l'état où nous sommes, c'est-à-dire ayant telle pensée et telle volition. Nos volontés sont donc l'effet nécessaire de l'action divine, et non des actions de l'âme. Bayle a développé cette doctrine dans ses Réponses aux Questions d'un Provincial. Cependant, par le sentiment intérieur, nous nous sentons comme agents, comme auteurs des déterminations de notre volonté. Mallebranche a reconnu cette force du sentiment intérieur, dans son premier Éclaircissement de la *recherche de la vérité*. Il n'en est pas de même, dit-il, du sentiment intérieur que des sens externes : ceux-ci nous trompent toujours en quelque chose ; mais le sentiment intérieur ne nous trompe jamais. Par conséquent, puisque nous avons en nous le sentiment intérieur de notre liberté, pendant qu'un bien particulier s'offre à notre esprit, nous ne devons pas douter d'être libres à l'égard de ce bien. Mais Mallebranche soutient, dans le même Eclaircissement, que la conservation est une création continuée ; et Bayle conclut de cette doctrine l'impossibilité de l'action des créatures. D'un autre côté, la doctrine qui attribue à l'esprit les déterminations de la volonté, doctrine admise par Mallebranche, est en contradiction avec son système sur l'efficace des causes secondes. Si, en effet, l'esprit est auteur des déterminations de la volonté, il produit en soi certaines modifications, puisque les volitions sont des modifications de l'âme : il est donc la cause efficiente de ces modifications ; conséquence que Mallebranche regarde comme une doctrine païenne et tendant à l'idolâtrie. On conclut de ces observations que les principes de la raison sont en contradiction avec l'expérience, et que le scepticisme est le résultat général des recherches philosophiques.

Cette contradiction entre l'expérience et la raison, Bayle s'attache à la montrer dans plusieurs articles de son Dictionnaire et dans ses autres ouvrages. Dans l'article Xénophane, il fait raisonner ce philosophe de la manière suivante. — *Rien ne se fait de rien;* c'est là un principe évident pour la raison; or, dire que rien ne se fait de rien, c'est dire que rien ne peut avoir un principe d'existence, c'est-à-dire commencer d'être. Si rien ne peut commencer d'être, tout est éternel et immuable. Si tout est éternel et immuable, il n'y a aucun changement. Or, les sens nous montrent incessamment des changements; il faut donc conclure, ou que les sens nous trompent, ou que nous ne pouvons rien savoir, par suite de la contradiction qui se trouve entre les leçons de l'expérience et les déductions de la raison. Dire que les sens externes nous trompent, et que les changements dans le monde extérieur sont des apparences, ce n'est pas se tirer d'embarras. Pour percevoir les changements externes, il est nécessaire de supposer le changement dans nos perceptions internes. Le changement est donc un fait de conscience, et la raison le démontre impossible. La contradiction entre les données de l'expérience et les maximes de la raison est donc inévitable, et cette contradiction justifie le scepticisme.

Telle est la doctrine de Bayle sur la réalité de

conformité et de la ressemblance que ceux-ci ont avec nos idées. Par exemple, lorsque je regarde un tableau ou une statue représentant Jules César, on peut dire d'une certaine manière que je perçois Jules César par le moyen des sens, bien que ce ne soit pas immédiatement. Pareillement, disent-ils, les choses réelles, quoiqu'elles ne puissent pas être perçues par elles-mêmes, ne sont pas, pour cela, moins propres à être perçues par le moyen des sens. Berkeley combat cette opinion. Lorsque vous percevez le portrait de Jules César, dit-il, vos yeux voient-ils autre chose que certaines couleurs et certaines figures, arrangées avec une certaine symétrie? Certainement ils ne voient rien autre. Un homme qui n'aurait jamais entendu parler de Jules César ne verrait-il pas les mêmes choses? Il les verrait certainement. D'où vient donc que vos pensées se rapportent au dictateur romain, et qu'il n'en est pas de même pour cet homme? C'est là un fait dont vous ne pouvez trouver la cause dans les sensations ou dans les idées que vous recevez alors des sens, car vous n'avez à cet égard sur cet homme aucun avantage. Il faut donc la chercher dans votre raison et dans votre mémoire. Vous vous souvenez d'avoir vu un autre tableau qu'on vous dit être le portrait de Jules César, et en voyant le tableau actuel, la ressemblance de celui-ci avec l'autre réveille en vous l'idée du premier, dont on vous avait dit qu'il était le portrait de Jules César. Il arrive de même quand vous voyez le portrait d'un homme que vous aviez déjà vu de vos yeux. Vous rapportez la peinture à l'original parce que vous aviez vu celui-ci. Maintenant, si les choses réelles, ou les archétypes de vos idées, ne sont en aucune manière perçus par le moyen de nos sens, le rapport de ces idées à leurs archétypes est tout-à-fait sans fondement. En outre, cette prétendue ressemblance des idées avec les objets n'est pas fixe. Il est clair que les êtres réels doivent avoir une nature stable, qui demeure toujours la même malgré les changements qui peuvent survenir, soit dans nos sens, soit dans les mouvements et positions des différentes parties de notre corps. Tous ces changements peuvent influer sur les idées; mais leurs effets ne sauraient s'étendre jusqu'aux choses qui existent hors de nous. Comment donc un objet matériel déterminé pourra-t-il être véritablement représenté ou dépeint à notre esprit par plusieurs choses distinctes les unes des autres, et dont chacune en particulier est si différente de toutes les autres et leur ressemble si peu? Et si vous dites que cet objet ne ressemblera qu'à quelques-unes de nos idées seulement, comment pourrons-nous, dans ce cas, distinguer la véritable copie de toutes les autres que vous dites être fausses?

Enfin, les objets matériels sont en eux-mêmes insensibles, et ne peuvent être perçus que par le moyen de leurs idées; or, comment ce qui est sensible peut-il être semblable à ce qui est insensible? Une chose qui est actuellement *invisible* en elle-même pourra-t-elle ressembler à une couleur? Et une chose qui ne peut être entendue pourra-t-elle ressembler à un son? En un mot, y a-t-il quelque chose qui puisse ressembler à une sensation ou à une idée, quelle qu'elle soit, si ce n'est une autre sensation ou une autre idée de la même espèce?

Mallebranche avait cherché à prouver que les corps ne peuvent être la cause efficiente de nos idées sensibles ou de nos sensations. Berkeley est parti de la même doctrine. Une cause efficiente, a-t-il dit, est une cause active; or, je ne conçois d'autre action que l'acte du vouloir, et celui-ci appartient à l'esprit. Mallebranche avait regardé les corps comme la cause occasionnelle de nos sensations. Berkeley soutint qu'ils ne peuvent être la cause, ni instrumentale, ni occasionnelle de nos sensations. Quant au premier point, quelle notion, dit-il, pouvez-vous vous faire d'un instrument dont se servirait l'agent suprême pour produire nos idées? Cet instrument étant dépourvu de toute qualité sensible, même de l'étendue, n'est qu'une inconnue. Or, est-il digne d'un philosophe, ou même d'un homme sensé, de vouloir qu'on croie sans sans savoir quoi ni pourquoi? De plus, ce serait une chose indigne de l'être suprême d'employer des instruments pour la production de nos sensations. Le besoin d'instrument pour faire une chose naît de l'impuissance; nous-mêmes nous n'employons pas d'instrument pour mouvoir un doigt, parce que nous pouvons le faire avec un acte simple de notre volonté. L'être tout-puissant ne peut-il pas tout faire aussi avec sa volonté seule? Il ne se sert donc pas d'instruments dans la production de ses œuvres.

Ces raisons prouvent encore que les corps ne peuvent pas être les causes occasionnelles de nos sensations. En premier lieu, ces causes occasionnelles seraient des inconnues; car, comme on l'a dit, on n'a aucune notion des objets sensibles considérés en soi. Et d'ailleurs la sagesse et la puissance divines ne suffisent-elles pas pour rendre raison de l'ordre et de la régularité qu'on trouve dans la succession de nos idées, ou, plus généralement, dans la nature? N'est-ce pas méconnaître les attributs de l'être infiniment parfait, que de prétendre qu'une substance dépourvue de la faculté de penser puisse influer sur son action et la diriger, en lui indiquant ou lui rappelant ce qu'il doit faire et quand il doit le faire?

Les corps ne peuvent donc être considérés ni comme les objets ou archétypes de nos idées, ni comme leurs causes, soit efficientes, soit occasionnelles, soit instrumentales. Ils ne peuvent, en outre, être conçus d'aucune façon. Les concevra-t-on comme des substances? Mais une substance ne peut exister sans les accidents, et les qualités qu'on attribue aux corps ne peuvent leur convenir; elles ne sont que des sensations, et celles-ci n'existent que dans l'esprit. Nous ne devons pas croire à l'existence d'une chose dont nous ne pouvons dire quelle elle est, ni pourquoi elle est. Les corps sont donc des choses chimériques. Il n'y a rien de réel, si ce n'est les idées et les esprits, c'est-à-dire, les substances pensantes. Telle est la conclusion de Berkeley.

Mais enfin, demande-t-on à ce philosophe, pouvons-nous admettre l'existence d'autres esprits distincts du nôtre? Voici comment il répond : Je suis passif à l'égard des idées ; celles-ci ne dépendent pas du tout de ma volonté. Il est évident pour moi que les choses sensibles, c'est-à-dire les idées, ne peuvent avoir d'existence ailleurs que dans un un esprit; et je conclus de là, non point que ces idées n'existent pas réellement, mais que, étant indépendantes de ma pensée (c'est-à-dire ayant une existence distincte de la simple qualité d'être perçues par moi), *il faut qu'il y ait quelqu'autre esprit dans lequel elles aient l'existence*. Ainsi, de même qu'il est certain que le monde sensible est réellement existant, il est certain aussi qu'il y a un esprit infini et présent partout qui le contient et le soutient. Cet esprit me modifie incessamment avec les impressions que je reçois ; et, en même temps, la variété et l'ordre qui règnent entre ces impressions et la manière dont j'en suis affecté m'induisent à conclure que ce même esprit est sage, puissant et bon, au-delà de tout ce qu'on peut concevoir. *Les choses que nous percevons sont connues dans l'entendement d'un esprit infini, et produites en nous par sa volonté.* De cette manière, ajoute Berkeley, vous pouvez, sans vous donner la peine de faire de profondes recherches dans les sciences, sans recourir aux subtilités de la raison et sans vous engager dans de longues et ennuyeuses discussions, attaquer à découvert et confondre infailliblement le plus hardi défenseur de l'athéisme. Ces misérables recours, soit à une succession éternelle de causes et d'effets aveugles, soit à un concours fortuit des atômes, ces imaginations extravagantes de Vanini, de Hobbes et de Spinoza, et, en un mot, le système entier de l'athéisme, ne seront-ils pas entièrement détruits par cette seule réflexion, qu'il répugne de supposer que la totalité ou quelque partie du monde visible, même la plus grossière, existe hors d'un esprit? Que chacun de ces fauteurs de l'impiété tourne son attention sur ses propres pensées, et qu'il essaye de concevoir comment un rocher, un désert, un amas confus d'atômes, en un mot, un objet quelconque à son gré, soit sensible, soit imaginable, pourrait exister hors d'un esprit; et il n'aura pas besoin d'aller plus avant pour se convaincre de sa folie.

L'idéalisme, dit Berkeley, n'est pas opposé seulement à l'athéisme; il l'est aussi au scepticisme. Les philosophes qui font consister la réalité des choses sensibles dans les corps sont obligés, comme nous avons vu, de la mettre dans des choses dont ils ne savent ni quelles elles sont, ni pourquoi elles sont; leur système conduit donc à confesser une ignorance absolue des choses réelles, et aboutit par conséquent au scepticisme. L'idéalisme, au contraire, plaçant toute la réalité des choses sensibles dans les idées, et, d'un autre côté, ayant la certitude de l'existence de ces idées et les connaissant parfaitement, est un système dogmatique et opposé au scepticisme. Le sceptique doute de la réalité du monde sensible; l'idéaliste en est certain; il n'est donc pas sceptique.

Mais ici il convient de dissiper une équivoque qui pourrait vous empêcher de bien comprendre le système de Berkeley. Aucun sceptique n'a douté de l'existence des apparences; mais celles-ci n'ont pas d'existence hors de notre perception et de notre esprit. Maintenant, on demande : *Cet univers sensible existe-t-il aussi hors de nos perceptions et de notre esprit, et existerait-il également dans le cas où notre esprit serait anéanti?* Berkeley répond que l'univers sensible existe hors de nos perceptions et de notre esprit, qu'il en est indépendant, et qu'il existerait encore dans la supposition où notre esprit serait anéanti. Mais en quoi, lui demande-t-on, votre idéalisme diffère-t-il de l'opinion de ceux qui admettent l'existence des corps et du monde matériel? Il en diffère, répond Berkeley, en ceci : Les partisans de la matière, c'est-à-dire de l'univers matériel, supposent que cet univers existe, non-seulement hors de leur propre esprit, mais encore hors de tout esprit quel qu'il soit; mais moi, tout en admettant que l'univers sensible existe hors de tous les esprits finis, je dis qu'il est impossible qu'il existe hors de l'esprit infini, et qu'il ait une existence autre que la qualité d'être perçu par cet esprit.

Voilà l'idéalisme de Berkeley exposé dans son vrai point de vue.

La perception d'*un hors de nous* est incontestable. Maintenant on demande : 1° Le *hors de nous* est-il réel? 2° Qu'est-il? Notre idéaliste répond : 1° Le *hors de nous* est réel; 2° il n'est autre chose que ce que nous percevons, et par conséquent nous pouvons le connaître parfaitement. Les sens ne nous trompent donc pas. Aucun homme ne se trompe dans les perceptions actuelles qu'il a de ses idées, mais seulement dans les conséquences qu'il tire de ces perceptions. Dans l'exemple de la rame qui paraît brisée dans l'eau, ce qu'il perçoit immédiatement par la vue n'est pas du tout droit, mais courbé; et tant qu'il en jugera ainsi, il ne commettra aucune erreur; mais si de là il vient à conclure qu'après avoir retiré la rame de l'eau, il continuera à la voir brisée, ou bien que la partie plongée dans l'eau devra modifier son toucher comme le modifient les choses courbées, il se trompera.

Si nos idées, comme le veut Berkeley, sont hors de notre esprit, et si ces idées ne sont qu'une collection de nos sensations, il s'ensuivra que nos sensations seront hors de notre esprit.

Mais si nos sensations, dirai-je à ce philosophe, sont hors de notre esprit, elles ne sont plus *nos* sensations, et alors tous les arguments par lesquels

14

vous prouvez que les qualités sensibles ne sont que des sensations doivent tomber. Une chaleur intense, dites-vous, est une douleur, et la douleur ne peut se trouver que dans un esprit. Une chaleur modérée est un plaisir, et un plaisir ne peut se trouver que dans un esprit. Or, comment savez-vous qu'une chaleur intense est une douleur et une chaleur modérée un plaisir, sinon par le témoignage de votre conscience? Et la conscience peut-elle percevoir autre chose que ce qui appartient intérieurement à l'esprit? Le plaisir et la douleur, qui sont à nous, qui sont nôtres, pourraient-ils donc n'être pas internes à l'esprit? Toutes nos sensations, sans exception, sont des modifications internes de notre âme, et cependant, selon vous, elles sont extérieures à l'âme. Votre idéalisme contient donc une contradiction palpable. Dans ces dernières observations, je n'ai d'autre but que de vous faire bien connaître l'idéalisme de Berkeley. Il y a des doctrines qui, pour être bien exposées, exigent qu'on montre la contradiction qu'elles renferment dans leur sein.

Berkeley semble distinguer la perception de l'idée. La perception est une modification de l'esprit qui perçoit; l'idée est l'objet de cette perception. Nous ne sommes pas libres de percevoir nos idées; nos perceptions dépendent donc d'une cause externe et distincte de notre esprit. Cette cause ne peut être qu'un esprit, car l'esprit seul est actif. Mais une cause doit contenir tout ce qui se trouve dans l'effet; cet esprit doit donc contenir toutes les idées qu'il nous montre successivement; il est donc très-sage et très-puissant. Mais ce développement que Berkeley donne à sa doctrine ne suffit pas encore pour me la faire comprendre. Ces idées, demanderai-je, que sont-elles ? Si elles sont des collections de mes sensations, elles doivent être internes à mon esprit, comme le sont les sensations. Si elles ne sont pas des collections de sensations, que seront-elles donc dans le système de Berkeley? En outre, la cause, suivant lui, doit contenir tout ce qui est dans l'effet; elle doit donc percevoir ce qu'elle fait percevoir à mon esprit; or, elle produit dans mon esprit des perceptions douloureuses; elle est donc, comme mon esprit, sujette à la douleur. Cette conséquence est contraire à la perfection de l'Être suprême. Berkeley a vu qu'on pouvait lui faire cette objection, et il a essayé d'y répondre; mais j'avoue qu'il ne m'a pas été possible encore de concilier cette réponse avec son système. Hylas, un des interlocuteurs du Dialogue, qui représente l'adversaire de l'idéalisme soutenu par Philonoüs, propose cette objection comme il suit. Vous avez enseigné que toutes les idées qui nous viennent du dehors existent dans l'esprit qui opère sur nous. Les idées de douleur sont donc, selon vous, en Dieu, ou, en d'autres termes, Dieu souffre et s'afflige, ce qui équivaut à dire qu'il y a une imperfection dans la nature divine; absurdité que vous niez vous-même. Philonoüs répond ainsi : Que Dieu connaisse ou perçoive toutes choses, et qu'il connaisse ce qu'est la douleur et même chacune de ses espèces, qu'il sache ce que c'est que souffrir pour ses créatures, c'est ce dont je ne doute pas; mais que Dieu, bien qu'il connaisse et produise en nous des sensations douloureuses, puisse éprouver de la douleur, c'est ce que je nie absolument. Nous qui sommes des esprits limités et dépendants, nous sommes sujets aux impressions des sens, qui ont pour cause un agent extérieur, et qui, étant quelquefois produites en nous contre notre volonté, peuvent être désagréables et douloureuses. Mais Dieu, sur lequel aucun être externe ne peut agir, et qui ne perçoit pas les choses par le moyen des sens comme nous, Dieu, dont la volonté est absolue et indépendante, qui est la cause de tout et à qui rien ne saurait faire obstacle, ne peut certainement ni souffrir ni éprouver des sensations douloureuses.

Mais moi, je réponds à Berkeley : Cette doctrine sur la divinité, exacte dans la bouche des autres philosophes, n'est pas compatible avec votre idéalisme. Si les choses extérieures que nous percevons ne sont autre chose que des idées; si celles-ci ne sont qu'une collection de sensations; si elles sont, en réalité, telles que nous les percevons; si enfin elles existent en Dieu : il suit nécessairement qu'il faut admettre en Dieu, comme en nous, des sensations agréables ou douloureuses. Je vous avouerai que, quelqu'effort que j'aie fait pour comprendre l'idéalisme de Berkeley, je n'ai pu réussir à concilier ces deux contradictions évidentes : 1° nos idées sont la collection de nos sensations, et pourtant elles sont externes à notre esprit ; 2° nos idées sont réelles et existent en Dieu, et pourtant il n'y a pas en Dieu de sensations ; enfin, la cause de nos perceptions douloureuses doit contenir ces perceptions, et pourtant Dieu n'éprouve pas de douleur.

Je ne pourrais concevoir cet idéalisme que d'une seule manière, qui est la suivante. Nos idées, qui ne sont que des collections de sensations, sont internes à notre esprit. Néanmoins, elles nous paraissent externes. Ces idées ont une cause, puisqu'elles sont des effets, et cette cause est Dieu. Mais cet idéalisme n'est pas celui de Berkeley, et ne rend pas sa pensée. Ce philosophe se proposait, en effet, de renverser le scepticisme en maintenant les réalités extérieures telles que nous les percevons. La doctrine de Berkeley a contribué à produire un résultat contraire à celui qu'il s'était proposé. Ce résultat est le scepticisme de Hume, duquel est sorti, comme nous le verrons, l'idéalisme transcendantal de Kant, système qui détruit radicalement la réalité de nos connaissances, et établit l'*acatalepsie* des anciens sceptiques.

Hume a adopté le système de Berkeley en deux points principaux : 1° nous ne pouvons percevoir autre chose que nos idées, et celles-ci ne peuvent ressembler aux objets auxquels elles se rapportent ; 2° nos idées ne sont pas des causes efficientes les unes à l'égard des autres; elles sont en conjonction, mais non en connexion. Remarquez que ce second point est capital dans l'idéalisme de Berkeley. La raison du plaisir que j'éprouve en savourant un fruit est que, par la volonté divine, l'idée de fruit est accompagnée de certaines sensations agréables. Hume, combinant ces principes avec celui de Locke sur l'origine des idées, en conclut : 1° le conflit entre la raison et l'instinct ; 2° l'insuffisance du principe de causalité pour établir la réalité de quoi que ce soit; ce qui n'est autre chose que le scepticisme. Je ferai remarquer, en outre, que le scepticisme oppose au réalisme la possibilité de l'idéalisme, et à l'idéalisme la possibilité du réalisme. Berkeley avoue n'avoir point combattu cette dernière possibilité, et n'avoir pu la combattre, parce que la réalité dont il s'agit, considérée en elle-même, est absolument vide de sens. Mais peut-on soumettre la réalité aux limites de l'intelligence humaine !

LETTRE XI.

COMMENT REID ET SES DISCIPLES ONT COMBATTU LE SCEPTICISME DE HUME.

Je vous ai exposé dans la lettre neuvième la philosophie de Hume. Dans la précédente, je vous ai fait connaître le rapport de cette philosophie avec quelques doctrines antérieures. Aujourd'hui, je me propose d'étudier son influence sur divers systèmes philosophiques d'Angleterre et d'Allemagne.

Toutes les recherches de Hume pourraient être ramenées, comme je vous le disais, au problème général suivant : *La philosophie est-elle possible ?* ou bien : *L'esprit humain est-il capable d'une connaissance philosophique ?* La solution de Hume peut aussi s'exprimer en peu de mots. La philosophie n'est pas possible sans la connaissance de la connexion entre les causes et les effets. Or, l'expérience ne nous donnant aucune idée de cette connexion, et, d'un autre côté, toutes nos idées provenant de l'expérience, il s'ensuit que la philosophie n'est pas possible, et que l'esprit humain ne peut prétendre qu'à une simple connaissance historique de quelques faits arrivés en lui-même, et dont il se souvient.

Reid, professeur de philosophie à Glassgow, entreprit de combattre les raisonnements sceptiques de Hume. Il accorda à Hume que l'expérience ne nous donne aucune idée de connexion ; mais il nia que toutes nos idées et nos connaissances dérivent de l'expérience, et soutint qu'il faut admettre dans l'esprit humain quelques vérités fondamentales indépendantes de l'expérience, d'après lesquelles non-seulement le vulgaire, mais aussi les philosophes les plus profonds raisonnent et sont obligés de raisonner lorsqu'ils veulent être entendus, et pour qu'il soit possible de discuter avec eux. Ces vérités fondamentales déterminent le jugement dans un mode distinct, et leur ensemble constitue le *sens commun*. Dès que l'homme les conçoit, il est obligé de leur donner son assentiment. La faculté de les connaître est innée et commune à tous les hommes. Seulement, il est nécessaire que l'esprit soit entièrement développé et parvenu à sa maturité, et exempt de tout préjugé. C'est par cet appel au sens commun que Reid et son école essayèrent de combattre le scepticisme de Hume. Mais venons à l'application du principe général.

Quand on dit que tout événement dans la nature démontre l'action d'une cause, le mot *cause* désigne quelque chose qui est supposé nécessairement en connexion avec cet événement, et sans quoi cet événement n'aurait pas eu lieu. Le sens dans lequel on prend ici le mot cause est proprement le sens métaphysique, et les causes qu'il désigne peuvent s'appeler *causes métaphysiques* ou *efficientes*. Mais, dans la philosophie naturelle, lorsqu'on dit qu'une chose est la cause d'une autre, on veut dire seulement que ces deux choses sont constamment unies, de manière que l'apparition de l'une fait aussitôt attendre l'autre. Ces dernières causes, qui sont l'objet de la philosophie naturelle, peuvent être appelées, pour les distinguer des précédentes, *causes physiques*. Ces sortes de causes ne nous sont enseignées que par l'expérience, et si la connaissance expérimentale nous manquait, nous ne pourrions pas régler notre conduite selon le cours naturel des choses. Mais si l'expérience nous donne la notion des causes physiques, elle est incapable de nous fournir celle des causes métaphysiques. Les sensations externes et les sentiments internes ne nous donnent certainement pas, selon la philosophie que nous exposons, la notion d'une force produisant par elle-même un événement quelconque de la nature. Hume conclut de là que nous n'avons absolument pas d'idée de la cause efficiente ou métaphysique; mais cette conclusion est démentie par la conscience, qui nous fait clairement apercevoir dans notre esprit la notion dont il s'agit. Tout ce qu'on pourrait conclure, c'est qu'il y a en nous des notions qui s'y introduisent à l'occasion des sensations ou en même temps qu'elles, bien qu'elles n'en dérivent pas. Les philosophes, dit un disciple de Reid, Dugald-Stewart, n'ont pas bien distingué la cause *efficiente* de la cause *physique*, et cette confusion a été la source de beaucoup d'erreurs. Une loi de notre nature nous porte, comme nous l'avons dit, à rapporter les changements que nous observons dans l'univers à l'action d'une cause efficiente. Cet acte de notre intelligence n'est pas un résultat du raisonnement; cependant il accompagne nécessairement la perception de l'événement. Il nous est réellement impossible de voir un changement sans être convaincus qu'il a été produit par l'action d'une cause. De cette association nécessaire, il résulte que lorsque deux événements s'offrent à nous constamment unis, nous sommes conduits à associer à celui qui précède l'idée de cause ou d'efficace, et à lui attribuer un pouvoir par lequel le changement a été produit. C'est en conséquence de cette association que nous regardons la philosophie comme la science des causes efficientes, et que nous perdons de vue la part de l'acte même de notre esprit dans l'aspect que nous présentent les phénomènes de la nature.

Il est résulté de cette confusion des causes métaphysiques avec les causes physiques qu'on a appliqué aux secondes ce qui convient aux premières. On a dit qu'aucune cause ne peut opérer que dans le temps et le lieu où elle existe; mais ce principe, évident pour les causes métaphysiques, n'est pas applicable, dit Dugald-Stewart, aux causes physiques; ces dernières, en effet, à parler avec rigueur, n'opèrent et ne produisent rien; elles précèdent seulement les effets, et par conséquent ceux-ci peuvent exister dans d'autres lieux et d'autres temps que leurs causes physiques. Les philosophes cependant ont appliqué aussi ce principe aux causes physiques. Ils ont montré de la répugnance, même en physique, à appeler un événement la cause d'un autre, lorsque les deux événements étaient séparés par le plus petit intervalle de lieu et de temps. En parlant de l'impulsion, par exemple, ils n'hésitent pas à dire que le choc est la cause du mouvement; mais ils ne veulent pas admettre l'attraction entre deux corps placés à distance l'un de l'autre, sans qu'il y ait quelque moyen physique de communication entre ces corps. La raison de cette manière de voir, c'est que la cause ne peut opérer dans le lieu où elle n'est pas, et que, en conséquence, un corps ne peut être la cause du mouvement d'un autre corps placé à quelque distance. Mais si ces philosophes avaient distingué la cause métaphysique de la cause physique, et remarqué que les causes qui s'offrent à nous dans la nature ne sont pas des causes métaphysiques, mais des causes physiques, ils auraient vu certainement que la distinction entre la communication du mouvement par impulsion et par attraction n'est pas fondée; ils n'auraient vu dans la première qu'un mouvement à la suite d'un autre mouvement, c'est-à-dire, un fait à la suite d'un autre fait; et pareillement, dans l'attraction, le mouvement d'un corps constamment associé au mouvement d'un autre corps situé dans un point différent de l'espace ; c'est-à-dire, ils auraient vu deux faits en conjonction, mais non en connexion.

L'école de Reid a donc recours à des principes subjectifs *à priori* pour mettre une digue au scepticisme de Hume. La notion de la cause efficiente ou métaphysique est en nous *à priori*. Le principe de causalité : *Il n'y a pas d'effet sans cause,* est un principe primitif *à priori* de l'entendement. Ce principe a une valeur réelle, et exprime une loi des choses considérées en elles-mêmes. L'expérience nous assurant de l'existence des événements de la nature sensible, le principe *à priori* de la causalité nous assure de l'existence des causes efficientes. Hume a dit : Toutes les idées viennent de la sensibilité, et celle-ci ne nous donne pas la notion de cause efficiente ; notre esprit est donc dépourvu de cette notion. Hume aurait dû raisonner autrement, et dire : Nous avons une notion de la cause efficiente, et c'est là un fait dont la conscience intime nous rend certains ; or, la sensibilité ne peut nous donner cette notion : donc elle ne vient pas des choses observées, mais de l'observateur.

Les faits que la nature nous présente continuent ces philosophes, sont en conjonction, mais non en connexion ; par conséquent, les causes dont s'occupe la philosophie naturelle sont les causes physiques et non les causes métaphysiques. La confusion de ces deux espèces de causes a produit de faux raisonnements non-seulement dans la physique, mais encore dans la philosophie de l'esprit humain. Un exemple de ces faux raisonnements est celui par lequel on cherche à établir que l'esprit ne peut percevoir immédiatement les objets extérieurs, et qu'il ne les perçoit que par le moyen de ses idées; ce qui revient à dire que l'esprit ne perçoit pas les objets externes, mais seulement leurs images ou représentations. Et véritablement, si l'on pose en principe que dans l'acte de perception l'esprit agit sur l'objet ou l'objet sur l'esprit, et si on admet en même temps qu'aucune chose ne peut agir là où elle n'est pas, on est nécessairement forcé de conclure que l'esprit ne peut rien percevoir que ce qu'il trouve en lui-même, c'est-à-dire ses propres idées. Or, c'est là précisément le raisonnement de Mallebranche. « Nous voyons, dit ce métaphysicien, le soleil, les étoiles et une infinité d'objets hors de nous, et il n'est pas vraisemblable que l'âme sorte du corps et qu'elle aille, pour ainsi dire, se promener dans les cieux pour y contempler tous ces objets. Elle ne les voit donc point par eux-mêmes, et l'objet immédiat de notre esprit, lorsqu'il voit le soleil, par exemple, n'est pas le soleil, mais quelque chose qui est intimement uni à notre âme, et c'est ce que j'appelle *idée*. » L'esprit ne perçoit donc immédiatement que ses propres idées. Ce raisonnement suppose que l'esprit, considéré comme cause efficiente de la perception des objets externes, ne peut opérer qu'en lui-même, et non dans les objets qui sont hors de lui; ou bien que les objets extérieurs, considérés comme causes efficientes des perceptions, ne peuvent opérer que dans le lieu où ils sont, et non dans l'esprit où ils ne sont pas.

Supposons d'ailleurs que notre corps puisse agir sur notre âme; que pourra-t-il produire en elle, si ce n'est des sensations ou des idées? Dans cette hypothèse, il est nécessaire de supposer que l'esprit ne peut percevoir les objets extérieurs que par le moyen d'images ou idées. Mais si on admet que les objets extérieurs et leurs perceptions ne sont autre chose que deux faits l'un à la suite de l'autre, et dont l'un n'est pas la cause efficiente, mais seulement la cause physique, de l'autre, dans ce cas, le raisonnement dont il s'agit n'a plus aucune valeur, et rien n'empêche l'esprit de percevoir immédiatement les objets extérieurs sans l'intermédiaire de leurs idées ou images.

Mais non-seulement ces *idées*, considérées comme intermédiaires nécessaires dans la perception des objets externes, ne sont pas fondées sur une raison légitime, mais, en outre, ces prétendues images constituent en elles-mêmes une notion contradictoire. « Nous comprenons, dit Reid, ce que serait l'image de la figure des objets visibles dans le cerveau; mais comment concevoir l'image de leur couleur dans un lieu ou règne l'obscurité la plus absolue ? Quant aux autres qualités sensibles, on ne peut même comprendre ce que l'on veut dire par leur image ; qu'on m'explique ce que signifie l'image du chaud et du froid, l'image du dur et du mou, l'image d'un son, d'une odeur, d'une saveur ? Le mot *image*, appliqué à ces qualités, n'a aucune espèce de sens. D'ailleurs les philosophes, en parlant de ce prétendu intermédiaire des idées, se servent d'un langage si mystérieux et si ambigu, que l'on ne comprend pas s'ils le placent dans l'âme ou hors de l'âme, et de toute manière ils retombent dans de nouveaux embarras. » La doctrine de Reid sur la perception est la suivante. L'âme est de telle nature que certaines impressions faites sur les organes de nos sens par les objets extérieurs sont suivies de certaines sensations correspondantes. Ces sensations ne ressemblent pas plus aux qualités de la matière que les mots ne ressemblent aux choses qu'ils désignent. Ces sensations sont suivies de la perception de l'existence et des qualités des corps qui ont fait impression sur l'organe. Toutes les circonstances de ce phénomène sont incompréhensibles. Autant que nous pouvons en juger, le lien établi entre la sensation et la perception, et entre l'impression faite sur l'organe et la sensation, peut bien être considéré comme arbitraire, comme l'effet de la libre volonté de celui qui l'a ainsi établi. Il est donc possible que nos sensations ne soient pas autre chose que les occasions des perceptions qui leur correspondent, et non leurs causes efficientes.

Il est possible que la réflexion sur ces sensations, qui sont de simples modifications de l'âme, ne répande aucun jour sur la manière dont nous acquérons la connaissance de l'existence des corps et de leurs qualités. Il suit de là que notre esprit a la perception immédiate des objets extérieurs et non pas de leurs espèces ou images. Cette doctrine fait disparaître le conflit que Hume a cru découvrir entre l'instinct et la raison. L'esprit perçoit immédiatement les objets extérieurs, comme le croit le sens commun des hommes. Dans ce système, le principe de Hume, qu'il n'y a pas dans la nature de faits en connexion, mais seulement en conjonction, reste intact. Les faits qui se trouvent en conjonction dans le phénomène de la perception sont les suivants : 1° l'impression des objets externes sur les sens; 2° la sensation dans l'âme ; 3° la perception de ces mêmes objets. L'impression des objets sur les sens est la cause physique, ou, si l'on veut, occasionnelle de la sensation : la sensation est la cause de la perception. Il résulte de ceci que la question épineuse : Comment les sensations qui sont dans l'âme nous font-elles percevoir *un dehors?* n'embarrasse point l'école de Reid. La réponse qu'elle y fait est facile. Les deux faits de l'existence de la sensation et de l'existence de la perception immédiate sont deux choses que nous voyons en conjonction, mais non en connexion ; semblables en cela à tous les autres faits de la nature que nous voyons constamment unis. Si j'étends la main sur un globe de marbre, j'éprouve la sensation de froid et celle de résistance, et ces sensations sont immédiatement suivies de la perception d'une chose étendue qui fait impression sur ma main.

Mais si l'impression des objets sur les sens n'est pas en connexion avec la perception de cette impression, quel moyen avons-nous d'être sûrs de la réalité de cette impression, et, par suite, de celle des objets extérieurs? Reid a recours ici aux vérités fondamentales qui forment le dépôt du sens commun. Une de ces vérités est *la fidélité du témoignage des sens*. Tous les hommes croient fermement au témoignage de leurs sens. L'idéalisme nous isole dans la nature; il nous sépare de tous les hommes, de nos amis, de nos parents; il est donc en contradiction avec nos plus tendres affections et avec l'état habituel de notre esprit. Il déclare la guerre au sens commun; mais il ne peut en triompher, parce que l'homme, dans le cours de sa vie, obéit toujours à sa nature et à son instinct, sans se laisser séduire par de semblables spéculations. C'est ainsi que la philosophie que nous exposons, admettant avec Hume qu'il y a seulement conjonction, et non connexion, entre les faits de la nature, essaie d'échapper au résultat sceptique de ce philosophe sur la réalité du monde extérieur. Selon l'école de Reid, nous ne percevons dans les choses que leurs qualités; mais c'est un principe fondamental de notre intelligence, que ces qualités appartiennent à une substance, et ce principe nous assure à la fois et de l'existence de la substance pensante et de celle de la substance étendue.

C'est par une explication analogue qu'on essaie d'établir la ressemblance du futur au passé. Cette ressemblance est aussi une vérité fondamentale. On attend, en général, en certaines circonstances, les mêmes événements qui ont été observés en des circonstances semblables. C'est là un principe d'après lequel tous les hommes jugent et agissent, sans s'inquiéter aucunement de ses fondements. Il y a dans les phénomènes de la nature une certaine uniformité qui sert de base aux règles générales. Ces règles nous mettent en état de prévoir ce qui doit arriver dans le cours naturel des choses. Celui qui annonce le mouvement des planètes, les effets de certains remèdes, le résultat de certaines combinaisons matérielles, fait une espèce de prophétie naturelle.

Le principe de Hume sur la causalité des faits naturels, si on le combine avec la valeur réelle de cet autre principe, *il n'y a pas d'effet sans une cause efficiente*, loin d'être contraire au Théisme, lui est plutôt favorable. Si les corps ne peuvent être ou du moins ne sont pas les causes efficientes des mouvements mutuels qu'ils semblent se communiquer, il s'ensuit que la cause efficiente du mouvement dans la nature est hors de la nature même, et que cette nature a un législateur suprême. Les conclusions sceptiques à l'égard de l'existence d'une intelligence suprême, que Hume déduit de sa doctrine sur la causalité, n'ont aucune valeur, parce qu'elles ne sont pas des déductions légitimes. S'il n'y a pas des causes efficientes dans la nature, les effets que nous y voyons ont donc une cause efficiente hors d'elle. C'est là la conclusion légitime que Hume devait tirer de sa doctrine.

L'analogie, d'ailleurs, nous fournit un argument positif en faveur d'une intelligence suprême. De même que notre nature nous oblige à admettre dans les autres hommes, chez lesquels nous observons les mêmes phénomènes que dans notre propre corps, un esprit semblable au notre; de même cette nature nous oblige aussi à admettre l'existence d'une intelligence suprême, lorsque nous observons dans l'univers des caractères et des phénomènes qui l'annoncent.

Telle est la philosophie du *sens commun* que Reid essaya d'établir et d'opposer au scepticisme de Hume. Vous voyez que, dans cette doctrine, la réalité de nos connaissances repose sur certains principes subjectifs *à priori*, appelés *vérités fondamentales*. Mais cette philosophie mérite d'être exposée avec quelques nouveaux développements.

Descartes, comme je vous le disais dans ma première lettre, trouva la première vérité dans la perception de son propre être. *Je pense, donc je suis.* Il regarda son être ou le sujet de ses pensées comme une donnée de la conscience; il trouva le *je suis* dans le *je pense*. Le *je pense* décomposé équivaut à *je suis existant dans l'état de pensée*. Reid n'accepta pas cette doctrine cartésienne. Le *moi*, dit-il, n'est pas du tout une donnée de la conscience; la conscience ne perçoit que des sensations et des pensées, mais non le sujet pensant lui-même.

Mais si le *moi* n'est pas une donnée de la conscience, comment parvenons-nous à connaître son existence? Y a-t-il donc une connexion nécessaire entre nos sensations ou nos pensées et le sujet auquel appartiennent ces sensations et ces pensées? Non, dit Reid; notre raison ne peut découvrir aucun lien essentiel, aucune connexion nécessaire entre la sensation ou la pensée et l'être qui sent ou pense. Ce n'est ni la possession préliminaire des notions *d'esprit*, de *sensation*, de *pensée*, ni la comparaison de ces notions, qui nous font connaître que l'une de ces notions a le rapport de substance et de sujet, et l'autre celui de mode et d'acte. Tout au contraire une seule de ces deux choses relatives, c'est-à-dire la sensation ou la pensée, nous découvre en même temps et sans aucun préliminaire, et l'autre chose relative et la relation elle-même. L'esprit a donc, conclut Reid, une certaine faculté *d'inspiration* ou de *suggestion*, qui a échappé à la pénétration de presque tous les philosophes, et à laquelle nous sommes redevables d'une infinité de notions simples, qui ne sont ni des impressions, ni des idées, et d'un grand nombre de principes primitifs de croyance.

Cette même faculté de *suggestion*, méconnue par

presque tous les philosophes, nous donne, d'après Reid, outre la connaissance de notre propre existence, celle des corps, et par suite celle du monde extérieur. Ce philosophe s'attache, en conséquence, à relever les erreurs où sont tombés, selon lui, les philosophes qui l'ont précédé, relativement à la perception des objets extérieurs. Les philosophes ont enseigné que dans la perception il se fait une impression sur l'organe, sur les nerfs, sur le cerveau, et même sur l'esprit ; ils pensent que l'objet perçu agit sur l'esprit, et qu'en ceci l'esprit est purement passif, puisque l'objet produit en lui un certain effet. Reid nie cette action de l'objet perçu sur l'esprit. « Lorsque je regarde le mur de ma chambre, dit ce philosophe, le mur n'agit pas, et n'est pas capable d'agir; le fait de le percevoir est un acte ou une opération qui se passe en moi ; voilà la notion la plus simple de la perception... Ainsi donc, de deux choses l'une : ou cette phrase, *Les impressions faites sur l'esprit par les objets extérieurs dans la perception*, est une phrase impropre et qui n'a point de sens distinct, ou bien elle n'exprime qu'une hypothèse destituée de preuves. Par conséquent, tout en accordant que dans la perception il y a impression sur l'organe des sens, sur les nerfs et sur le cerveau, nous n'admettons pas que l'objet fasse une impression sur l'esprit... Pareillement, je vois peu de raison de croire que l'esprit opère sur l'objet. Percevoir un objet et agir sur cet objet sont deux faits distincts, et le premier ne renferme aucunement le second. Dire que j'agis sur ce mur quand je le regarde, c'est un abus de mots manifeste. Les logiciens distinguent deux espèces d'opérations de l'esprit. Les unes ne produisent aucun effet hors de l'esprit, et les autres ont un effet extérieur. Ils appellent les premières actes *immanents,* les autres actes *transitifs*. Il est clair que toutes les opérations intellectuelles appartiennent à la première espèce. » Ainsi donc, conclut Reid, dans la perception des objets externes, ni l'objet perçu n'agit sur l'esprit, ni l'esprit sur l'objet.

Mais le mur ne refléchit-il donc pas les rayons de la lumière, et celle-ci ne produit-elle pas un mouvement dans l'organe visuel, dans les nerfs correspondants et dans le cerveau? Pour ne pas imputer à Reid une contradiction, il faut observer ici qu'il regarde le mur comme la cause physique, mais non efficiente, de la réflexion de la lumière, et la réflexion de la lumière, comme la cause physique, mais non efficiente, du mouvement dans l'organe et, par suite, dans les nerfs et dans le cerveau. Ce mouvement doit être considéré comme un fait dans le corps, suivi d'un autre fait dans l'esprit, qui est, dans l'exemple adopté, la perception du mur. Entre ces deux faits cependant s'interpose un autre fait dans l'esprit même, la *sensation,* que Reid s'attache à distinguer de la *perception.*

Dans le premier chapitre du premier Essai sur les Facultés intellectuelles, Reid explique la signi-

fication du mot *sensation* de la manière suivante :
« Le mot *sensation* est le nom donné par les philosophes à un acte de l'esprit, qui diffère de tous les autres, en ce qu'il n'a point d'objet distinct de lui-même. La douleur est une sensation désagréable : quand je l'éprouve, je ne saurais dire qu'elle soit une chose, et que le fait de la sentir en soit une autre; la douleur et le sentiment que j'en ai sont une seule et même chose, et l'imagination même ne peut les séparer. La douleur, quand elle n'est pas sentie, n'existe pas : en nature, en degré, en durée, elle est telle que nous la sentons; elle ne peut exister par elle-même, ni ailleurs que dans un être sensible; aucune qualité des êtres inanimés n'a la moindre analogie avec elle. Ce que nous avons dit de la douleur s'applique à toutes les sensations. »

Arrêtons-nous ici pour développer plus clairement cette notion de la sensation. La sensation, dit Reid, est un *acte de l'esprit*. D'après cette explication, il semblerait que l'esprit est considéré comme actif dans la sensation. Cependant ce philosophe, dans le deuxième chapitre, section X, de ses Recherches sur l'Entendement Humain, s'étant donné à résoudre cette question, *Si l'esprit est actif ou passif dans la sensation*, écrit : « Je crois que les philosophes modernes admettent généralement que dans la sensation l'esprit est entièrement passif; et cela est vrai en ce sens, que nous ne pouvons exciter aucune sensation dans notre esprit par le simple fait de notre volonté, et que, d'autre part, il paraît impossible d'éviter la sensation, lorsque l'objet qui est de nature à l'exciter est présent. Cependant, il paraît également très-vrai que, selon que l'attention est plus ou moins portée vers la sensation, ou qu'elle en est plus ou moins détournée, cette sensation est plus ou moins perçue par la conscience, et plus ou moins rappelée dans le souvenir. » L'auteur cependant ne semble pas satisfait de cette solution, car il ajoute : « Bien que les Péripatéticiens n'eussent aucune bonne raison pour supposer un intellect actif et passif (puisque l'attention peut être considérée comme un acte de la volonté), cependant j'incline à croire qu'en soutenant que l'esprit, dans la sensation, est moitié actif et moitié passif, ils sont plus près de la vérité que les modernes qui affirment qu'il est purement passif. »

Mais ceci ne me paraît pas une solution satisfaisante de la question. L'attention est un acte commandé par la volonté, mais elle n'est pas un acte de la volonté; de plus, la sensation est l'objet sur lequel opère l'attention, et la question concerne la sensation, et non l'attention.

La sensation, demanderais-je à Reid, est-elle distincte de la conscience de la sensation même? Il me semble, en effet, qu'il confond la sensation avec la conscience de la sensation. Quand j'éprouve une sensation, dit-il, je ne saurais dire qu'elle soit une chose et que le fait de la sentir en soit une autre. Ceci revient à affirmer que la sensation et le sentiment ou la conscience de la sensation sont la même chose. Mais, d'après d'autres passages, on pourrait conclure le contraire.

La sensation, dit encore ce philosophe, diffère de tous les autres actes de l'esprit, en ce qu'elle n'a pas un objet distinct d'elle-même. La plupart des opérations intellectuelles, selon lui, ont pour caractère d'avoir toujours un objet auquel elles s'appliquent. Ainsi, il faut que celui qui perçoit perçoive quelque chose, et ce qu'il perçoit s'appelle l'objet de sa perception; percevoir sans un objet de perception est une chose impossible. L'esprit qui perçoit l'objet perçu, et l'opération par laquelle il est perçu, sont trois choses différentes. Selon Reid, l'impression sur le corps est suivie de la sensation dans l'âme; la sensation se borne à modifier l'âme sans lui rien révéler d'extérieur; mais chacune de nos sensations est un signe naturel qui, sans aucun préliminaire et par la seule faculté de *suggestion* dont nous avons parlé, nous donne soudainement le concept d'une existence extérieure, et non-seulement le concept de cette existence, mais encore la persuasion invincible de sa réalité.

Reid adopta la distinction des qualités premières et des qualités secondes des corps, enseignée par Descartes et Locke, et il soutint que la sensation et la perception sont nécessaires pour la connaissance des unes et des autres. « Si j'appuie fortement la main sur une table, je sens de la douleur et je sens que la table est dure; la douleur est une affection de mon âme, et il n'y a rien dans la table qui y ressemble ; mais la dureté est dans la table, et il n'y a rien dans mon âme qui ressemble à cette qualité. Le mot *sentir* s'applique à la douleur et à la dureté, mais d'une manière différente. Appliqué à la douleur, il exprime l'état de l'âme qui éprouve la sensation; appliqué à la dureté, il exprime l'acte de l'esprit qui perçoit la qualité. » Comment la sensation, qui est en moi, me donne-t-elle la connaissance de l'étendue et de la solidité, qui sont hors de moi, qui existaient avant ma sensation, et qui continueront d'exister après que ma sensation sera évanouie ? Ce résultat est dû à la faculté de *suggestion* dont nous sommes doués.

« Lorsque, dit Reid, j'éprouve la sensation de l'odeur d'une rose, il se passe en moi deux choses, c'est-à-dire une sensation et une perception : l'odeur agréable que je sens, considérée en elle-même et sans aucun rapport à la rose, est la sensation proprement dite; elle me modifie d'une certaine façon, et cette affection n'a rien de commun avec la rose, ni avec aucun autre objet... L'expérience m'enseigne que la sensation est excitée par la présence de la rose, et qu'elle s'évanouit quand la rose s'éloigne. Les principes de ma nature me font conclure de là qu'il y a dans la rose une qualité qui est la cause de la sensation.

« Cette qualité de la rose est l'objet perçu; et l'opération de mon esprit, par laquelle je crois à l'existence de cet objet, est ce que nous appelons ici *perception*. »

Ainsi donc dans la perception nous trouvons trois choses : 1° une certaine connaissance ou notion de l'objet perçu ; 2° une conviction irrésistible et une ferme croyance de l'existence actuelle de cet objet ; 3° cette conviction et cette croyance sont immédiates, et ne sont pas l'effet du raisonnement.

Il y a de notables différences entre la perception des qualités premières et celle des qualités secondes. « La réflexion, dit Reid, nous rend le témoignage que nous savons parfaitement ce que c'est que l'étendue, la divisibilité, la figure et le mouvement. La solidité d'un corps n'est que la propriété qu'il a d'exclure tout autre corps du lieu qu'il occupe dans l'espace. Sa dureté, sa mollesse, sa fluidité, ne sont que les différents degrés de la cohésion de ses parties : il est fluide si la cohésion n'est pas sensible ; il est mou, si elle est faible ; il est dur, si elle est forte. Nous ignorons quelle est la cause de la cohésion, mais nous comprenons nettement la cohésion elle-même, qui nous est immédiatement révélée par le sens du tact. Nous avons donc des notions claires et distinctes des qualités primaires ; si nous ignorons quelles sont leurs causes, nous savons parfaitement en quoi elles consistent.

« J'observe, en second lieu, que la notion que nous avons des qualités primaires est directe, et non relative. La notion relative d'une chose n'est point, à proprement parler, la notion de cette chose : elle est seulement la notion d'un de ses rapports avec une autre chose.....

« Il en est autrement des qualités secondaires. Si l'on me demande quelle est dans la rose cette qualité qu'on appelle son *odeur*, je ne puis répondre directement. Je trouve, en y pensant, que j'ai une notion distincte de la sensation que cette qualité produit en moi ; mais la rose n'étant point sensible, rien de semblable à cette sensation ne peut exister en elle. La qualité qui est en elle est donc quelque chose qui occasionne en moi la sensation. Mais en quoi consiste ce quelque chose ? je l'ignore ; mes sens ne me l'apprennent point. Ainsi, la seule notion qu'ils me donnent, c'est que l'odeur dans la rose est une qualité inconnue, qui est la cause ou l'occasion d'une sensation que je connais fort bien. Ce rapport de la qualité inconnue à la sensation connue est tout ce que l'odorat m'en apprend ; or, cette notion est évidemment relative. Le même raisonnement peut s'appliquer à toutes les qualités secondaires. »

Telle est la doctrine de Reid relativement à la réalité de notre connaissance du monde sensible. Je ne peux m'empêcher de vous faire observer que, suivant cette doctrine, on ne peut pas dire, si on veut parler avec propriété, que nous connaissons le monde extérieur par le moyen de nos sens. En effet, par le moyen de nos sens nous ne recevons que des sensations ; mais les sensations ne nous révèlent rien d'extérieur ; cette révélation appartient à notre faculté de *suggestion* ou d'*inspiration,* qui nous donne la perception des choses hors de nous, perception qui vient à la suite des sensations, mais qui n'est pas en connexion avec elles.

Voyons maintenant sur quel principe Reid appuie la connaissance de Dieu. En premier lieu, la faculté de Suggestion, qui nous donne la substance, nous donne aussi la cause efficiente. Sitôt que nous voyons que quelque chose commence d'être, cette faculté nous suggère l'idée d'une cause, et nous force à croire à son existence. C'est donc à cette faculté que nous devons le principe métaphysique : *Tout ce qui a un commencement d'existence est nécessairement produit par une cause.* Ce principe est une vérité primitive nécessaire, mais non identique. Nous devons encore à cette même faculté cet autre principe métaphysique : *Les signes évidents d'intelligence et de dessein dans l'effet prouvent un dessein et une intelligence dans la cause.*

L'intelligence, le dessein, l'art, dit Reid, ne sont pas des objets des sens, et la conscience ne peut nous les révéler nulle part qu'en nous-mêmes. Il n'est pas non plus exact de dire que nous avons la conscience des talents naturels ou acquis que nous possédons ; nous avons seulement la conscience des opérations de notre esprit dans lesquelles ils se développent. On connaît sa propre capacité précisément de la même manière qu'on découvre celle des autres, au moyen des effets qu'elle produit lorsque les occasions de l'exercer se présentent. Celui-là est sage pour nous dont les actions et la conduite offrent des signes de sagesse. L'argument en faveur de l'existence de Dieu le plus propre à faire impression sur les esprits droits, est, selon Reid, le suivant : « Le dessein et l'intelligence » dans la cause peuvent être conclus avec certitude » des marques de dessein et d'intelligence dans » l'effet. » C'est là un principe rationnel métaphysique, indémontrable, mais non identique. Nous pouvons l'appeler la majeure de l'argument.

« Or, des marques évidentes d'intelligence et de » sagesse sont répandues dans toutes les œuvres de » la nature; »

Ceci est la mineure de l'argument.

« En conséquence, les œuvres de la nature sont » les effets d'une cause intelligente et sage. »

Vous voyez clairement que les deux prémisses de cet argument nous sont toutes deux fournies, selon Reid, par la faculté de suggestion dont il suppose notre esprit doué.

M. Jouffroy a donné une traduction française de toutes les œuvres de Reid. La doctrine précédemment exposée se trouve dans les *Recherches sur l'Entendement Humain*, et dans les *Essais sur les Facultés de l'Esprit Humain*.

LETTRE XII.

COMMENT LA DOCTRINE DE HUME ET CELLE DE REID CONDUISIRENT KANT AU TRANSCENDANTALISME.

J'ai maintenant à vous faire connaître la liaison du Criticisme de Kant avec le scepticisme de Hume, et comment ce dernier système, examiné et combattu par Reid, a contribué à produire l'autre.

Le philosophe de Kœnigsberg fait raisonner Hume de la manière suivante : La causalité *métaphysique* n'est pas dans les choses observées; elle est donc un produit de l'imagination, résultant de l'habitude.

Ce raisonnement, dit Kant, est inexact; il fallait procéder autrement, et dire : La causalité n'est pas dans les choses observées, elle est donc dans l'observateur. Mais ici Kant méconnaît la pensée de Hume. Le raisonnement de ce dernier philosophe, comme je vous l'ai dit dans la neuvième lettre, est tout différent de celui que lui prête Kant. La causalité *métaphysique*, dit-il, n'est pas dans les choses observées; elle ne peut donc être dans l'observateur, qui reçoit tout des choses observées.

Reid comprit mieux la pensée de Hume, et y opposa un raisonnement exact, en disant : La causalité métaphysique est un fait dans notre entendement ; elle ne dérive pas des choses observées ; elle est donc une loi subjective de l'observateur. Kant prétend que Reid n'a pas compris l'état de la question. On ne disputait pas, dit-il, sur l'existence du concept de causalité, mais sur l'origine de ce concept. Pas du tout. Hume, ne pouvant trouver l'origine de ce concept dans l'expérience, en nia l'existence. Par conséquent le reproche que Kant fait à Reid porte à faux.

Le principe de causalité étant, selon Kant, dans l'observateur, ce philosophe chercha à en découvrir la nature. Le principe *Il n'y a pas d'effet sans cause*, s'est-il dit, est-il un jugement identique? Je ne vois pas dans la notion d'un effet, qui est celle d'un fait, la notion d'un autre fait qui serait la cause. Ce jugement n'est donc pas identique ; c'est un jugement dans lequel on joint au sujet un prédicat qui ne se trouve pas dans ce sujet ; c'est, en conséquence, un jugement additionnel, ou, comme l'appelle Kant, un *jugement synthétique*.

En outre, ce jugement est nécessaire et, par conséquent, *à priori* ; il faut donc admettre des jugements synthétiques *à priori*. L'existence de ces sortes de jugements fut le premier résultat que Kant obtint de l'examen de la doctrine de Hume. Reid, avant Kant, avait déjà tiré du même examen un résultat semblable; et il y a lieu d'être surpris que le philosophe allemand ne reconnaisse pas ce qu'il doit sur ce point au philosophe écossais. Le principe de Causalité, selon Reid, est dans l'observateur, et non dans les choses observées. Ce principe, selon Reid encore, n'est pas identique. Mais s'il n'est pas identique, ajouta Kant, il est *synthétique*.

L'existence des jugements synthétiques *à priori* étant un des articles fondamentaux du Criticisme, il convient de développer ce point avec la plus grande clarté.

Il y a des jugements dans lesquels le concept du prédicat est compris dans le concept du sujet. Si, par exemple, après avoir défini le triangle une figure à trois côtés, vous ajoutez : Le triangle est une figure, ou bien : dans le triangle il y a trois côtés; dans ces deux jugements, le concept du prédicat est compris dans le concept du sujet, car le premier peut être exprimé de cette autre manière : *Une figure à trois côtés est une figure;* et le second, de cette autre manière aussi : *Une figure qui a trois côtés a trois côtés.* Dans ces deux exemples, il est évident que le concept du prédicat fait partie du concept du sujet. Kant appelle ces jugements *jugements analytiques*, et comme ils sont nécessaires et indépendants de l'expérience, ils s'appellent encore *jugements analytiques à priori.* Ces jugements sont tous fondés sur le principe de contradiction; car il y aurait contradiction à poser le concept du sujet, sans poser celui du prédicat qui est compris dans le premier; et ils s'appellent Analytiques, parce qu'ils ne font que décomposer le concept du sujet, et que le concept seul du sujet suffit pour les réaliser. Ainsi donc, lorsque le concept du prédicat ne se retrouve pas dans celui du sujet le jugement ne peut être analytique.

Mais existe-t-il des jugements dans lesquels le concept du prédicat ne se trouve pas contenu dans celui du sujet? Hume a observé que, dans tous les faits d'expérience qui nous manifestent les causes et les effets de la nature, nous ne saurions jamais trouver l'idée de l'effet dans celle de la cause. Par conséquent, les jugements relatifs aux faits de ce genre ne sont pas des jugements analytiques, parce que le concept du prédicat ne peut se trouver dans celui du sujet. Un corps fluide et transparent, que j'appelle eau, étanche la soif et sert à la nutrition des plantes et des animaux. Or, dans le concept de corps fluide et transparent, on ne peut certainement pas trouver celui de la satisfaction de la soif et de la nutrition des êtres organisés; ce qui revient à dire que le concept de l'effet, qui est la satisfaction et la nutrition des corps vivants, n'est pas compris dans le concept de la cause, qui est ici celui de l'eau, c'est-à-dire d'un corps fluide et transparent. Tous les cas relatifs aux causes et aux effets, dans la nature, sont, suivant Hume, de cette espèce. Par conséquent, les jugements relatifs à ces cas ne peuvent jamais être des jugements analytiques. Kant les appelle *jugements synthétiques*, c'est-à-dire Additionnels, parce qu'ils ajoutent au concept du sujet celui du prédicat. Dans l'exemple cité : *Un corps fluide et transparent étanche la soif*, on joint au concept du sujet, qui est celui d'un corps fluide et transparent, le concept du prédicat qui n'y est pas compris, c'est-à-dire celui de pouvoir *étancher la soif.* Un tel jugement est donc synthétique. L'expression générale de tous les jugements de causalité est la proposition suivante : *Tout effet est produit par une cause*, ou bien : *Toute cause est suivie de son effet.* Ces propositions, exprimant tous les jugements particuliers de causalité, doivent, selon Kant, exprimer un jugement synthétique plus général. En effet, dit-il, on entend par Effet un fait quelconque ; or, comme la notion d'un fait ne contient nullement la notion d'un autre fait, la notion de l'effet ne se trouve donc pas comprise dans celle de la cause ; et la proposition, *Tout effet a une cause*, n'exprime pas un jugement analytique, mais un jugement synthétique. Il en est de même de l'autre proposition : *Toute cause est suivie de son effet.* Toutes ces propositions exprimant des jugements nécessaires, et, en conséquence, des jugements *à priori*, il faut donc admettre des jugements *synthétiques à priori*.

Kant rechercha ensuite si d'autres jugements *à priori* sont également synthétiques ; et le résultat de son investigation fut que les mathématiques pures reposent sur des principes synthétiques *à priori ;* que la physique a aussi besoin de principes de ce genre ;

et enfin que la métaphysique a aussi pour base des jugements synthétiques *à priori*.

C'est un des principes de la géométrie que la ligne droite est le plus court chemin entre deux points ; or, ce principe, selon Kant, est un jugement synthétique. En effet, dans le concept de la ligne droite ne se trouve pas compris celui de *plus court chemin*. Ce prédicat est donc ajouté au sujet. Tel est le raisonnement de Kant.

L'arithmétique, continue-t-il, suppose aussi des jugements de cette nature. Le jugement, *sept et cinq font douze*, est synthétique, car vous ne trouvez pas le concept de *douze* dans le concept de *sept* plus *cinq*. Pour vous en assurer, remarquez que, avant de compter, vous ne sauriez dire que sept plus cinq fassent douze. En effet, si on vous donnait à additionner des nombres très-grands, vous ne pourriez pas certainement en indiquer le total avant d'avoir exécuté le calcul. Par conséquent, dans ces jugements, le concept seul du sujet n'est pas suffisant pour fournir le concept du prédicat ; ce qui est le contraire de ce qui arrive dans les jugements analytiques. Les jugements arithmétiques sont donc synthétiques ; ils sont également *à priori*, puisqu'ils sont nécessaires. Les mathématiques pures reposent donc sur des jugements synthétiques *à priori*.

L'école écossaise avait, avant Kant, nié que les jugements arithmétiques soient identiques. Dugald-Stewart, par exemple, soutient qu'il n'est pas exact de dire que cette simple équation $2 + 2 = 4$ puisse être représentée par la formule $A = A$.

Des mathématiques pures, le philosophe de Kœnigsberg passa à l'examen de la physique générale. Il crut que cette science reposait également sur certains principes synthétiques *à priori*, dont il cite les deux suivants pour exemple : *Dans tous les changements des corps, la quantité de la matière reste toujours la même.* — *La réaction est toujours égale à l'action*. Ces principes, dit Kant, sont nécessaires et, par conséquent, *à priori;* et ils sont en outre synthétiques parce que le concept du prédicat ne se trouve pas dans celui du sujet.

La métaphysique est aussi, selon Kant, entièrement fondée sur des principes synthétiques *à priori*. Mais je vous parlerai de ce dernier point dans une autre lettre.

Concluons. Le premier résultat que Kant obtint de l'examen de la doctrine de Hume fut l'existence des jugements synthétiques *à priori*, qui sont les fondements des mathématiques pures, de la physique pure et de la métaphysique. Mais s'il existe des jugements synthétiques *à priori*, la philosophie doit chercher comment ils sont possibles. Le problème général de la raison pure est donc celui-ci : *Comment sont possibles les jugements synthétiques à priori*. Ce problème peut se résoudre en ces autres problèmes plus particuliers : *Comment les mathématiques pures sont-elles possibles ?* — *Comment la physique pure est-elle possible ?* — *Com-*

ment la métaphysique est-elle possible ? Voilà comment l'examen de la doctrine de Hume conduisit Kant à la philosophie transcendantale, laquelle consiste tout entière dans la solution des problèmes énoncés, ou dans celle du problème général de la possibilité des jugements synthétiques *à priori*.

Mais comment les jugements synthétiques *à priori* sont-ils possibles ? Il est certain, d'après ce que nous avons dit, qu'il y a des jugements synthétiques d'expérience; or, ceux-ci ne sont possibles que par le moyen de l'expérience, c'est-à-dire de l'intuition empirique. Comment pouvons-nous juger que l'eau étanche la soif et nourrit les végétaux et les animaux, sinon parce que nous voyons par l'expérience que la chose est ainsi ? C'est donc l'intuition empirique qui rend possibles les jugements synthétiques empiriques. Si dans les jugements synthétiques, le prédicat ne peut se retrouver dans le concept du sujet, il faut nécessairement qu'il y ait un moyen de l'y ajouter; et ce moyen ne peut être autre chose qu'une intuition. Si l'intuition est empirique, c'est-à-dire jointe à la sensation, le jugement qui en résulte sera synthétique empirique. Il suit de là que, pour former un jugement synthétique *à priori*, il faut une intuition *à priori*, qui seule rend possibles ces jugements. Mais une intuition *à priori* est-elle possible ? On ne peut voir une chose, si cette chose ne nous est pas présente, c'est-à-dire ne nous est pas donnée; et, dans ce cas, l'intuition est empirique; elle n'est pas *à priori.* L'intuition *à priori*, dit Kant, n'est possible que comme *forme*, c'est-à-dire comme mode de l'intuition empirique. Les modes de notre perception doivent être en nous *à priori*. Ces modes ou formes des intuitions empiriques peuvent s'appeler *intuitions pures*; et c'est par leur moyen que les jugements synthétiques *à priori* sont possibles. Pour découvrir ces intuitions pures nous avons une règle certaine. C'est celle qui nous sert à distinguer ce qu'il y a de pur et de subjectif dans notre connaissance de ce qu'il y a d'objectif et d'empirique. Tout ce qui est nécessaire et universel vient du sujet; tout ce qui est accidentel et variable vient de l'objet. Les intuitions de l'espace et du temps ont les caractères de nécessité et d'universalité, comme nous l'avons vu dans la lettre cinquième; elles sont donc des intuitions pures qui rendent possibles les jugements synthétiques *à priori*.

Les jugements synthétiques *à priori* étant des jugements, leur possibilité est soumise aux mêmes conditions que la possibilité de tout jugement quel qu'il soit. Maintenant, le jugement consiste à réunir sous un concept plus élevé ou plus universel la diversité des représentations fournies par la sensibilité. Ces concepts sont les concepts purs et peuvent s'appeler catégories. Ces catégories dont je vous ai parlé longuement (lettre vii) sont au nombre de douze. L'application des catégories est donc nécessaire pour la possibilité des jugements synthétiques *à priori*. C'est dans cette application que consiste le *schématisme* dont il a été question dans la lettre septième. Les jugements synthétiques *à priori* sont donc possibles par le schématisme pur de l'entendement. Le géomètre reconnaît l'évidence de ses propositions en construisant ses concepts dans l'espace. L'arithméticien, deux nombres lui étant donnés, en trouve un troisième au moyen de l'intuition du calcul. Tout ce procédé consiste à élever à des concepts les intuitions pures de l'espace et du temps, en y posant des déterminations par l'application des catégories.

Voilà comment l'Esthétique transcendantale et l'Analytique transcendantale des concepts, et toute la Critique de la Raison Pure sont sorties de l'examen de la doctrine de Hume sur la causalité.

La doctrine des jugements synthétiques *à priori* a aussi un rapport étroit avec certaines opinions philosophiques de l'époque antérieure, relativement à l'utilité des vérités nécessaires pour l'accroissement de notre connaissance. La philosophie que Locke essaya d'établir offre plusieurs imperfections. Ce philosophe regarda comme frivoles toutes les propositions identiques; et non-seulement celles qui sont identiques dans les termes, comme celle-ci, *une figure à trois côtés est une figure*, mais encore celles qui le sont dans la pensée, c'est-à-dire dans lesquelles l'idée du prédicat est renfermée dans l'idée du sujet. Pour Locke, les seules propositions instructives sont celles où le prédicat est une conséquence nécessaire de l'idée complexe du sujet, sans être pour cela contenu dans cette idée. Mais, comment cela peut-il être? Et comment pouvons-nous sortir de l'idée du sujet pour y joindre une autre idée? Kant s'occupa de cette question, et arriva aux jugements synthétiques *à priori*. Je ne discute point ici la doctrine de Locke ni celle de Kant; je vous fais seulement remarquer la liaison des doctrines que je vous expose.

Condillac se plaça, sur cette question, à un point de vue diamétralement opposé à celui de Locke. Toutes les propositions ne sont, selon lui, que la même idée exprimée différemment. Mais si la chose est ainsi, demande-t-on à Condillac, en quoi le raisonnement spéculatif est-il instructif? L'inconnu, dit-il, auquel on arrive en raisonnant est la même chose que le connu dont on part. Cette solution n'est certes guère satisfaisante. Si l'inconnu est la même chose que le connu, je ne sais rien de plus après avoir raisonné que ce que je savais avant. L'insuffisance des solutions de Locke et de Condillac sur la manière dont le raisonnement pur est instructif, peut, ainsi que la doctrine kantienne des jugements synthétiques *à priori*, faire sentir le besoin d'une nouvelle solution de ce problème.

Après avoir établi la possibilité des jugements synthétiques *à priori*, au moyen de l'application des catégories aux intuitions pures du temps et de l'espace, Kant donne l'exposition systématique de ces principes conformément à la table des catégories.

Le principe suprême de tous les jugements synthétiques est celui-ci : *Tout objet est subordonné aux conditions nécessaires de l'unité synthétique du multiple de l'intuition dans une expérience possible.* Pour ne pas vous laisser étourdir par ce tourbillon de mots, remarquez que l'objet, selon la philosophie transcendantale, est la même chose que le *concept empirique*, et que le concept empirique est la même chose que l'unité synthétique du multiple de l'intuition dans une expérience possible.

Les conditions nécessaires de cette unité synthétique sont donc les conditions de la formation du concept empirique, et ces conditions sont celles de la possibilité de l'objet. Mais où tend enfin ce langage énigmatique? Cela signifie que les jugements synthétiques *à priori* sont les lois de l'expérience, ou ont un rapport à une expérience possible, c'est-à-dire encore peuvent être réalisés dans l'expérience. Ce rapport à une expérience possible est, selon Kant, essentiel à ces jugements. Lorsque le géomètre voit *à priori* que la ligne droite est la plus courte qu'on puisse tirer entre deux points, il peut vérifier ce principe dans toute expérience possible, en mesurant la ligne en question. Lorsque l'arithméticien voit que sept plus cinq fait douze, il peut vérifier ce principe dans tous les cas particuliers que l'expérience présente. C'est donc un principe suprême de tous les jugements synthétiques *à priori* qu'ils puissent avoir la réalité dans l'expérience. Les catégories servent à construire les objets de l'expérience, et les principes ne sont autre chose que les conditions ou les lois par lesquelles les catégories ont une valeur objective dans l'expérience. Kant divise ces principes, 1° en *axiômes de l'intuition ;* 2° en *anticipations de la perception ;* 3° en *analogies de l'expérience ;* 4° en *postulats de la pensée empirique en général.*

Le principe des Axiômes de l'Intuition est : *Tout phénomène, c'est-a-dire tout objet consiste dans la grandeur extensive.* Les objets sont les corps extérieurs et le *moi.* Les corps ont une grandeur extensive, et le *moi* également, car il se présente à la conscience comme circonscrit et comme existant dans un espace et un temps déterminés. L'espace et le temps sont des éléments nécessaires pour la formation des objets de l'expérience, et il suit de là que tout objet, existant dans un temps donné et dans un espace donné, doit avoir une grandeur *extensive.*

Le principe des Anticipations de la Perception est : *Le réel de tout ce qui apparaît a un degré,* c'est-à-dire une grandeur *intensive ;* ou, en d'autres termes, toute sensation a un degré.

Le principe des Analogies de l'Expérience est : *L'expérience est possible seulement par la représentation d'une connexion nécessaire entre les perceptions.* Ces analogies sont au nombre de trois : 1° *Dans tous les changements phénoménaux, la substance persiste, et sa quantité n'augmente ni ne diminue.* 2° *Tous les changements arrivent selon la loi de conjonction entre cause et effet.* 3° *Toutes les substances, en tant qu'on peut les percevoir ensemble dans l'espace, exercent une action réciproque universelle.*

Il ne peut y avoir d'expérience, c'est-à-dire un jugement expérimental, si on ne lie ensemble les diverses perceptions. Les modes de cette conjonction sont en nous, et parmi ces modes se trouvent les catégories de Substance et Accident, de Cause et Effet, et celle de Communauté. Ces catégories servent à réunir les perceptions; mais elles existent *à priori,* et sont les conditions de la possibilité de l'expérience. Par conséquent, l'expérience n'est pas possible sans la représentation *à priori* d'une connexion nécessaire entre nos perceptions; et cette représentation s'accomplit par le moyen des catégories. De là naissent les trois analogies exposées. Reid admit aussi une synthèse nécessaire entre la modification et la substance, entre l'effet et la cause. Or, une telle synthèse est indispensable pour former un jugement expérimental. Les termes abstraits ne peuvent s'affirmer l'un de l'autre. On ne peut pas dire : *La blancheur est le poids.* Pour former une connaissance expérimentale, il est nécessaire d'avoir un concret — *Ce qui est blanc est pesant.* Ainsi, la connexion nécessaire entre l'accident *(le poids)* et une substance *(la chose blanche)* est indispensable pour ce jugement. Pareillement sans la causalité vous ne pourriez pas dire : *Le feu brûle le bois*.

Les Postulats de la Pensée Empirique sont : 1° *Ce qui s'accorde avec les conditions formelles de l'expérience est* possible ; 2° *Ce qui est en connexion avec les conditions matérielles de l'expérience est positif* ; 3° *Ce dont la connexion avec le positif est déterminée selon les conditions universelles de l'expérience est* nécessaire.

Le possible, selon Kant, est ce qui peut s'effectuer dans l'expérience. Dans l'école de Leibnitz, le *possible* consiste dans la seule absence de la contradiction ; mais cette condition ne suffit pas, selon Kant : il faut de plus que le concept puisse se réaliser dans l'expérience. L'existence dans l'homme d'une faculté de connaître, sans l'intermédiaire des signes extérieurs, les pensées d'un autre homme, n'est pas certainement un concept contradictoire, et, par conséquent, selon Leibnitz, une telle faculté serait possible ; mais elle n'est pas telle pour Kant, parce qu'on n'en peut pas voir la réalisation dans l'expérience. Ainsi donc, pour qu'une chose soit considérée comme possible, il faut qu'elle s'accorde avec les conditions formelles de l'expérience, puisque sans cela elle ne pourra jamais s'effectuer dans l'expérience.

La réalité de notre connaissance consiste, d'après Kant, dans les perceptions sensibles. Si je vois avec mes yeux la fumée, celle-ci est un objet réel pour moi ; mais la fumée, selon les lois matérielles de l'expérience, est en connexion avec le feu ; celui-ci est donc également *positif*. C'est une loi empirique que le choc mutuel des corps produit du mouvement ; et on raisonne en conformité de cette loi lorsque de la perception du mouvement de la limaille de fer vers l'aimant on conclut l'existence du fluide magnétique.

Un corps pesant, non soutenu, tombe nécessairement. La chute du corps est un effet produit par son poids. Or, la loi que toute cause produit l'effet, ou est suivie de l'effet, est une loi universelle de l'expérience. La chute du corps pesant est en connexion avec le positif, qui est le poids, selon la loi de causalité, qui est une loi universelle de l'expérience. Tout évènement dans la nature suppose nécessairement une cause dont il dérive, et un effet qui le suit. Cette cause et cet effet sont en connexion avec le positif suivant une loi universelle de l'expérience, qui est la causalité. Cette cause et cet effet sont donc nécessaires. La nécessité, ajoute Kant, ne s'étend pas au-delà.

Tous ces principes synthétiques ne sont en définitive autre chose que les lois de la synthèse de l'entendement, par laquelle celui-ci construit les objets de la nature phénoménale ; ils ne sont que le *schématisme* des catégories.

Kant a cru que sa Critique échappait aux résultats sceptiques de la doctrine de Hume. Celui-ci avait jugé impossible d'établir une connexion entre les données de l'expérience et, par conséquent, d'admettre des lois générales dans la nature. Kant, ayant recours aux lois subjectives de la synthèse intellectuelle, et ajoutant que ces lois acquéraient dans leur combinaison avec les éléments objectifs une valeur réelle, a cru avoir évité le scepticisme. La nature, suivant lui, a des lois générales que l'esprit connaît *à priori*; et les données de l'expérience sont objectivement en connexion. C'est, par exemple, une loi générale de la nature que tous les phénomènes aient une quantité extensive; que toute sensation ait un degré; que, dans tous les changements de la nature, la quantité de matière reste la même; que tout événement dérive d'un autre qui le précède; que les choses simultanées ont une communauté d'action réciproque. C'est ainsi que Kant s'est flatté d'échapper au scepticisme de Hume.

Mais ajoutons ici quelques réflexions pour nous aider à bien comprendre le sens du Criticisme.

Les lois dont parle Kant ne sont que les lois de la nature apparente, et non les lois de la nature considérée en elle-même. Ces lois sont les lois subjectives de la synthèse par laquelle nous construisons le monde sensible. Tout cet appareil de principes que nous étale le Criticisme ne nous apporte pas la plus petite connaissance des choses en elles-mêmes; il nous laisse dans ce cercle d'apparences que le scepticisme ne nous conteste pas, et se réduit à rendre l'apparence de l'avenir constamment semblable, sous certains rapports, à celle du passé;

ressemblance que Hume abandonne au seul instinct. Nous sommes sûrs, selon le Criticisme, que nous ne percevrons rien par le sens externe que dans l'espace; que nous ne percevrons rien par le sens interne que dans le temps; que l'espace et le temps seront deux représentations indélébiles. Nous sommes sûrs que toute sensation aura un degré ou une grandeur intensive. Il en est de même de tous les autres principes synthétiques *à priori;* ils ne sont que les conditions nécessaires de toute expérience possible.

Kant nous parle de *lois empiriques*, de *conditions matérielles de l'expérience.* Mais je ne comprends pas ce que signifient ces expressions au point de vue du Criticisme. Les sensations, qui forment la seule partie empirique de nos connaissances, sont par elles-mêmes isolées et séparées; elles n'ont en soi rien qui les détermine à se réunir dans un mode plutôt que dans un autre; leur synthèse est l'œuvre de l'intelligence humaine; les modes de cette synthèse sont *à priori* dans notre entendement, et c'est notre entendement qui donne des lois à la nature phénoménale. Ce sont là tout autant de principes fondamentaux du Criticisme. Que sont donc ces lois empiriques ou conditions matérielles de l'expérience? Un corps, par exemple, peut choquer un autre corps, et celui-ci se meut. C'est là, dit-on, une loi empirique; mais pas du tout, selon les règles mêmes du Criticisme. Le mouvement du corps choquant précède celui du corps choqué, parce que nous l'avons placé dans un instant de temps antérieur à celui du mouvement de l'autre; et nous l'avons placé ainsi parce que nous avons ordonné ces deux événements d'après la Relation Catégorique de causalité, prenant le premier pour cause et le second pour effet. Cette loi est donc subjective; elle n'est empirique qu'en tant qu'elle se trouve jointe aux sensations. Si vous me donnez des caractères d'imprimerie, l'ordre dans lequel je les place vient de moi; il est empirique seulement en ce que les caractères me sont donnés, car ils n'ont rien en eux-mêmes qui les détermine à être combinés d'une manière plutôt que d'une autre. La combinaison des caractères dépend donc de l'imprimeur; les lois de cette combinaison sont donc subjectives, et elles deviennent objectives dans les caractères disposés dans un mode déterminé. Où sont donc ces lois empiriques, distinctes des lois *à priori* de l'expérience? Il serait à souhaiter que les philosophes, avant de produire leurs systèmes, fissent en sorte de se mettre d'accord avec eux-mêmes.

LETTRE XIII.

DOCTRINE DE KANT SUR LA POSSIBILITÉ DE LA MÉTAPHYSIQUE OU DIALECTIQUE TRANSCENDANTALE DE CE PHILOSOPHE.

Je me propose de vous faire connaître dans cette lettre la Dialectique Transcendantale de Kant. Le sujet est important et réclame beaucoup d'attention.

Le mot *métaphysique*, dans son sens le plus étroit, signifie la science des choses invisibles et qui sont au-delà des limites de l'expérience. Or, de quel droit l'esprit passe-t-il des choses visibles, c'est-à-dire expérimentales, aux choses invisibles et soustraites à l'expérience? Le pont de ce passage consiste, selon Hume, dans la causalité; mais celle-ci est, comme nous l'avons vu, insuffisante pour établir la réalité de l'invisible. Par conséquent, de la doctrine de Hume résulte l'impossibilité de la métaphysique comme science. Ce même philosophe fait voir aussi (dans son XIIme Essai) les conclusions contradictoires auxquelles arrive la raison, lorsqu'elle agite des questions qui ne peuvent être résolues par le moyen de l'expérience, comme serait, par exemple, la divisibilité ou indivisibilité de la matière à l'infini. Bayle avait également mis en évidence ces contradictions dans l'article *Zénon* et ailleurs. Kant adopta la conclusion de Hume sur l'impossibilité de la métaphysique comme science. Cette conclusion était un résultat nécessaire de sa doctrine. Notre science ne s'étend pas au-delà des limites de l'expérience, et celle-ci ne nous présente que des phénomènes, des apparences. C'est là le sommaire du Criticisme. Or, la métaphysique est considérée comme la science de ce qui ne peut être un objet d'expérience; comme la science des réalités absolues. La métaphysique, comme science, doit donc, d'après Kant, être impossible. Le principe de causalité n'a aucune valeur hors de l'expérience; il sert seulement à former celle-ci, et il ne peut avoir aucun usage hors d'elle. Appliqué aux choses en elles-mêmes, il est une illusion.

Dans la physique, nous passons aussi quelquefois du visible à l'invisible, comme lorsque du phénomène de l'attraction de la limaille de fer par l'aimant nous passons à la réalité du fluide magnétique; mais en ceci nous opérons suivant les lois de l'expérience. Celle-ci nous enseigne que le mouvement se communique par le choc. Si l'on éloigne l'aimant, la limaille reste en repos; son mouvement est donc un mouvement communiqué, et, en conséquence, nous avons un motif légitime de supposer l'existence d'un fluide qui le communique, bien que nos sens grossiers ne puissent l'apercevoir. On doit dire de même à l'égard des corpuscules qui émanent des corps odorants. Les objets invisibles auxquels nous arrivons en raisonnant, en physique, ne sont pas hors de l'espace et du temps; aussi les catégories leur sont applicables et peuvent servir à les établir. Mais les objets de la métaphysique sont hors de l'espace et du temps; ils sont donc au-delà des limites de notre connaissance. L'absolu, l'éternel, l'infini ne sont pas des objets d'expérience, et ne peuvent jamais le devenir, quelque finesse qu'acquissent nos sens, car ceux-ci ne peuvent rien percevoir qui ne soit figuré.

Mais, ajoute Kant, si, comme science la métaphysique est impossible, elle est un fait, commedisposition naturelle de notre esprit. Tous les hommes sont naturellement portés à se proposer les questions qui sont l'objet de la métaphysique. En voyant des phénomènes qui naissent les uns des autres, nous sommes naturellement portés à demander : *Le monde a-t-il eu un commencement dans le temps, ou bien n'a-t-il eu aucun commencement?* En abandonnant une partie de l'espace, nous en trouvons une autre contiguë, et de là nous sommes portés naturellement à demander : *Le monde a-t-il une limite par rapport à l'espace, ou n'en a-t-il aucune?* En voyant les corps se diviser en parties plus petites, nous sommes naturellement portés à demander : *Les corps sont-ils composés de parties simples et indivisibles? ou ne sont-ils composés que d'autres corps plus petits, et ceux-ci d'autres plus petits encore à l'infini?*

Chacun voit clairement que la solution de ces

questions ne peut dépendre de l'expérience, et qu'on y recoûrrait en vain. La nature de notre raison est donc telle qu'elle tente d'outre-passer les limites de l'expérience et de porter ses décisions au-delà du monde expérimental. En conséquence, le philosophe critique, qui examine la nature de notre faculté de connaître et qui remonte à l'origine de nos idées, doit découvrir la source de cette tendance de la raison à franchir les bornes de l'expérience; en d'autres termes, il doit expliquer l'origine de la métaphysique naturelle.

Mais si la métaphysique naturelle est un fait; c'est aussi un fait que la raison arrive à des conclusions contradictoires lorsqu'elle veut résoudre les questions métaphysiques; de manière qu'on peut opposer métaphysique à métaphysique. Ainsi, il y a des métaphysiciens qui soutiennent que le monde a eu un commencement, quant au temps, et qu'il a une limite, quant à l'espace; et il y a des métaphysiciens qui soutiennent que le monde n'a pas eu de commencement dans le temps, et qu'il n'a pas de limites dans l'espace. Il y a des métaphysiciens qui soutiennent la divisibilité de la matière à l'infini, et il y a des métaphysiciens qui regardent cette divisibilité comme absurde, et soutiennent la simplicité absolue des premiers éléments de la matière.

Mais si nous ne pouvons rien savoir au-delà des limites de l'expérience, d'où vient donc que la raison est forcée de supposer une réalité au-delà du sensible? D'où vient, en somme, cette illusion que

Kant appelle *illusion transcendantale?* Ceci revient à déterminer l'origine de la métaphysique naturelle. Si la raison, raisonnant d'après les règles de la logique, arrive, dans les questions métaphysiques, à des conclusions qui se détruisent mutuellement, d'où naît ce conflit de la raison avec elle-même? La dialectique transcendantale doit, pour résoudre ces problèmes, faire ces deux choses : 1° dévoiler l'origine de la métaphysique naturelle ; 2° découvrir la source de l'illusion transcendantale qui nous oblige à supposer la réalité de l'invisible, et celle du conflit de la raison avec elle-même dans la solution des questions métaphysiques. Ces deux points de recherche sont compris dans ce problème général que Kant se propose : *Une métaphysique est-elle possible, et comment est-elle possible?*

Maintenant, voyons la solution que la dialectique transcendantale donne du problème.

Toute notre connaissance commence par la *sensibilité*, passe ensuite à l'*entendement*, et s'achève enfin dans la *raison*, faculté par laquelle nous connaissons le particulier dans le général, c'est-à-dire nous tirons de principes généraux des conséquences particulières. Cette opération s'exécute en enveloppant dans le contenu d'une règle ou proposition générale (la *majeure* d'un syllogisme), une proposition particulière (*mineure*), et en appliquant ensuite, dans une troisième proposition (*conclusion*), au *sujet* de la seconde, comme *attribut* ou *prédicat*, ce qui a été affirmé ou nié du sujet de la première. Or, pour faire cela la raison emprunte à l'entendement les *jugements;* car les deux premières propositions (la majeure et la mineure) sont deux jugements.

Lorsque, par exemple, partant de ces deux propositions : *Tous les animaux sont doués de sentiment; — le cheval est un animal*, je tire cette conclusion : donc *le cheval est doué de sentiment*; la Majeure et la Mineure sont des jugements, c'est-à-dire des actes de l'entendement. Tant que la raison borne là ses opérations, elle donne aux actes de l'entendement une unité régulière. Ainsi, dans le raisonnement, la conclusion est liée avec les prémisses, en tant que la Majeure la contient et que la Mineure énonce qu'elle y est contenue. Le *donc* de la conséquence exprime ce lien de la conclusion avec les prémisses et l'unité synthétique de la pensée manifestée dans le raisonnement.

La *raison* est la faculté de déduire de principes généraux des conséquences particulières, c'est-à-dire de fonder un concept particulier sur un concept plus général.

On pourrait dire encore, bien que cette manière de s'exprimer soit moins usitée, que la raison est la faculté de déduire des causes de raison des effets de raison, au moyen d'une idée intermédiaire qui sert de lien entre ces causes et ces effets. *Tout ce qui a des sensations a une âme. Les brutes ont des sensations; donc elles ont une âme.* Ici, la cause (de raison) est la majeure; l'effet est la conclusion; la mineure est le moyen d'union entre l'effet et la cause, car la troisième proposition est un effet de la première, produit par le moyen de la seconde; elle emprunte à la mineure le concept de *brutes* pour l'unir au concept d'*êtres ayant une âme*, contenu dans la majeure. Pour obtenir des propositions générales, sous forme de conséquences, la raison a donc besoin de principes plus généraux encore. Dans l'exemple cité, *Tout ce qui a des sensations a une âme* est un principe plus général que la conclusion, *les brutes ont une âme*. La conclusion d'un raisonnement peut, en conséquence, être considérée comme un *conditionnel*, et les prémisses comme des *conditions*; et on voit que le conditionnel étant admis, on doit admettre les conditions, puisqu'il est évident qu'en admettant la conclusion d'un raisonnement il faut aussi admettre nécessairement les prémisses. Maintenant, en remontant de la conséquence au principe, ce principe se trouve être lui-même la conséquence d'un autre raisonnement, et ainsi de suite; mais, en définitive, il est nécessaire de s'arrêter à un principe tellement général qu'il ne dérive d'aucun autre. Il suit de là que, remontant du conditionné à la condition, il faut enfin s'arrêter à une condition qui n'en suppose pas d'autres.

Cette condition première qui n'en suppose aucune autre s'appelle l'*inconditionnel* ou l'*absolu*. La généralité absolue ou inconditionnelle est donc le point où vont se réunir toutes les opérations de la Raison. Ce premier principe de la raison, qui sert de fondement à tous les autres, s'énonce de la manière suivante : *Le conditionnel étant donné, avec lui est donnée la chaîne entière des conditions, et par conséquent aussi l'inconditionnel, compris dans la totalité de ces conditions.* Ce principe absolu, complet, inconditionnel, ayant sa source dans l'essence même de la raison, est le concept pur et primordial de la raison, le fondement de toute unité de raison. De même que l'Entendement réduit à l'unité la variété des représentations fournies par la Sensibilité, en les réunissant sous les concepts purs (les Catégories) qui sont ses formes; de même la Raison ramène tous les produits de l'entendement à une unité supérieure, en les réduisant à la forme de l'*inconditionnel* ou *absolu*, c'est-à-dire en liant les conditionnés à l'inconditionnel. Le principe que nous venons d'énoncer (*le conditionnel admis, il faut admettre la série entière des conditions, et en conséquence l'absolu compris dans la totalité de cette série*) est, selon Kant, un principe synthétique *à priori*. Par conséquent, la métaphysique, qui repose entièrement sur ce principe, est, ainsi que les mathématiques pures et la physique pure, fondée sur des principes *synthétiques à priori*. L'existence des principes synthétiques *à priori* est donc la base du Criticisme; de sorte que si cette base est chimérique, comme le prétendent les adversaires de cette philosophie, tout l'édifice est irréparablement renversé.

Continuons. A peine un philosophe a-t-il adopté un principe ou une méthode, qu'il s'efforce de les généraliser. Kant, en étudiant la nature de l'entendement, et la faisant consister dans la faculté de juger, a conclu que l'entendement renfermait en soi des concepts purs. Examinant ensuite les diverses formes des jugements, il a déterminé les concepts purs de l'entendement, et les a énumérés dans la table des douze Catégories. Examinant enfin de la même manière la nature de la raison, comme faculté logique, et la faisant consister dans la faculté de raisonner, il a déterminé aussi la nature de la raison comme faculté transcendantale; et de même que l'Entendement peut être défini la *faculté des concepts;* de même la Raison, en tant que faculté transcendantale, peut être définie la *faculté de l'absolu.* Chaque mode de penser l'absolu, Kant l'appelle *idée;* et, en conséquence, la raison est, selon lui, la faculté des *idées.* La Sensibilité est la faculté passive des Intuitions; l'Entendement est la faculté active des Concepts; la Raison est la faculté active des Idées.

De même que les quatre formes des jugements avaient fourni à Kant les douze Catégories, de même les diverses formes du raisonnement lui fournirent les diverses Idées de la raison. Nos raisonnements sont, ou Catégoriques, ou Hypothétiques, ou Disjonctifs. Par exemple : *Ce qui pense est une substance simple. L'âme pense; elle est donc une substance simple.* Ce raisonnement est, quant à sa forme, Catégorique. — *Si le corps est pesant, n'étant pas soutenu, il tombe; or, le corps est pesant; donc, n'étant pas soutenu, il tombe.* Ce second raisonnement est Hypothétique. — *L'âme est ou mortelle ou immortelle; mais elle n'est pas mortelle; donc elle est immortelle.* Ce dernier raisonnement est Disjonctif.

Dans la première espèce de ces raisonnements, le sujet est la condition du prédicat; dans la seconde, il est la cause, qui est la condition de l'effet; et dans la troisième, il est la totalité absolue de la connaissance possible, par rapport à la chose conçue, qui est la condition de l'intégrité complète du concept. Tâchons d'éclaircir cette doctrine. Selon Wolf, toute proposition catégorique peut être ramenée à la forme hypothétique, dans laquelle la notion ou définition du sujet est la condition du prédicat. Ainsi, cette proposition catégorique, *le triangle à trois angles*, peut se réduire à cette proposition hypothétique : *Si le triangle est une figure terminée par trois lignes, il a trois angles.* Vous voyez ici que le prédicat d'avoir trois angles s'affirme du triangle, sous la condition de la définition du triangle. Wolf voulut ramener toute la philosophie au principe de la Raison Suffisante; aussi définit-il la vérité logique, la *déterminabilité du prédicat par la notion du sujet*. Il considéra, en conséquence, le sujet comme la raison suffisante ou la condition du prédicat.

Si donc, dans les raisonnements catégoriques, le

sujet est la condition du prédicat, et si la raison exige pour chaque condition un inconditionnel, elle remonte à un sujet qui n'est lui-même le prédicat d'aucun autre, et parvient ainsi à l'unité absolue et inconditionnelle du sujet, au *moi* pensant, comme substance permanente, dans laquelle les phénomènes varient et changent sans cesse à titre de simples attributs, pendant qu'elle reste elle-même constamment invariable. Cette idée du *moi* ou du sujet pensant, Kant l'appelle l'*idée psychologique*. Elle est, comme nous le verrons, le fondement de la Psychologie rationnelle.

Dans la forme hypothétique, la raison remonte jusqu'à un principe qui ne dérive d'aucun autre principe, embrassant d'un seul coup la chaîne entière des causes et des effets, l'unité complète et absolue de la série des conditions des phénomènes. Cette idée est appelée par Kant *idée cosmologique*. Elle est le fondement de la Cosmologie Rationnelle.

Enfin, dans la forme disjonctive, la raison embrassant la totalité absolue de toute existence possible et concevable, se forme l'idée de l'unité absolue des conditions de tous les êtres qui peuvent être conçus, et pose cette unité comme base primitive de toute existence possible. Cette idée est l'*idée théologique*. Elle est le fondement de la Théologie Naturelle.

Développons maintenant les assertions que la métaphysique appuie sur ces trois idées.

En commençant par la première, la Psychologie Rationnelle offre quatre propositions : 1° L'âme est une substance; 2° l'âme est une substance simple; 3° l'âme, quant à la succession du temps, est numériquement une, non multiple; 4° l'âme, dans son rapport avec les objets possibles dans l'espace, est l'opposé des phénomènes dont nous n'acquérons la connaissance que par son existence même.

On ne saurait croire en combien de tours et de détours, en quels circuits de mots, en quels ténébreux dédales se jette Kant pour prouver que ces quatre propositions sont illusoires, et que les raisonnements par lesquels on y arrive sont des paralogismes, qu'il appelle *paralogismes transcendantaux*. Il aurait pu aisément donner à sa doctrine plus de simplicité et en même temps plus de clarté, et se dispenser de nous conduire dans un labyrinthe, dans le seul but, ce semble, de se présenter au lecteur enthousiaste, et non à l'esprit calme du philosophe, sous l'aspect d'un génie extraordinaire. En effet, cette conclusion, que les quatre propositions que nous venons d'énoncer n'ont et ne peuvent avoir aucune valeur objective absolue, Kant pouvait d'un trait de plume la déduire de sa doctrine sur l'entendement.

Le Moi est, selon lui, un objet d'expérience, comme tous les autres objets du monde extérieur; il est un phénomène comme tous les autres phénomènes. Le sujet connaissant forme ce phénomène comme il forme tous les autres phénomènes de la nature sensible, avec l'aide des catégories. Les catégories, considérées en elles-mêmes et hors de leur emploi dans la construction des phénomènes, n'ont aucune valeur. Ce sont là autant d'axiômes de la doctrine de Kant sur l'entendement pur. Il suit de là : 1° Que par cette proposition, *L'âme est une substance,* on ne peut entendre autre chose sinon que *dans le concept empirique du moi se trouve la catégorie de substance;* ou, en d'autres termes, *que l'entendement ne peut concevoir le* moi *que comme substance*. Mais si on donne à la proposition une valeur absolue, indépendante de notre mode de concevoir, on donne aux catégories, considérées en soi, une valeur réelle, ce qui est contraire à un principe fondamental du Criticisme, à savoir qu'il n'y a aucune réalité dans l'ordre transcendantal, dans l'ordre *à priori*. Il est facile de voir que, en examinant d'après les principes du Criticisme le raisonnement par lequel on cherche à prouver que l'âme est une substance en soi, on doit y trouver un paralogisme. Le raisonnement dont il s'agit peut s'exprimer comme il suit. Il est certain que dans toutes mes pensées et dans la conscience et le sentiment intime que j'ai du Moi, celui-ci se montre constamment comme un sujet auquel je suis obligé de rapporter l'infinie variété de mes représentations; en d'autres termes, il est certain que le *moi* m'apparaît dans l'expérience comme une substance; donc le moi est une substance. On voit clairement que dans ce raisonnement le mot substance est pris en deux sens différents. Dans la première proposition, il signifie un simple concept; dans la seconde, il signifie une chose en soi. On reconnaît de la même manière le paralogisme dans la preuve de cette seconde proposition, *L'âme est une substance simple*. Dans le concept empirique du *moi*, l'entendement le considère comme un sujet singulier, c'est-à-dire comme *un*, comme *non-multiple;* ce qui revient à dire qu'il réunit les diverses perceptions qui entrent dans le concept empirique du moi sous la catégorie *d'unité*, et non sous celle de *pluralité*. En effet, tous les jugements concernant le *moi* sont singuliers et doivent l'être. *Je* sens, *je* juge, *je* raisonne, *je* veux. Tous ces jugements expérimentaux sont singuliers. Le *moi* se montre donc à nous dans l'expérience comme *un*. Mais de ce qu'il se montre comme *un*, ou que je ne puis le concevoir que comme *un*, il ne s'ensuit pas que, indépendamment de mon mode de concevoir, il soit *un*, considéré en soi. Ce serait attribuer à la catégorie d'unité, considérée en elle-même et hors de son usage expérimental, une valeur réelle.

Ainsi donc, quand de ce fait que le concept empirique renferme l'unité on conclut que le *moi* est *un* en soi, le mot d'*unité* se prend en deux sens différents dans le même raisonnement ; il signifie, dans le premier sens, un concept de notre esprit, et dans le second, une qualité réelle indépendante de notre concept et appartenant à la chose en soi.

Je puis aussi poser en fait que l'âme se montre à moi comme *une* et *la même* dans le temps, et que, malgré le flux continuel et varié de nos perceptions qui se succèdent dans le temps, le *moi* reste toujours *moi* dans mon concept. Cette troisième proposition est, comme les deux précédentes, renfermée dans le concept empirique de l'âme. Mais, entendue hors de ce concept, elle est une illusion. La succession n'est pas une chose réelle, mais une simple forme du sens interne; et le sujet qui dure dans le temps n'est qu'un phénomène constant de la conscience. Or, on ne peut conclure de ce qui se trouve dans le phénomène à ce qui existe indépendamment du phénomène. Pour donner une valeur absolue à la proposition, il faudrait considérer comme une chose en soi *le sujet qui dure dans le temps;* mais le sujet est une catégorie, et le temps une forme. Ainsi donc, dans ce raisonnement : *L'âme se montre à la conscience comme un sujet qui dure dans le temps; elle est donc un sujet qui dure dans le temps, c'est-à-dire, elle est la même à chaque instant du temps;* l'expression *Sujet qui dure dans le temps* est prise dans deux sens différents ; d'abord pour un concept *à priori*, c'est-à-dire pour un schème (le schème de la catégorie de substance), et ensuite pour une chose en soi indépendante de la manière de concevoir.

Quant à la quatrième proposition, c'est un

fait que le Moi se présente dans l'expérience comme distinct des objets extérieurs; c'est un fait que je ne peux avoir la représentation d'aucun objet externe sans avoir la conscience du Moi. Mais cette conscience de ma propre existence, la conserverais-je si je ne me représentais pas d'autres êtres comme existant hors de moi? C'est ce qu'il m'est absolument impossible de savoir.

En conséquence, lorsqu'on conclut du concept empirique du *moi*, qui le représente comme une chose distincte des objets extérieurs, à l'existence indépendante de ce Moi, on conclut de ce qui apparaît à ce qui est, ou du concept à la chose en soi. Sur cette quatrième proposition, les métaphysiciens raisonnent de la manière suivante. Tout ce dont l'existence ne peut être perçue immédiatement, mais est seulement conçue au moyen d'une certaine déduction, à titre de cause des perceptions données, n'a qu'une existence douteuse. Il n'y a que l'existence du *moi*, comme sujet pensant, dont j'aie la perception immédiate; car je ne conçois l'existence des êtres hors de moi que comme la cause de mes perceptions. L'existence seule de mon âme est donc une chose certaine, et celle des autres objets est douteuse. Le kantiste Kinker fait sur ce raisonnement les réflexions suivantes. Tous les êtres que nous connaissons se réduisent à des phénomènes, et notre âme, comme objet de notre sens interne, n'est également pour nous qu'un phénomène, c'est-à-dire une chose qui nous apparaît de telle manière dans le temps, et rien de plus; nous ignorons complètement ce qu'elle est en elle-même. Nous ne connaissons l'âme, ainsi que les êtres sensibles, que dans son rapport avec le temps et avec l'espace; nous ne pouvons la concevoir que comme existant dans notre corps, et co-existant avec lui dans un temps déterminé. Considérée sous ce point de vue, elle n'est pas aussi différente de notre corps que nous nous le figurons, lorsque pour juger de sa nature nous nous fondons sur ces sophismes de la Raison Pure. Quand nous pensons, nous pensons dans un lieu, et nos pensées se succèdent dans le temps. Ainsi la perception de notre âme, et par conséquent notre âme elle-même, se présente à nous dans les mêmes formes de connaissance que notre corps. Nous sentons comme si notre âme était dans nos yeux, dans nos oreilles, dans nos mains, et généralement dans toutes les parties de notre corps auxquelles nous rapportons nos sensations, et nous pensons comme si l'âme était dans notre tête. Mais qu'est-ce que l'âme hors de cette perception? c'est ce que nous ignorons absolument.

Ces observations de Kinker sont dirigées contre la doctrine cartésienne, qui enseigne que l'âme nous est plus connue que le corps, et que nous la pouvons concevoir comme réellement distincte de la substance étendue; d'où il suit qu'elle est d'une autre nature que le corps.

Toute la psychologie rationnelle étant fondée,

selon Kant, sur le concept transcendantal *du sujet pensant*, repose sur un paralogisme, par lequel on conclut de ce concept à la chose en soi; et ce paralogisme s'appelle *paralogisme transcendantal*, c'est-à-dire sophisme de la raison, laquelle veut aller au-delà de l'expérience. Vous remarquerez que pour renverser cette doctrine du Criticisme il suffirait de répondre que la substance n'est pas une catégorie, mais une chose en soi, et que le sens intime qui nous donne le Moi comme substance est infaillible. Mais je ne fais ici que vous exposer le Kantisme.

Kant aurait pu, avec la même clarté, déduire de sa Doctrine des catégories l'impossibilité de la Cosmologie Rationnelle et de la Théologie Naturelle. Il aurait pu établir que toutes les Idées de la raison étant dans l'origine des catégories combinées avec la forme de l'*absolu*, et l'usage des catégories étant tout-à-fait nul hors de l'expérience, ces idées ne peuvent avoir aucune réalité. Mais venons à l'application.

L'idée cosmologique est la totalité ou l'unité absolue de la série des conditions des phénomènes. Cette Idée apparaît lorsque la raison, remontant de condition en condition, s'élève enfin au-dessus de toute expérience, bien que, en fait, les phénomènes nous soient donnés eux-mêmes par l'expérience. Il n'y a que la totalité complète et absolue de toutes les conditions des phénomènes qui ne peut jamais être donnée.

L'Idée Cosmologique consistant dans le complètement de la série des conditions des phénomènes, il s'ensuit qu'il doit y avoir autant d'espèces d'Idées Cosmologiques qu'il y a d'espèces différentes de ces séries de conditions. La raison ici procède toujours en montant, sans jamais songer à descendre, parce que dans l'achèvement de chaque série elle n'a en vue que l'inconditionnel, auquel elle ne pourrait jamais arriver en descendant, car elle ne trouverait partout alors que des conditionnels subordonnés à d'autres conditionnels. En conséquence, la perfection que réclament les Idées Cosmologiques consiste dans le complètement des séries rétrogrades, obtenu en remontant du conditionnel à la condition. Soit, par exemple, un homme, qui est un conditionnel; la raison remonte à la condition, qui est le père de cet homme; mais celui-ci est aussi un conditionel, dont la condition est dans l'aïeul du premier individu. La raison tend à compléter la série des conditions, et elle procède à cette opération, non en allant de cet individu à ses descendants, mais en montant de cet individu à toutes les générations et à tous les événements qui l'ont précédé et qui sont les conditions de sa naissance.

Les philosophes dont nous parlons prétendent que la raison, en complétant la série des conditions, procède dans un mode différent de celui qu'elle emploie dans le raisonnement. En raisonnant, disent-ils, nous ne remontons jamais des conséquences aux principes; nous partons, au contraire, des principes pour descendre aux conséquences, parce que chaque conséquence étant un effet *de raison* doit avoir sa source dans un principe supérieur, comme *cause de raison*. Cette observation ne me paraît pas exacte. La connaissance d'un effet peut très-bien être cause de raison de la connaissance de la cause; et, par conséquent, dans les raisonnements par lesquels la raison déduit l'absolu du conditionnel, elle ne prend pas un autre chemin que dans les raisonnements relatifs à des objets de l'expérience, où elle remonte de l'effet à la cause. *Il y a là de la fumée; or, la fumée est l'effet du feu; donc il y a du feu.* Ce raisonnement est légitime.

Mais revenons aux Idées Cosmologiques.

Pour procéder avec sûreté à la recherche de ces différentes séries, que l'imagination nous représente comme autant de chaînes non interrompues des conditions des phénomènes, nous n'avons pas de meilleur guide à suivre que le fil des Catégories. Commençons par la *quantité*. Selon la catégorie de Quantité, nous prenons les deux grandeurs originelles de toutes nos perceptions, le Temps et l'Espace. C'est par elles que tous les phénomènes ont les qualités qui leur appartiennent comme grandeurs. Le Temps est en soi une série. Le moment de la durée qui précède est constamment la condition du moment qui suit. Aussi, la raison, dans son Idée du temps, ajoute à chaque point donné de la durée tous les points qui l'ont précédé, comme composant ensemble la totalité des conditions du moment donné, et, par conséquent, comme données nécessairement avec ce moment. On ne peut pas dire la même chose de l'espace. Le concept d'espace, pris en soi, n'implique ni antériorité ni postériorité; car l'espace est un tout dont les parties existent, non pas successivement, mais simultanément. Cependant, le lien des parties multiples de l'espace, en vertu duquel nous le parcourons successivement et en faisons un tout, ce lien est une progression qui a lieu dans le temps, et, par conséquent, constitue aussi une série. Nous ne pouvons concevoir une partie de l'espace, sans en concevoir une autre qui lui est contiguë et qui la limite. Nous sommes ainsi obligés de concevoir l'espace environnant comme une condition, et l'espace environné comme un conditionnel, c'est-à-dire comme donné sous la condition de l'espace environnant. Mais cette autre portion d'espace que nous concevons comme limitante et contiguë à la première est limitée elle-même par une autre portion d'espace, et, par conséquent, elle est encore un conditionnel. La raison a donc besoin de rendre complète la série de ces conditions.

Le temps et l'espace constituant ensemble les grandeurs primitives de tous les phénomènes, et la totalité des phénomènes constituant le concept de l'univers sensible, il suit que l'Idée Cosmologique, ou le concept de l'univers dans son intégralité, exige le complètement absolu de sa grandeur, tant à l'égard de l'espace qu'à l'égard du temps.

Selon la catégorie de *qualité*, nous prenons la matière pour la réalité dans la grandeur, parce qu'une grandeur sans matière n'est qu'un espace vide. Or, cette matière étant une collection de parties est un conditionnel, et les parties dont elle est formée en sont la condition. Si on considère ces parties comme composées elles-mêmes, elles sont encore des conditionnels d'autres conditions, et ainsi de suite. Ceci nous ramène également à une série regressive, à un enchainement de conditions, pour lesquelles l'idée cosmologique exige une totalité parfaite.

Quant à la *relation*, l'Idée Cosmologique ne s'applique qu'à la catégorie de causalité, laquelle présente une série de causes comme conditions d'effets donnés. Dans cette série, la raison réclame aussi une totalité absolue. Sans cette totalité absolue du côté des causes, il est impossible de rendre raison de l'existence d'un seul phénomène comme effet. Il nous reste à chercher dans la *modalité* une catégorie à laquelle puisse s'appliquer le concept de l'univers. La *possibilité* et l'*impossibilité*, l'*existence* et la *non-existence* n'y sont pas applicables. Reste la *nécessité*. La nécessité, prise seule, ne nous offre aucune série, mais son opposé, la *contingence*, nous conduit à l'existence contingente. Cette existence suppose un fondement antérieur et déterminé, qui en est la condition ; et ce fondement étant lui-même contingent suppose un autre fondement de son existence; de manière qu'on remonte incessamment de condition en condition, jusqu'à ce que la série des existences contingentes se trouve complétée; ce qui ne peut se faire sans recourir en définitive à l'*inconditionnel.*

Les quatre Idées Cosmologiques sont donc :

1° Totalité absolue de la composition des êtres;

2° Totalité absolue de la divisibilité;

3° Totalité absolue du commencement de l'existence des phénomènes;

4° Totalité absolue de l'existence dépendante des phénomènes.

Ces quatre totalités absolues peuvent être considérées de deux manières diamétralement opposées. On peut regarder chacune d'elles comme quelque chose d'inconditionnel, subsistant uniquement dans la série comme série; de manière que chaque terme, pris séparément, soit conditionnel, et que tous les termes, pris ensemble dans leur enchaînement, forment une série inconditionnelle. Ou bien, on peut se représenter l'inconditionnel comme terme et premier terme de la série, auquel tous les autres sont subordonnés. Si on admet la première supposition, alors la série va rétrogradant sans fin, sans premier terme, et par conséquent elle est nécessairement infinie, bien que donnée tout entière, c'est-à-dire elle est non finie seulement dans sa marche regressive. Si, au contraire, on préfère la seconde supposition, alors la série se termine en remontant à un premier terme. Ce premier terme sera, par rapport au temps écoulé, *commencement;* par rapport à l'espace, *limite;* par rapport aux parties de la matière, *simplicité absolue;* par rapport aux causes, *liberté;* enfin, par rapport à l'existence des êtres ou des Substances, il sera *existence nécessaire* ou *être nécessaire.*

Si le moment présent suppose un moment antécédent, il faut nécessairement, en remontant la chaîne des moments du temps, ou bien qu'on arrive à un moment qui soit le premier et qui n'en suppose pas un autre ; ou bien qu'on n'arrive jamais à un premier moment, et que la chaîne, partant du moment présent et remontant aux moments antérieurs, soit infinie. Dans le premier cas, le premier moment est un terme de la série, et ce premier terme est un inconditionnel ; et, par conséquent, dans cette supposition, l'inconditionnel est pris dans un terme de la série. Dans le second cas, l'inconditionnel est la série infinie des moments, puisque cette série infinie ne supposant aucune condition hors d'elle doit être considérée comme un inconditionnel.

On doit en dire autant de l'Espace. Si, partant d'un point placé sur une ligne, vous parcourez une partie de cette ligne, il faut nécessairement : ou bien que vous puissiez parcourir la ligne tout entière, et arriver ainsi à une dernière ou première partie de cette ligne ; ou bien que vous ne puissiez pas arriver à cette première ou dernière partie. Dans la première supposition, cette ligne a une limite, et cette limite ne supposant pas d'autre partie est un inconditionnel, qui est par là placé dans le premier terme de la série. Dans la seconde supposition, la ligne est infinie, et la série de ses parties, étant considérée comme infinie et ne supposant aucune partie hors d'elle, est un inconditionnel, lequel est alors placé dans la série entière infinie.

Un corps étant donné, nous sommes forcés de considérer les composants de ce composé comme la condition, et le composé comme conditionnel. Or, si les composants sont aussi composés à l'infini, on admet une série infinie dont chaque terme est conditionné; et si les composants sont supposés simples, l'inconditionnel sera un terme de la série. Ceux qui admettent les Monades placent l'inconditionnel dans un terme de la série; et ceux qui soutiennent la divisibilité de la matière à l'infini placent l'inconditionnel dans la série entière. Mais les partisans des monades ne pourraient-ils pas dire que le nombre de celles-ci est infini, et que, par conséquent, la divisibilité de la matière est aussi infinie, et Leibnitz n'a-t-il pas quelquefois avancé cette doctrine ? Quoi qu'il en soit, la doctrine des monades admise, la condition de la composition d'un corps est toujours dans les monades, et chacune de ces monades est un inconditionnel; seulement, on regarde le nombre des inconditionnels comme infini; ce qui est une autre question. Du reste, cette question même se réduit encore à chercher si l'inconditionnel doit être placé dans un terme de la série ou dans la totalité de la série. Et voici comment. Tout nombre est un composé résultant de l'addition de l'unité à elle-même, ou de l'addition de l'unité à un nombre déjà formé. Le nombre est donc un conditionnel, et l'addition est la condition ; or, si cette addition n'a pas une limite, on aura une série infinie de conditionnels, et cette série entière sera un inconditionnel; et si, au contraire, l'addition a une limite, celle-ci sera l'unité, et le nombre sera fini.

Nous voyons des phénomènes dépendant l'un de l'autre; ainsi un homme dépend de son père, ce dernier de son père encore, et ainsi de suite. Nous avons donc ici une série de faits conditionnels. Or, il est nécessaire, ou de supposer que cette série de conditionnels est infinie, et il faut alors placer l'inconditionnel dans la série, ou de supposer un premier fait indépendant de tout autre. Ceux qui soutiennent la puissance créatrice et la liberté de l'Être suprême admettent la seconde supposition, et, par conséquent, placent l'inconditionnel dans un terme de la série. Ceux qui soumettent tous les événements, sans exception, à des lois nécessaires, admettent la première et placent, par conséquent, l'inconditionnel dans la totalité de la série.

Il y a néanmoins quelque variété dans ces suppositions. Ainsi saint Thomas soutient que Dieu pouvait créer le monde dans l'éternité. Dans cette hypothèse, l'inconditionnel se met, d'un côté, dans la totalité de la série, et de l'autre dans un terme de la série.

Il n'y a pas de philosophe dogmatique qui n'ait admis l'existence actuelle de quelque être. Maintenant, il est indispensable de supposer : ou que cet être existe par lui-même, ou qu'il a reçu l'existence d'un autre, et celui-ci d'un autre encore, à l'infini. Dans le premier cas, on admet l'existence d'un être nécessaire, et l'inconditionnel est placé dans un terme de la série. Dans le second cas, on n'admet aucun être nécessaire, et l'absolu, par rapport à l'existence des contingents, se place dans la totalité de la série.

Nous avons vu, en parlant de la Psychologie Rationnelle, que, suivant la doctrine critique, dans tous les raisonnements par lesquels on cherche à prouver les quatre propositions relatives à la nature du sujet pensant, il entre quatre termes, et que, par conséquent, ces raisonnements pèchent par la forme. A l'égard de la Cosmologie Rationnelle, le Criticisme observe que la raison pouvant compléter la série des conditions de deux manières, en mettant l'inconditionnel soit dans un terme ou dans les termes de la série, soit dans la totalité même de la série, et que la raison étant aussi bien satisfaite par l'une de ces solutions que par l'autre, il s'ensuit que les défenseurs des deux doctrines opposées ont tous également raison, et que, par conséquent, on arrive, en raisonnant rigoureusement de part et d'autre, à des conclusions contradictoires ; d'où résulte enfin une lutte violente de la raison avec elle-même. Kant expose méthodiquement avec leurs preuves les quatre thèses en faveur d'une série finie de conditions, et joint à chacune l'antithèse correspondante en faveur d'une série non finie de conditions.

THÈSE I.

PAR RAPPORT A LA QUANTITÉ.

Le monde a eu un commencement dans le temps, et il a des limites dans l'espace.

Ou le monde a eu un commencement dans le temps, ou il n'en a eu aucun. Si la seconde supposition est vraie, il faut que, à chaque instant de la durée du monde, il se soit écoulé une éternité antérieure, et avec elle une série infinie d'états successifs des choses. Mais l'infinité d'une série consiste à ne pouvoir pas être complétée par une addition successive. Or, ce qui ne peut être complété ne peut pas être donné comme complet ou infini. Une série infinie écoulée est donc impossible. Le monde a donc eu un commencement dans le temps.

Le monde a des limites dans l'espace. Pour admettre le contraire, il faudrait concevoir le monde comme un tout infini donné de choses simultanément existantes. Mais la grandeur d'une quantité illimitée ne peut être conçue que par l'addition successive de toutes les parties à l'infini, addition que nous avons démontrée impossible, parce qu'elle suppose une série infinie écoulée. Le monde est donc limité, quant à l'espace.

Le Criticisme observe que ces raisonnements sont des arguments disjonctifs, dans lesquels de l'exclusion d'un membre on conclut l'admission de l'autre. On argumente de la même manière dans l'antithèse.

ANTITHÈSE.

Le monde n'a pas eu de commencement dans le temps, et n'a pas de limites dans l'espace.

Si on donne au monde un commencement, il faut admettre un temps antérieur dans lequel le monde n'était pas, puisque commencement veut dire une existence précédée d'un temps dans lequel la chose qui commence d'être n'existait pas ; c'est-à-dire, il faut admettre un temps vide. Mais rien ne peut commencer d'être dans un temps vide, parce qu'aucune partie d'un pareil temps ne peut par elle-même être une condition d'existence pour une chose. Le monde ne peut donc avoir eu un commencement dans le temps.

Le monde ne peut pas non plus être limité dans

l'espace. Une chose ne peut être limitée sans quelque chose qui la limite. Si le monde est limité, il se trouve alors dans un espace vide qui n'a point de bornes. Dans ce cas, il n'y aurait pas seulement un rapport des choses entr'elles *dans* l'espace, mais aussi des choses *à* l'espace. Mais comme le monde est un tout absolu, hors duquel il n'y a rien avec quoi il puisse être en rapport, il suit que le rapport du monde à l'espace vide serait un rapport avec rien. Par conséquent, la limitation du monde par l'espace vide supposant un rapport impossible, le monde n'est point limité dans l'espace ; il est infini en étendue.

THÈSE II.

PAR RAPPORT A LA QUALITÉ.

Toute substance composée est composée de parties simples, et dans le monde il n'existe rien que ce qui est simple ou composé du simple.

En effet, si on suppose que les parties élémentaires des substances composées ne sont pas simples, il s'ensuivra que, après la décomposition des substances, il ne restera ni parties composées ni parties simples ; puisque, d'un côté, par la supposition, il n'y a pas de parties simples, et que de l'autre toute composition cesse par la décomposition. Après la décomposition des substances, il ne resterait rien, et par conséquent les substances composées seraient composées de rien; ce qui implique contradiction.

ANTITHÈSE.

Aucune chose dans le monde n'est formée de parties simples, et tout est composé.

Nous n'avons l'expérience que de choses composées et divisibles. Le simple et l'indivisible ne peut être un objet d'expérience; ce n'est qu'un concept vide de réalité. En outre, le simple qu'on suppose devrait occuper un lieu dans l'espace, et, par conséquent, devrait être étendu comme la partie de l'espace qu'il occupe; or, l'espace n'est pas composé de parties simples, mais d'autres espaces. Par conséquent, chaque partie d'un composé devant occuper un espace, aucune de ses parties ne peut être simple.

THÈSE III.

PAR RAPPORT A LA RELATION.

Tout ce qui arrive dans le monde ne dépend pas uniquement des lois naturelles; l'explication des phénomènes exige, en outre, l'admission d'une cause première et libre.

S'il n'y avait d'autre causalité que celle des lois

nécessaires de la nature, l'univers serait une série infinie d'événements dans laquelle chaque événement aurait la raison de son existence dans l'événement précédent; mais la série elle même ou l'univers n'aurait aucune raison de son existence. C'est comme si on supposait une chaîne dont chaque anneau aurait besoin d'être soutenu par l'anneau supérieur pour ne pas tomber, tandis que la chaîne entière n'aurait pas besoin d'être soutenue; supposition qui est absurde.

Il y a donc une cause première existant par soi-même.

Cette cause doit opérer librement dans la production des phénomènes; elle doit se suffire à elle-même et à toutes ses productions, sans qu'aucune chose puisse influer sur elle et la modifier. Sans cette liberté, il y aurait une série infinie d'effets sans aucune cause; ce qui est une contradiction.

Cette liberté étant démontrée, comme cause première, il suit qu'il peut y avoir dans le monde d'autres causes libres et servant de premier anneau à des séries particulières de phénomènes. Telle peut être la liberté de notre âme, comme premier terme d'une série de causes dans l'univers.

ANTITHÈSE.

Il n'y a pas de liberté, et tout dans le monde arrive en vertu des seules lois de la nature.

Si la production des phénomènes dépend d'un acte libre d'une cause première, il faudra admettre l'une de ces deux choses : ou que cet acte est sans raison suffisante, ou qu'il a une raison suffisante. Dans le premier cas, l'existence de cet acte libre répugne au principe même de causalité, puisqu'il constituerait un effet sans cause. Dans le second cas, cet acte étant une conséquence de ce qui le détermine à être, ne serait pas libre. La liberté est donc impossible. En outre, un acte libre de la cause première supposerait un état antérieur d'inaction, et l'on ne comprend pas comment la cause première aurait pu passer de l'état d'inaction à l'état d'action; d'autant plus que les défenseurs de cette liberté considèrent la cause première comme immuable.

THÈSE IV.

PAR RAPPORT A LA MODALITÉ.

Le monde suppose un être nécessaire, soit comme partie du monde, soit comme sa cause.

Le monde nous présente une série de choses contingentes. Les choses contingentes sont des conditionnels, et les conditionnels supposent l'absolu ou l'être nécessaire qui en est la condition ou le fondement.

ANTITHÈSE.

Il n'existe, ni dans le monde ni hors du monde, aucun être absolument nécessaire.

Supposé que l'univers lui-même ou quelque être qui en fait partie existât nécessairement, il faudrait qu'il y eût dans la série des changements de l'univers un commencement absolu ; ce qui répugne à la loi universelle qui soumet tous les phénomènes à certaines conditions dans le temps; ou bien il faudrait que la série entière fût sans commencement; et, dans ce cas, la série entière serait nécessaire, ce qui est absurde, puisque l'ensemble des contingents ne saurait former un tout nécessaire. Par conséquent, il ne peut y avoir dans le monde aucun être nécessaire.

Mais il ne peut pas davantage y avoir un être nécessaire hors du monde. En effet, il faudrait que cet être fût le premier anneau de la chaîne des changements, et qu'il dût commencer la série des causes. Mais cet acte suppose une raison de ce commencement d'action, et ainsi l'être nécessaire ferait partie lui-même de la série des causes qui opèrent dans le temps, c'est-à-dire du monde ; il ne serait donc pas hors du monde.

Il n'y a donc, ni dans le monde ni hors du monde, aucun être absolument nécessaire.

Cette dernière antithèse, que je vous expose d'après le criticisme, m'a toujours causé quelque surprise. Je ne connais aucun philosophe qui ait osé la soutenir. « Athées et théistes, sceptiques et dogmatiques, dit d'Alembert, admettent également que quelque chose existe actuellement, et que, en conséquence, il doit exister nécessairement quelqu'être non produit. Seulement, ils demandent si cet être est un ou plusieurs, s'il est dans le monde ou distinct du monde. » Laissant de côté les sceptiques, l'observation de d'Alembert est exacte à l'égard des dogmatiques.

Il n'y a donc pas de philosophe dogmatique qui ait soutenu la non-existence d'un être nécessaire, et l'antithèse est, en fait, chimérique.

On pourrait donc exposer la thèse IV et son antithèse de la manière suivante.

Thèse. *Il faut admettre un être nécessaire distinct du monde.*

Antithèse. *L'être nécessaire ne peut être distinct du monde.*

Pour preuve de la thèse, on peut alléguer l'immutabilité de l'être nécessaire, et pour preuve de l'antithèse la maxime : *Rien ne se fait de rien.*

Et, en fait, voici comment raisonnent les défenseurs de la thèse. Il est certain que quelqu'être ou quelque substance existe actuellement. Or, si cette substance actuellement existante n'a pas été produite, elle existe par elle-même ; elle est, par conséquent, un être nécessaire. Un être nécessaire est nécessairement ce qu'il est, c'est-à-dire il est immuable; et un être immuable ne peut être le sujet des changements que nous voyons dans l'univers. La substance qui est l'être nécessaire ne peut donc être dans le monde; elle doit être distincte du monde.

Les défenseurs de l'antithèse raisonnent de cette autre manière. Quelque chose existe actuellement dans le monde, et, par conséquent, il y a dans le monde au moins une substance. Si cette substance n'est pas un être nécessaire, elle sera une substance produite; mais admettre la production d'une substance, c'est admettre que quelque chose peut se faire de rien; ce qui contredit la maxime évidente et non contestée : *Ex nihilo nihil fit.*

Ayant ainsi exposé ces quatre idées cosmologiques, le Criticisme conclut que les quatre thèses et leurs antithèses peuvent être également prouvées, et avec la même rigueur, puisque la vérité de chaque proposition est déduite de la fausseté de sa contradictoire; ce qui est un mode de raisonnement légitime et conforme aux règles de la plus saine logique.

L'état dans lequel se trouve la *raison pure*, ainsi suspendue entre deux conclusions qu'elle est forcée d'admettre, et qui, du moins en apparence, s'excluent réciproquement, est, dans la langue de Kant, une *antinomie*, c'est-à-dire, une opposition mutuelle des lois de la raison. Les antinomies des deux premières thèses et antithèses, Kant les papelle antinomies *mathématiques*, parce qu'elles ont pour objet la grandeur des objets sensibles. Les deux autres s'appellent antinomies *dynamiques*.

Dans les deux premières, les raisonnements de la thèse et de l'antithèse confondent les phénomènes ou apparences des choses avec les choses mêmes, et les formes subjectives de notre sensibilité, sans lesquelles nous ne pourrions avoir conscience des phénomènes, avec les formes propres des choses considérées en elles-mêmes. Lorsqu'on dit dans la première thèse : *Le monde a eu un commencement dans le temps, et il a des limites dans l'espace*, on suppose que le temps et l'espace sont effectivement dans les choses considérées en elles-mêmes, c'est-à-dire dans le monde considéré comme objet en soi, indépendamment de nos perceptions. Or, le temps et l'espace sont des modes de notre sensibilité; ce sont les modes sous lesquels les choses nous apparaissent, et non les modes des choses mêmes. La même équivoque se trouve dans l'antithèse : *Le monde n'a pas eu de commencement dans le temps, et n'a pas de limite dans l'espace*. Exprimons les deux propositions de cette autre manière : *Le monde a une durée et un espace limités.* — *Le monde a une durée et un espace illimités.* On voit clairement que les deux propositions s'accordent à attribuer au monde, comme objet en soi, indépendamment de nos perceptions, une durée et un espace ; ce qui, selon l'Esthétique Transcendantale, est gratuit. La thèse et l'antithèse sont donc fausses toutes deux. Le monde n'est pour nous que la série des phénomènes; il est un produit de la synthèse de l'entendement; il n'est donc pas un objet en soi. Dans les deux propositions, le sujet est un concept contradictoire, parce qu'on unit au concept du monde phénoménal le concept du monde en soi; et de ce concept contradictoire dérivent nécessairement, selon le Criticisme, des conclusions contradictoires. Si on partait du concept contradictoire de *cercle carré*, il en résulterait une antinomie semblable à celle des idées cosmologiques. Un cercle carré, pourrait-on dire, n'est pas rond, puisqu'il est carré. Un cercle carré, pourrait-on répondre, est rond, puisqu'il est un cercle. Ces deux conclusions seraient également fausses, parce qu'elles sont fondées sur une supposition absurde; comme il arrive dans les antinomies mathématiques dont nous parlons. Lorsque dans le concept du monde vous faites attention au monde phénoménique, résultant de la synthèse de l'entendement, vous devez voir une série de conditionnels sans un premier terme; et lorsqu'on répond que cela ne se peut, parce qu'une série de conditionnels sans un premier terme est impossible, alors on a en vue le monde comme objet en soi.

La même observation s'applique à la seconde antinomie. Dans la thèse, comme dans l'antithèse, la Matière est prise comme une chose en soi, existant hors de notre pensée; et cependant la matière n'est qu'un phénomène. La matière conçue comme un composé d'un nombre infini de parties ne peut pas être un objet d'expérience pour nous; et l'existence des Monades, c'est-à-dire des parties simples, ne peut pas l'être davantage.

Dans les Antinomies *dynamiques*, la thèse et l'antithèse peuvent être toutes deux vraies, et l'erreur consiste à les regarder comme contradictoires, tandis que leur contradiction n'est qu'apparente.

Il n'est pas nécessaire que les conditions des phénomènes soient des phénomènes; elles pourraient être d'une nature différente, sans qu'il en résultât la moindre contradiction. Il pourrait donc bien se faire que la série entière des conditions des phénomènes en général dépendît, comme telle, d'une condition supérieure qui, n'étant pas elle-même sensible, se trouverait hors de la série. Il ne serait pas impossible qu'il y eût hors de la série des changements phénoménaux une chose non sensible, non phénoménale par rapport à nous, qui serait la condition primitive des phénomènes. Il serait d'ailleurs impossible, observe Kinker, de rendre raison des phénomènes, sans admettre certaines choses existantes en soi, bien que nous ignorions absolument quelles sont ces choses. Tout ce que nous en savons, c'est qu'elles n'ont aucun rapport avec le temps, celui-ci étant la forme de notre sens interne.

Il suit de là que l'opposition entre les deux propositions de la troisième antinomie cosmologique est facile à détruire, et qu'il est possible de concilier ces deux assertions : *Il y a un agent libre, — Tout dans le monde est soumis aux lois naturelles.* Nous ignorons ce que peut être en soi un sujet actif, et nous ne le connaissons que comme il s'offre à nous, dans une série ou succession de temps. On peut donc, sans absurdité, admettre dans ce sujet une faculté telle qu'elle ne soit pas un phénomène, et qu'elle puisse cependant être cause de phénomènes. En tant que ce sujet n'est pas un phénomène, il n'est pas nécessairement soumis à la loi de la causalité. La liberté est donc conciliable avec la nécessité de la nature. Mais si la liberté peut être cause de phénomènes, pourquoi le Criticisme regarde-t-il la causalité comme purement subjective? Serait-il vrai qu'il change *quadrata rotundis?*

La même observation, continue Kinker, s'applique à la quatrième et dernière antinomie. On conçoit qu'il n'est pas nécessaire qu'un être inconditionnel soit de la même nature que les êtres conditionnels qui lui sont subordonnés. Le monde sensible, comme série de choses contingentes, ne répugne donc en aucune manière à l'existence d'un être nécessaire et indépendant. Cet être est conçu hors de la série des contingents, et peut être considéré comme un agent libre.

Cependant il importe d'observer que l'idée par laquelle nous admettons une existence nécessaire et inconditionnelle diffère de l'idée par laquelle nous supposons (comme dans la troisième antinomie) une cause libre pour premier terme d'une série. Lorsque nous parlons d'un acte libre, nous concevons sans doute un être en soi par lequel cet acte est produit; mais pourtant cet être libre appartient toujours, comme cause, à la série des causes sensibles. Or il n'en est pas de même dans l'être nécessaire. Cet être n'est pas du tout une cause sensible. La raison, en l'admettant, a moins en vue la causalité inconditionnelle de l'être nécessaire (laquelle implique la liberté), que son existence inconditionnelle à titre de substance contenant en soi la raison de son propre être. Mais ceci ne détruira-t-il pas la *subjectivité* de la Substance? et ne pourrait-on pas dire encore ici du Criticisme : *Mutat quadrata rotundis ?*

Je vous ai plus d'une fois averti que je ne veux qu'exposer les idées des philosophes. Je n'ajouterai donc aucune réflexion sur les observations précédentes, relatives aux antinomies. La discussion de ces questions m'éloignerait de mon but.

Après l'examen de la Psychologie Rationnelle et de la Cosmologie Rationnelle, passons à celui de la Théologie Naturelle. Kant a appelé *paralogismes transcendantaux* tous les arguments de la psychologie rationnelle ; *antinomies de la raison pure*, les thèses et antithèses cosmologiques ; et enfin *idéal de la raison pure*, l'objet de la théologie naturelle ; lequel objet est Dieu.

Mais qu'entend-on dans la philosophie critique par l'*idéal* ? L'idéal, selon Kant, est un individu existant dans la pensée seule, et complètement déterminé par la seule idée de la Raison. Les individus de l'espèce humaine sont capables de connaître des vérités et de faire des actions vertueuses. Maintenant, si nous concevons un individu qui connaîtrait toutes les vérités que la nature humaine est capable de connaître, et qui ne se tromperait jamais; un tel être, existant dans notre seule pensée, serait un *idéal* de la science humaine. Si, en outre, nous concevons que cet individu ne ferait jamais que des actions vertueuses, sans tomber jamais dans la plus petite faute, cet individu serait à la fois un *idéal* de la science et de la vertu humaines. La vertu et la science humaines, dans toute leur pureté et perfection, sont des *idées*. Le Sage des Stoïciens est un *idéal*, c'est-à-dire un individu qui n'a d'existence que dans la pensée, mais qui s'accorde parfaitement avec l'idée de la science et de la vertu humaines dans toute leur perfection.

Pour former les idées par lesquelles on détermine l'idéal, la raison se sert de sa forme, qui est l'*absolu*. Totalité *absolue* de connaissances vraies, de jugements et de raisonnements exacts; totalité absolue des vertus humaines : voilà l'*idée* du savoir et de la sagesse humaine dans toute leur perfection. De la même manière que l'*idée* nous fournit la règle selon laquelle nous créons, pour ainsi dire, et réalisons l'*idéal* dans notre pensée, de même l'*idéal* est à son tour l'original et le modèle par excellence sur lequel nous mesurons le but et la nature de toutes les choses qui, hors de l'idéal, se réalisent à quelque degré, mais qui ne se trouvent dans un mode absolu que dans l'idéal même. Nous n'avons pas d'autre mesure de nos actions morales que l'exemple de cet *homme divin* présent à notre pensée, auquel nous nous comparons; comparaison qui nous permet de nous juger et de régler ensuite notre vie morale sur ce modèle, et de tendre incessamment vers l'*idéal* de la perfection, bien que nous soyons convaincus de ne pouvoir jamais l'atteindre.

Quoique nous n'ayons pas le droit d'attribuer, avec une entière certitude, une réalité objective à un idéal; nous ne pouvons pas cependant le considérer comme une pure chimère. L'idéal est pour la raison une mesure indispensable, pour indiquer le concept de la perfection de chaque chose en son genre, et déterminer le degré d'imperfection de tout ce qui n'est pas parfait.

L'idéal le plus sublime et le plus naturel à l'homme raisonnable est celui de la divinité. La philosophie critique l'appelle *idéal de la raison pure*. Appliquant à la catégorie de Réalité la forme de l'Absolu, nous avons l'idée de la *réalité absolue*, c'est-à-dire de l'*Être suprême*, *infini*, *immuable*, source de toute existence possible.

Selon le Criticisme, nous ne pouvons pas démontrer la réalité de l'idéal de la raison pure. Les preuves qu'on en donne sont toutes insuffisantes. La preuve Ontologique, donnée par Descartes et adoptée par Leibnitz et Wolf, repose sur ce faux principe :

Tout ce que nous concevons existe réellement.
L'être infiniment parfait, disent-ils, est possible ;
or, l'existence actuelle est comprise dans le concept
de l'être infiniment parfait ; donc cet être existe.
On aurait dû dire, selon Kant, que l'idée de l'existence est comprise dans ce concept, et alors on aurait reconnu que ce n'était là qu'une combinaison
de notions vide de réalité.

La preuve Cosmologique a pour base l'expérience, sur laquelle se fonde le concept général de
l'univers. Nous partons de ce qui est contingent
dans le monde pour en conclure un être nécessaire,
selon les lois de causalité ou de raison suffisante.
Mais la série des contingents est une série de phénomènes, et lorsque de la contingence des phénomènes on conclut à la contingence de l'univers
considéré en soi, on fait un sophisme. La causalité, en effet, se rapporte aux phénomènes et
non aux choses en elles-mêmes.

La preuve Physico-Théologique part de l'ordre
de l'univers pour prouver l'existence d'un auteur
très-sage. Mais cette preuve attribue à tort une
valeur réelle au principe de causalité.

Ainsi donc, les preuves de la théologie naturelle
en faveur de l'existence de Dieu n'ont, d'après
Kant, aucune valeur. Il ne faut pas pourtant ranger ce philosophe parmi les athées. Il a recours à
d'autres preuves pour établir cette vérité. L'existence d'un Dieu législateur et l'immortalité de l'âme
sont deux points fondamentaux de sa Critique de

la *Raison Pratique,* dont je n'ai pas à m'occuper ici.

J'ai terminé maintenant le tableau des vicissitudes de la philosophie depuis Descartes jusqu'à Kant.

Vous comprenez qu'il n'est pas du devoir d'un historien de combattre les erreurs qu'il expose. J'ai mis sous vos yeux ce tableau pour vous faire connaître l'état de la philosophie sur la question des principes des connaissances humaines, et pour vous faire sentir l'importance des problèmes à résoudre pour établir la réalité de la connaissance sur de solides fondements. J'ai essayé moi-même la solution de ces problèmes dans mes autres ouvrages philosophiques, particulièrement dans les six tomes déjà publiés de mon *Essai philosophique sur la critique de la connaissance.* J'en ai parlé encore suffisamment dans mes *Éléments de Philosophie* et dans mes *Leçons* à l'usage de l'université royale de Naples. Je vous renvoie donc aujourd'hui à ces ouvrages pour la réfutation des erreurs de Hume, de Berkeley, de Bayle, de Kant. Si la divine Providence m'en donne la force, je m'entretiendrai avec vous sur ce sujet une autre fois.

Cependant, pour l'honneur de la philosophie, je ferai une dernière observation résultant du tableau que je vous ai tracé. Les cinq grandes écoles philosophiques qui ont paru en Europe depuis Descartes jusqu'à nos jours sont celles de Descartes, de Leibnitz, de Locke, de Reid, de Kant. Les dogmes importants de l'existence de Dieu, de la spiritualité et immortalité de l'âme, sont maintenus par les principaux chefs des quatre premières écoles. Ils disparaissent dans la philosophie Théorétique de Kant; mais ce philosophe les fait reparaître dans sa philosophie Pratique; et si dans la Critique de la Raison Pure il les regarde comme un simple besoin de la raison spéculative pour perfectionner le système des connaissances et leur donner la plus haute unité, dans la Critique de la Raison Pratique il les considère comme des principes nécessaires pour nous conduire dans le chemin ténébreux de cette vie. Je ne sais si l'école Critique peut justement être accusée d'être anti-religieuse. Quant aux quatre premières, il est certain que l'accusation serait une calomnie manifeste. Les erreurs anti-religieuses ne peuvent être considérées comme des conséquences necessaires d'aucune école. Si l'école de Locke s'afflige du Système de la Nature de d'Holbach, celle de Descartes rougit du panthéisme de Spinosa.

Cependant, pour vous prémunir contre les erreurs de la dialectique transcendantale, je vous prie de méditer les doctrines suivantes que j'ai établies ailleurs. 1° La conscience est un motif infaillible de nos jugements; 2° cette conscience nous montre le Moi comme une substance, et une substance simple; 3° le principe, *Il n'y a pas d'effet sans une cause,* a une valeur réelle et absolue; 4° il suit de ce principe que l'existence d'un être absolument nécessaire, immuable, créateur du *moi* et de tout le fini, est inébranlablement démontrée.

LETTRE XIV.

RÉSULTAT DU CRITICISME. — DOCTRINE DE COUSIN. — JOUFFROY. — ROSMINI. — CONCLUSION.

La conclusion définitive du Criticisme a été, comme vous l'avez pu voir, l'incompréhensibilité de toutes choses et l'absolue ignorance de l'esprit humain sur les objets considérés en soi. Le scepticisme antique, selon Sextus Empiricus, se bornait à dire que la vérité n'était pas encore trouvée; mais il n'enseignait pas l'impossibilité de la trouver. Kant est allé plus loin; il nous a ôté toutes les réalités, et il décide qu'il est impossible à l'homme d'en connaître aucune.

Mais la méthode critique dont Kant est l'auteur est à la fois dogmatique et sceptique. La question des principes des connaissances humaines a deux parties distinctes et qu'il ne faut pas confondre. L'une est celle de l'origine et de la formation de nos connaissances; l'autre est celle de la réalité et de la certitude de la connaissance même. Kant est dogmatique décidé sur la première question. Il fait l'analyse de notre faculté de connaître, comme s'il en était le créateur; il détermine les éléments *à priori* de la *sensibilité*, ceux de *l'entendement* et ceux de la *raison*, d'un ton affirmatif qui étonne; il explique les diverses combinaisons de ces éléments, non-seulement entre eux, mais aussi avec les éléments qu'il dit venir du dehors. Kant est donc dogmatique sur la première question. Sur la seconde, il est plus que sceptique.

Mais le dogmatisme et le scepticisme absolus se contredisent mutuellement; et une philosophie qui les renferme tous deux ne peut être que vaine. La découverte de cette contradiction fut un des premiers résultats du criticisme. En effet, on vit bientôt que ce système est une réunion d'éléments incompatibles.

Le moderne Enésidème (Schulze) est comme l'ancien un ami du scepticisme; mais il est en même temps un formidable adversaire du criticisme. Il établit deux questions que les fondateurs du criticisme auraient dû avant tout se poser : 1° *Si la connaissance de l'origine de nos représentations à priori et à posteriori ne dépasse pas la portée de nos facultés ?* 2° *Si la réflexion sur les actes de la conscience suffit pour nous donner des notions certaines sur la matière et la forme de nos représentations; et si un fait, comme la conscience, peut nous conduire à ce qui est au-delà de toute expérience, c'est-à-dire, à connaître la production des éléments de nos idées ?* Tant qu'on n'aura pas, dit-il, répondu d'une manière satisfaisante à ces deux questions, c'est en vain qu'on tentera d'expliquer le véritable mode de la génération de nos connaissances.

M. Degerando, qui avait bien étudié la philosophie de Kant et les systèmes allemands qui en sont dérivés, a solidement prouvé que Kant, commençant par le plus tranchant dogmatisme, a fini par le plus absolu scepticisme, et qu'ainsi le criticisme renferme dans son sein une évidente contradiction.

« En effet, dit M. Degerando, si le dogmatisme consiste précisément à affirmer avant d'avoir établi une preuve et une garantie pour les affirmations, avant que d'avoir fixé leurs limites; si d'ailleurs les données de l'expérience ne sont pas, selon Kant, des faits primitifs, mais si l'expérience elle-même a besoin d'une base... Kant dogmatise... Toute philosophie doit commencer par admettre comme un fait primitif au moins l'expérience des phénomènes intellectuels, et si c'est dogmatiser que d'admettre de tels faits, comme Kant le suppose, Kant lui-même a dogmatisé. Si l'on dit que Kant, dans ses prémisses, ne considère les phénomènes que comme une simple hypothèse, toute sa philosophie devient hypothétique; et il reste à demander quel rapport les lois hypothétiques d'une connaissance prise dans l'ordre des abstractions ont avec les lois réelles qui régissent les connaissances de chacun de nous. »

Mais le dogmatisme se trouve, suivant la remarque du même critique, uni dans le kantisme au scepticisme le plus absolu; car si, comme l'affirme cette philosophie, notre science n'est composée que d'*apparences*, si la connaissance n'est pas la *connaissance de quelque chose*, la science et la connaissance sont de vains noms. « La philosophie de Descartes commençait par le doute et se terminait au dogmatisme; celle de Kant a fait précisément tout le contraire. »

« Un kantien, continue-t-il, va nous opposer cependant l'appareil des lois qui président à l'application successive des *formes intellectuelles*, lois nécessaires, dit-il, et qui garantissent le légitime emploi de ces formes... mais ne personnifions pas des abstractions. La sensibilité, l'entendement, la raison, c'est le *moi sentant, comparant, raisonnant*; l'intelligence, en un mot, c'est le *moi connaissant*. Les *lois* ne peuvent être plus vraies et plus réelles que les *fonctions* dont elles sont dérivées; ces *fonctions* ne peuvent être plus vraies, plus réelles que le *sujet*, le *moi* qui les remplit et les propriétés qui l'en rendent capables. Mais le Moi, le sujet, son existence, ses propriétés ne sont que des *apparences*. Le monde subjectif n'est qu'un monde d'apparences, les lois qui le régissent ne sont donc point des lois réelles, mais des lois apparentes aussi, qui serviront, si l'on veut, pour appliquer des apparences (les formes intellectuelles) à d'autres apparences (la matière); et nous serons promenés ainsi dans un cercle d'apparences, cherchant un point d'appui qui nous permette de les fixer, et ne trouvant ce point d'appui nulle part, ni au dedans de nous, ni au dehors. »

Ancillon, qui connaissait parfaitement les derniers systèmes de la philosophie allemande, trouve également de la contradiction dans la *phénoménologie* universelle.

Dans mon *Essai philosophique sur la critique de la connaissance*, j'ai prouvé que ces deux propositions du criticisme : *Nous ne pouvons connaître aucune chose en soi.* — *Nous connaissons la source, la nature, le mode de génération, et les limites précises de nos connaissances*, sont évidemment contradictoires entre elles.

M. Jouffroy s'est trompé lorsqu'il a dit, dans la Préface de sa traduction des OEuvres de Reid, que Kant avait donné au scepticisme sa part légitime. Ce profond penseur a cru ainsi ôter du criticisme la contradiction qu'il renferme. Mais c'est en vain. Limiter le nombre des objets auxquels s'étend la connaissance certaine, en exclure une grande quantité, ce n'est pas faire une part au scepticisme; c'est reconnaître seulement les bornes de l'esprit humain. Mais lorsqu'on affirme l'ignorance absolue de toutes choses, sans exception, et qu'en même temps on décide sur l'origine et la génération d'une chose quelconque, la contradiction est inévitable. Prétendre que l'esprit humain ne peut rien savoir, et prétendre en même temps connaître la formation des connaissances humaines; si ce n'est pas là une contradiction, je ne vois pas où on en pourra trouver une.

Beaucoup d'autres contradictions ont été signalées dans le criticisme, et si vous voulez les connaître, vous pouvez consulter mon *Essai sur la critique de la connaissance.*

Répétons donc qu'un des premiers résultats de l'examen du criticisme fut que cette philosophie renferme dans son sein des contradictions palpables.

Quelques philosophes célèbres, adoptant les éléments *à priori* de la connaissance que l'école écossaise avait signalés, et que Kant avait mieux développés et classés, ont essayé de purger le criticisme de la contradiction dont nous venons de parler, et, à cette fin, ont reproduit, sous une forme nouvelle, la doctrine de Reid sur la faculté de *suggestion* ou d'*inspiration*. Telle est, par exemple, la *spontanéité de l'intelligence* que l'illustre Cousin a mise en lumière. Voici cette doctrine exposée avec les paroles mêmes de l'auteur.

« Je veux penser et je pense. Mais, ne vous arrive-t-il pas quelquefois, Messieurs, de penser sans avoir voulu penser? Transportez-vous de suite au premier fait de l'intelligence; car l'intelligence a dû avoir son premier fait, elle a dû avoir un certain phénomène dans lequel elle s'est manifestée pour la première fois. Avant ce premier fait, vous n'existiez pas pour vous-mêmes. Comme l'intelligence ne s'était pas encore développée en vous, vous ignoriez que vous fussiez une intelligence qui pût se développer; car l'intelligence ne se manifeste que par ses actes, par un acte au moins ; et, avant cet acte, il n'était pas en votre pouvoir de la soupçonner, et vous l'ignoriez absolument. Eh bien, quand pour la première fois l'intelligence s'est manifestée, il est clair qu'elle ne s'est pas manifestée volontairement. Elle s'est manifestée pourtant, et vous en avez eu la conscience plus ou moins vive...... Penser, c'est affirmer; la première affirmation, dans laquelle n'est point intervenue la volonté, ni par conséquent la réflexion, ne peut pas être une affirmation mêlée de négation; car on ne débute pas par une négation! C'est donc une affirmation sans négation, une aperception instinctive de la vérité, un développement tout instinctif de la pensée...... Or, qu'y a-t-il dans cette intuition primitive? Tout ce qui sera plus tard dans la réflexion. Mais si tout y est, tout y est à d'autres conditions...... Nous nous apercevons, mais nous ne discernons pas avec toute la netteté de la réflexion notre caractère propre, qui est d'être limités et bornés; nous ne nous distinguons pas d'une manière précise de ce monde, et nous ne discernons pas très-précisément le caractère de ce monde; nous nous trouvons et nous trouvons le monde, et nous apercevons quelque autre chose encore à quoi naturellement, instinctivement, nous rapportons et nous-mêmes et le monde; nous distinguons tout cela, mais sans le séparer bien sévèrement. L'intelligence, en se développant, aperçoit tout ce qui est, mais elle ne peut l'apercevoir d'abord d'une manière réfléchie, distincte, négative, et si elle aperçoit tout avec une parfaite certitude, elle l'aperçoit avec un peu de confusion. Tel est, Messieurs, le fait de l'affirmation primitive, antérieure à toute réflexion et pure de toute négation ; c'est ce fait que le genre humain a appelé inspiration.... Il suit encore de là que nous ne débutons pas par la science, mais par la foi, par la foi dans la raison, car il n'y en a pas d'autre. En effet, dans le sens le plus strict, la foi implique une croyance sans bornes, avec cette condition que ce soit à quelque chose qui ne soit pas nous, et qui par conséquent devienne pour nous une autorité sacrée que nous invoquons contre les autres et contre nous-mêmes, qui devienne la mesure et la règle de notre conduite et de notre pensée.....

» J'appelle *spontanéité de la raison* ce développement de la raison antérieur à la réflexion, ce pouvoir que la raison a de saisir d'abord la vérité, de la comprendre et de l'admettre sans s'en demander et s'en rendre compte. C'est cette même raison spontanée, règle et mesure de la foi, qui plus tard entre les mains de la réflexion engendrera, à l'aide de l'analyse, ce que la philosophie appellera et a appelé les catégories de la raison. La pensée spontanée et instinctive, par sa seule vertu, entre en exercice et nous donne d'abord nous, le monde et Dieu, nous et le monde avec des bornes confusément aperçues, et Dieu sans bornes, le tout dans une synthèse où le clair et l'obscur sont mêlés ensemble. Peu à peu la réflexion et l'analyse transportent leur lumière dans ce phénomène complexe..... Mais quelle est la source de ces catégories? l'aperception primitive. Leur première forme n'était pas du tout la réflexion, mais la spontanéité; et comme il n'y a pas plus dans la réflexion que dans la spontanéité, dans l'analyse que dans la synthèse primitive, les catégories dans leur forme ultérieure, développée, scientifique, ne contiennent rien de plus que l'inspiration..... Or, encore une fois, la réflexion a pour élément nécessaire la volonté, et la volonté c'est la personnalité, c'est vousmême. Les catégories obtenues par la réflexion ont donc l'air, par leur rapport à la réflexion, à la volonté et à la personnalité, d'être personnelles ; elles ont si bien l'air d'être personnelles qu'on en a fait des lois de notre nature...... Kant les trouvant dans le fond de la conscience, où gît toute personnalité, les rapporte à la nature humaine, et conclut qu'elles ne sont que des lois de notre personne ; et comme c'est nous qui formons le sujet de la conscience, Kant, dans son dictionnaire, les appelle subjectives, des lois subjectives, c'est-à-dire personnelles, de sorte que quand nous les transportons à la nature extérieure nous ne faisons pas autre chose que transporter, selon lui, le sujet dans l'objet, et, pour parler allemand, qu'objectiver les lois subjectives de la pensée sans arriver à une objectivité légitime et véritable..... Or, si elles sont purement subjectives, personnelles, vous n'avez pas le droit de les transporter hors de vous, hors du sujet pour lequel elles sont faites ; ainsi le monde extérieur, que leur application vous donne, peut bien être pour vous une croyance invincible, mais non pas un être existant en lui-même ; et Dieu aussi, Dieu peut bien pour vous être un objet de foi, mais non pas un objet de connaissance. Après avoir commencé par un peu d'idéalisme, Kant aboutit au scepticisme. »

Quelle que soit la surprise qu'ait pu vous causer la doctrine de M. Cousin, vous devez vous garder d'imiter ces esprits superficiels qui, incapables de méditer profondément les hautes questions de la philosophie, se servent, contre les opinions qui leur déplaisent, des armes de la plaisanterie et du ridicule. Ainsi donc, repoussant cette honteuse ressource, remontons à l'origine de cette doctrine. L'étude des erreurs des grands esprits n'est pas inutile au penseur qui cherche le chemin de la vérité philosophique.

Cet écrivain éminent est très-versé dans la philosophie des classiques grecs, comme le prouvent sa Traduction de Platon, qui est, de l'aveu de tous les connaisseurs, incomparable, la publication de quelques ouvrages inédits de Proclus, ses *nouveaux Fragments philosophiques*, et, récemment, son Rapport à l'Académie des Sciences Morales et Politiques de Paris sur divers Mémoires relatifs à la Métaphysique d'Aristote. La question de la réalité des connaissances humaines fut certainement le premier problème sur lequel Socrate (qui fit des-

cendre la philosophie du ciel et la tourna vers le sujet pensant) dirigea la méditation des philosophes. Platon dut donc s'occuper de ce problème; et M. Cousin, voulant pénétrer dans la pensée du philosophe grec, dut, avant tout, chercher dans Platon la notion claire du problème dont il s'agit. Il fut aussi un peu entraîné par la haute opinion qu'il avait conçue du génie de ce philosophe, opinion qui lui est commune avec les plus grands philosophes de l'antiquité, parmi lesquels il suffit de citer Cicéron, qui laissa échapper cette sentence anti-philosophique : *J'aime mieux me tromper avec Platon que d'avoir raison avec ses adversaires.* M. Cousin connaissait, en outre, les monstrueuses conséquences du sensualisme, et les imperfections de la philosophie de Locke; et cette connaissance l'avait conduit aux formes et aux lois *à priori* du Criticisme. D'un autre côté, le résultat sceptique du Criticisme l'effrayait avec raison. Dans ces circonstances, il ne crut pouvoir mieux faire que d'établir la réalité et la certitude de la connaissance humaine sur la même base que Platon. Dans son Rapport sur la Métaphysique d'Aristote, il s'exprime ainsi qu'il suit (page 40 et suiv.) : « La pre-
» mière question est celle du véritable caractère des
» *idées* de Platon. L'auteur prend beaucoup de
» peine pour établir ce que nul critique ne peut
» aujourd'hui raisonnablement contester, que les
» idées platoniciennes ne sont pas seulement nos
» idées universelles et nécessaires, nos idées de

» classes et de genres, lesquelles existent dans l'esprit
» humain et nulle autre part, mais qu'elles ont une
» véritable réalité objective. Il est impossible de
» rendre mieux compte que ne le fait notre auteur
» de la théorie de Platon; mais quand il l'a bien
» exposée et expliquée, il l'immole à la critique
» d'Aristote. Il donne raison au disciple contre le
» maître, et en bon et fidèle Kantien, il se joint à
» la foule de ceux qui, depuis Aristote, reprochent
» à Platon d'avoir réalisé des abstractions, de pures
» conceptions de l'entendement. Mais il s'agirait de
» savoir si cette accusation est bien fondée. De ce
» que l'idée platonicienne soit aussi une conception
» de la raison humaine, il ne s'ensuit pas qu'elle ne
» puisse être autre chose encore, qu'elle ne puisse
» exister aussi en dehors de la raison humaine et
» dans les choses, par exemple, à l'état de loi, de
» caractère essentiel. Rien n'existe qui n'ait sa loi
» plus générale que soi-même. Il n'y a point d'in-
» dividu qui ne se rapporte à un genre, point de
» phénomène ni d'accident qui ne tiennent à un
» plan. Et il faut bien qu'il y ait réellement dans
« la nature des genres, des classes, un plan, si tout
» a été fait *cum pondere et mensura;* sans quoi nos
» idées de genres, de classes et de plan ne seraient
» que des chimères, et la science humaine une il-
» lusion régulière. Si on prétend qu'il y a des in-
» dividus et point de genres, des choses liées en-
» semble et pas de plan, par exemple, des individus
» humains plus ou moins différents, et pas de type

» humain, et mille autres choses de cette sorte, à la
» bonne heure; mais, en ce cas, il n'y a plus rien
» de général dans le monde, si ce n'est dans l'en-
» tendement humain; c'est-à-dire, en d'autres
» termes, que le monde et la nature sont dépourvus
» d'ordre et de raison, et qu'il n'y a de raison que
» dans la tête de l'homme : résultat mille fois plus
» embarrassant que la théorie platonicienne, dont
» tout le secret tant cherché, et selon nous bien
» simple, est l'unité de l'existence universelle, par
» conséquent l'harmonie de l'esprit humain et de
» la nature, des conceptions de l'un et du plan de
» l'autre, et le double caractère de l'idée, prise au
» sens de Platon, comme conception générale dans
» le sujet pensant, et comme loi ou forme générale
» dans l'objet externe. Nier ce double caractère de
» l'idée, c'est déshériter les choses, en apparence,
» au profit de l'esprit humain, qui en réalité se
» trouve par là condamné à des conceptions vides
» et à un dogmatisme subjectif, lequel contient et
» produit tôt ou tard le scepticisme universel. Si
» la raison humaine est la mesure unique de la vé-
» rité des choses, c'en est fait et de la vérité et de
» la raison elle-même. »

J'ai, pour ma part, de fortes raisons à alléguer contre cette doctrine platonicienne; mais ce n'est pas ici le lieu de les exposer. Néanmoins, je ne peux m'empêcher de reconnaître dans ce *platonisme* la force d'esprit de M. Cousin, qui l'a si admirablement reproduit dans ce passage, et défendu de la meilleure manière possible; et si je pouvais, pour un moment, me dépouiller de mes principes philosophiques et de ma méthode de philosopher, je n'hésiterais pas à l'adopter.

Les idées platoniciennes sont les types d'après lesquels la Suprême Intelligence a fabriqué l'univers; elles sont donc *objectives* dans leur origine. Mais comment sont-elles *objectives* dans l'esprit humain? C'est, dira-t-on sans doute, parce que la suprême intelligence les y a mises. La réponse est simple, et, avec cette réponse, on revient aux idées innées de Descartes et de Leibnitz. Mais il arrive souvent que les philosophes, en reproduisant les opinions anciennes, y ajoutent quelques modifications. De quelle manière, demande-t-on, la Suprême Intelligence a-t-elle mis dans l'esprit humain ces semences de vérités? Selon Descartes et Leibnitz, elle les y a mises en créant l'âme humaine avec ces caractères. Platon ne pouvait songer à ce mode d'explication; car la *création* des substances ne se trouve pas chez les philosophes avant Jésus-Christ. Le philosophe grec admettait l'*âme du monde;* et son Dieu suprême était différent de cette âme du monde. La *raison impersonnelle* de M. Cousin ne serait-elle pas la même chose que l'âme du monde de Platon? Et l'âme du monde ne serait-elle pas l'*intelligence spontanée* du philosophe français, à laquelle succède la *réflexion volontaire?* Voici ses paroles :

« Quand nous parlons de Dieu, nous avons le

» droit d'en parler, parce que nous en parlons *se-*
» *lon Dieu lui-même, selon la raison qui le repré-*
» *sente;* nous sommes donc dans la vérité, dans
» l'essence et dans la substance des choses; nous y
» sommes en vertu de la raison, *qui elle-même,*
» *dans son principe, est l'essence vraie et l'essence*
» *absolue.* »

Ce philosophe dit en outre : *La vérité doit être reportée à cette intelligence dont la nôtre, ou plutôt celle qui fait apparition en nous, est un fragment, à la pensée pure et incorruptible que la nôtre réfléchit. Voilà la théorie de Platon que j'ai moi-même adoptée.*

Quel que soit le mode dans lequel les germes de la vérité se trouvent dans l'esprit humain, les opinions de Descartes et de Leibnitz, et celle de Platon, renouvelée par M. Cousin, s'accordent à reconnaître que ces germes viennent d'une cause intelligente autre que nous, et que la réflexion volontaire les retrouve dans l'esprit; elles sont, par conséquent, à la fois *objectives* et *subjectives*. L'opinion que nous voyons toutes les vérités nécessaires et immuables dans la vérité souveraine et incréée, c'est-à-dire en Dieu, a été soutenue, bien avant M. Cousin, par d'autres philosophes. (Voyez la xxxviie de mes *Leçons*, etc.)

Cette solution du problème de la réalité des connaissances humaines, proposée par M. Cousin, n'a pas été universellement acceptée par les philosophes rationalistes, et M. Jouffroy l'a trouvée insuffisante. Il importe de vous faire connaître les idées de ce dernier philosophe sur l'objet qui nous occupe, telles qu'il les a exposées dans la Préface de sa traduction des OEuvres de Reid. Il observe, en premier lieu, que la croyance humaine repose, suivant les Écossais, sur des principes *à priori*. Je vous en ai parlé dans mes lettres précédentes ; mais il convient de rapporter ici les propres paroles de M. Jouffroy. « La doctrine écossaise exprime un fait fondamental de la nature humaine que Kant a également constaté, à savoir que la faculté qui met dans la connaissance les notions *à priori*, est en même temps en nous celle qui juge du vrai et du faux, et par conséquent celle qui croit. Qu'on veuille bien y réfléchir en effet, on trouvera dans notre intelligence deux capacités très-distinctes, celle de voir et celle de concevoir ou comprendre. Quand un phénomème se produit sous nos yeux ou en nous, c'est parce que nous sommes doués de la première que l'idée de ce phénoméne entre dans notre esprit ; mais tout finirait là, comme il arrive dans un miroir qui reproduit l'image des objets, si nous n'étions doués de la seconde. » En vertu de cette seconde faculté, l'idée du phénomène étant reçue, nous croyons simplement à la vérité, c'est-à-dire, à l'existence du phénomène en nous ; et en outre, notre esprit étant capable de comprendre, il juge que ce phénomène doit avoir une cause. « Ainsi il y a deux choses en nous, ce qui voit et ce qui comprend ; nos sens et notre conscience voient dans le présent, notre mémoire voit dans le passé, et, par ces trois facultés, l'image de ce qui est visible est introduite dans notre esprit et peut y être conservée et fixée ; mais cela fait, rien n'est encore compris, et c'est à partir de là que l'œuvre de comprendre commence. Cette œuvre sort des entrailles mêmes de l'esprit ; dans la vision il n'a rien mis du sien, il a reçu ; dans la conception tout vient de lui, il produit. S'appliquant à l'image, il affirme qu'elle est vraie et en détermine ainsi la valeur ; puis, qu'elle ne représente que la moitié des choses, et il en proclame ainsi l'insuffisance ; enfin, qu'outre ce qu'elle représente, la réalité comprend tel autre élément, et ainsi il la supplée et l'achève, et en fait ce produit complexe qu'on appelle la connaissance, et dont l'image n'était que le premier élément. Ainsi la raison, si on veut appeler ainsi la faculté de comprendre, n'est pas seulement la source de l'élément *à priori* de la connaissance, elle est encore celle du jugement que nous portons sur l'élément *à posteriori* et qui le déclare vrai. Des différentes notions qui entrent dans la connaissance, les unes sont *à priori* et les autres *à posteriori* ; mais tout jugement émanant de la faculté de comprendre, tout jugement et par conséquent toute croyance est *à priori*. »

Après cette exacte exposition du point de vue des Ecossais, M. Jouffroy cherche à marquer la différence de la philosophie écossaise et de la philosophie critique ; il la développe de la manière suivante : « Les conceptions *à priori* de la raison sont la base de toute croyance, et par conséquent de toute certitude humaine; tel est le fait incontestable que la philosophie écossaise et la philosophie critique reconnaissent d'un commun accord, et duquel elles partent.... »—« Mais, partant de là, Kant a élevé une distinction, et par suite une question qui a eu un retentissement immense en philosophie. Que l'ensemble de ces principes constituent la raison et la vérité humaine, à la bonne heure, a dit le philosophe de Kœnigsberg ; mais reste à savoir si la vérité humaine est la vraie vérité, si elle est la vérité absolue. Tant qu'on n'aura pas résolu cette question, la certitude humaine sera en problème, et la vraie valeur de toute science indéterminée.... » — « Kant, considérant que les conceptions de la raison sont des croyances aveugles auxquelles notre esprit se sent fatalement déterminé par sa nature, en conclut qu'elles sont relatives à cette nature; que si notre nature était autre, elles pourraient être différentes; que par conséquent elles n'ont aucune valeur absolue, et qu'ainsi notre vérité, notre science, notre certitude, sont une vérité, une science, une certitude purement *subjective*, purement humaine, à laquelle nous sommes déterminés à nous fier par notre nature, mais qui ne supporte pas l'examen de la raison, et n'a aucune valeur *objective*. C'est ainsi que Kant résout la question qu'il a élevée, et cette solution a décidé de la direction suivie après lui par la philosophie allemande. En effet, tous les esprits, effrayés des conséquences de cette solution, non-seulement ont accepté l'assertion de Kant que ce problème est le premier dont la philosophie doit s'occuper, mais tous se sont tourmentés à lui trouver une solution moins fatale à la science, et n'ont osé aborder les questions philosophiques qu'après avoir, chacun à leur manière, cru trouver un fondement absolu à la certitude humaine. Ainsi, toute la philosophie a été mise sous la dépendance de ce problème, et les différents systèmes ne se sont plus distingués que par la manière dont ils le résolvaient. »

Mais le célèbre écrivain que je cite, que pense-t-il, lui, de cette direction et de ces efforts de la philosophie pour la solution du problème? Il croit que la raison sent incontestablement le besoin de résoudre cette question; mais il croit aussi que cette même raison ne peut pas satisfaire cet irrésistible besoin. Triste condition de l'humanité! Funeste résultat du criticisme, impuissant lui-même à son tour pour indiquer à l'homme la vraie méthode de philosopher! Reid, épouvanté du scepticisme de Hume, qu'il regardait comme une conséquence de la doctrine de Locke, eut recours pour s'y soustraire à l'ordre *à priori*. Mais si l'ordre *à priori*, invoqué par Reid, conduit tout droit au scepticisme, ce philosophe manqua son but; si la fin n'est pas atteinte, on peut conclure légitimement que les moyens employés ne sont des moyens qu'en apparence. Continuons à écouter Jouffroy :

« Nous croyons, c'est un fait; mais ce que nous croyons, sommes-nous fondés à le croire? Ce que nous regardons comme la vérité, est-ce vraiment la vérité? Cet univers qui nous enveloppe, ces lois qui nous paraissent le gouverner et que nous nous tourmentons à découvrir, cette cause puissante, sage et juste que sur la foi de notre raison nous lui supposons, ces principes du bien et du mal que respecte l'humanité et qui nous semblent la loi du monde moral, tout cela ne serait-il pas une illusion, un rêve conséquent, et l'humanité comme tout cela, et nous qui faisons ce rêve comme le reste? *Question effrayante, doute terrible*, qui s'élève dans la pensée solitaire de tout homme qui réfléchit et que la philosophie n'a fait que ramener à ses termes les plus précis dans le problème que les Écossais lui interdisent de poser! Ce problème, l'esprit se le pose en vertu de ses lois. » La raison, recueillant les dépositions de la conscience, des sens et de la mémoire, a le droit de se demander à elle-même quelle est la valeur de ces dépositions. « Mais, continue M. Jouffroy, de ce que la raison élève ce doute sur elle-même, s'ensuit-il que la raison qui peut l'élever puisse le résoudre? Nullement.... Ce cercle vicieux est évidemment insurmontable.... Il suffit d'énoncer la question pour le prouver.... Il y a en nous, *et il est impossible qu'il en soit autrement*, une dernière raison de croire; en fait, nous doutons de cette dernière raison; évidemment ce doute est invincible; autrement

cette raison de croire ne serait pas la dernière....
C'est ce que répète Kant lorsqu'il soutient que l'on
ne peut objectiver le subjectif, c'est-à-dire faire
que la vérité humaine cesse d'être humaine, puisque la raison qui la trouve est humaine. On peut
exprimer de vingt manières différentes cette impossibilité; elle reste toujours la même, et demeure
toujours insurmontable. »

Le même philosophe nous dit que dans cette
vaine et irraisonnable entreprise de prétendre établir la réalité et la certitude absolues de la connaissance humaine, il convient de distinguer deux
périodes bien distinctes : l'époque cartésienne, qui
s'étend depuis Descartes jusqu'à Reid et Kant, et
l'époque allemande, qui part de ces deux philosophes et arrive jusqu'à nos jours : « Dans la première, dit-il, l'impossibilité de résoudre le problème n'est pas encore en évidence; les philosophes
courent après l'*aliquid inconcussum*, le cherchent
successivement dans les différentes bases de la
croyance, les essayant tour à tour, et pensant toujours en rencontrer une capable de supporter,
sans trembler, l'édifice de la connaissance humaine.
Dans la seconde, au contraire, la vanité de cette
recherche a été démontrée, l'impossibilité de résoudre le problème a été mise dans tout son jour,
et c'est contre cette impossibilité que luttent de
front les doctrines philosophiques. L'erreur des
philosophes de la période cartésienne est excusable;
elle était même nécessaire, car il fallait toutes ces

tentatives pour dégager la question, pour la réduire en ses vrais termes, et pour mettre à nu l'impossibilité radicale où est l'esprit humain de la résoudre; mais lorsque cette impossibilité a été proclamée par l'école écossaise, lorsqu'elle a été posée d'une manière invincible et avec une admirable précision par Kant, on ne conçoit plus l'illusion de la période allemande, et on en est réduit à admirer, sans concevoir comment elles ont pu satisfaire un moment des esprits aussi éminents, les ingénieuses mais impuissantes théories au moyen desquelles Fichte, Schelling, Hegel et M. Cousin parmi nous, ont pensé sauver la connaissance humaine de l'incontestable arrêt de la philosophie critique, et dissiper par l'esprit humain un doute qui, frappant l'esprit humain lui-même, ne saurait jamais être détruit. »

Je ferai sur ce sujet quelques observations historiques. M. Jouffroy prétend 1° que l'impossibilité d'établir l'*aliquid inconcussum* dans la connaissance (impossibilité qu'il fait dériver de l'impossibilité de trouver la raison de la dernière raison) n'a pas été clairement connue avant Reid et Kant. Je crois, avec la permission du savant écrivain, pouvoir dire que cette assertion est historiquement inexacte. Le scepticisme tout entier, depuis son origine jusqu'à nos jours, n'a-t-il pas constamment prétendu prouver l'impossibilité d'une connaissance réelle dans l'homme ? n'a-t-il pas prétendu établir l'impossibilité de connaître l'accord de nos idées, quelles qu'elles soient, avec les objets. On ne peut nier ces maximes du scepticisme sans altérer toute l'histoire de la philosophie. En outre, parmi les fameux Moyens de l'*époque*, énumérés par Sextus Empiricus, on trouve les trois suivants : *Le progrès à l'infini, le diallèle* et l'*hypothétique*. Remontant de raisonnement en raisonnement, dit Sextus, quelque longue que soit la série, vous arriverez à une première prémisse ; et alors que ferez-vous ? Vous arrêterez-vous à cette prémisse ? Dans ce cas, vous la supposez vraie ; mais l'adversaire aura autant de droit de la supposer fausse ; et c'est là le moyen *hypothétique* qui vous oblige à l'Époque. Si, d'autre part, vous cherchez à prouver cette prémisse, vous êtes encore obligé, pour éviter le mode hypothétique, de prouver les prémisses de ce raisonnement, et ainsi à l'infini ; ce qui est impossible.

De plus, si vous affirmez *qu'il existe quelque vérité*, ou vous ne prouvez pas cette assertion, et alors vous tombez dans le mode hypothétique ; ou vous la prouvez, et alors, dans ce second cas, ou bien votre preuve est vraie ou elle est fausse : si elle est fausse, elle ne prouve rien ; si elle est supposée vraie, vous tombez dans le *diallèle*, parce que ce qui est en question, c'est s'il existe quelque vérité ; vous prouvez ainsi qu'il y a une vérité, parce qu'il y a une vérité.

M. Jouffroy se trompe donc en attribuant à Reid, et principalement à Kant, la découverte des arguments tendant à prouver l'impossibilité d'arriver à l'*aliquid inconcussum*, destiné à servir d'appui à la connaissance humaine. Ces arguments ont eu un retentissement immense dans l'antiquité.

Il me paraît aussi que, dans l'histoire du problème dont nous parlons, M. Jouffroy a omis une partie importante des faits. Le scepticisme ne régna jamais seul dans le monde philosophique, il fut toujours dans une lutte éternelle avec la philosophie dogmatique. Il convenait donc de rapporter tout ce que les dogmatiques ont, de tout temps, opposé aux sceptiques. On leur a dit, 1° que l'existence d'une connaissance réelle est une vérité primitive; 2° que les vérités primitives se reconnaissent, mais ne se prouvent point; 3° que demander une démonstration des vérités primitives, est déraisonnable et absurde; 4° que la Raison ne sent et ne connaît pas du tout le besoin de prouver les vérités primitives; 5° que la croyance aux vérités primitives n'est pas une croyance *aveugle*, comme le prétend Kant; qu'elle résulte de l'*intuition immédiate*, laquelle est lumière directe, et éclaire par elle-même; 6° que l'existence des vérités primitives admise, le scepticisme est invinciblement convaincu de contradiction.

Maintenant, me tournant vers Kant et Reid, je dis que les jugements Synthétiques *à priori* sont des croyances aveugles; mais que toute philosophie ne se croit pas obligée de les admettre, et que même ils ont été démontrés absurdes. Il suffit de citer, entre beaucoup d'autres, deux philosophes célèbres, l'un ancien, qui est Leibnitz, et l'autre moderne, M. Degerando. Je dis que la faculté de *suggestion* de Reid est aveugle; mais j'ajoute que cette faculté est tout-à-fait chimérique; que la philosophie de l'expérience la rejette, puisque le principe fondamental de celle-ci est que : *On ne doit pas admettre d'autres existences que celles qui nous sont données par l'expérience, et celles qui, en vertu du principe d'identité, se déduisent des premières.*

Selon cette philosophie, on commence par voir et non par croire ; et on ne croit jamais que parce qu'on voit. Je ne peux vous développer ici cette philosophie ni la défendre contre les objections dont elle a été l'objet. Je l'ai fait déjà dans mon *Essai philosophique sur la Critique de la Connaissance*, et je le ferai de nouveau avec de nouvelles vues dans un autre ouvrage.

A toutes les époques, les philosophes ont cru avoir trouvé l'*aliquid inconcussum*, base de la réalité et de la certitude de la connaissance humaine. Descartes l'a trouvé dans le *cogito, ergo sum*. L'évidence de cette vérité lui parut si lumineuse et si incontestable que, même en supposant un malin esprit tout-puissant qui voudrait le tromper, il était impossible qu'il le fût.

Mais cet *aliquid inconcussum* n'est pas du tout particulier à Descartes. S. Augustin s'en est servi. « Pour commencer, dit-il à Evodius, par les cho-
» ses les plus évidentes, je te demande : existe-

» tu ? et pourrais-tu craindre de te tromper en ré-
» pondant à cette question, puisque certainement
» si tu n'existais pas, il serait absolument impos-
» sible que je te trompasse? » Evodius demeure parfaitement convaincu de cette vérité primitive de sa propre existence, et invite S. Augustin à continuer son discours. Rosmini se trompe donc aussi lorsqu'il dit que S. Augustin ne regarde pas le *je suis* comme une vérité primitive, mais seulement comme une vérité évidente et non contestée par les Académiciens, qu'il réfutait. Voici ses propres paroles : « *Abs te quæro, ut de manifestissimis ca-*
» *piamus exordium,* utrum tu ipse sis ? an tu for-
» tasse metuis, ne in hac interrogatione fallaris,
» cùm utique si non esses, falli omnino non posses ?
» Evodius.— Perge potiùs ad cætera. » (*De Lib. Arb.*, lib. 2, c. 3.) Dans d'autres passages, il se sert de cette vérité contre les Académiciens. Le chapitre XXXVI, livre XI *de la Cité de Dieu* offre dans ce sens un passage admirable. « Nous sommes, dit-
» il, et nous connaissons que nous sommes, et nous
» aimons être et connaître que nous sommes. Dans
» ces trois vérités, aucune fausseté ayant l'appa-
» rence du vrai ne vient nous troubler; car ces
» choses nous ne les connaissons pas par le moyen
» de quelque sens corporel, comme les choses qui
» sont hors de nous... *Mais il est très-certain pour*
» *moi que je suis, que je connais que je suis, et que*
» *j'aime à être et à connaître que je suis, et cela sans*
» *aucune imagination illusoire de fantômes.*

» Pour ces trois vérités, je ne crains pas les
» arguments des Académiciens, qui nous disent :
» Qu'arrivera-t-il si vous vous trompez ? Si je me
» trompe je suis, car celui qui n'existe pas ne peut
» certainement être trompé, et par conséquent, si je
» me trompe j'existe. Ainsi donc, puisque j'existe
» si je me trompe, comment pourrai-je me tromper
» sur mon existence quand il est certain que si je
» me trompe j'existe ? Par conséquent, puisque
» même dans l'hypothèse où je me tromperais,
» j'existerais, certainement je ne me trompe pas
» en connaissant que je suis. Il suit de là encore
» que je ne me trompe point en connaissant que je
» connais que je suis, car de même que je connais
» que je suis, de même je connais que je connais
» que je suis. Et aimant à être et à connaître que
» je suis, je joins à ces deux connaissances la con-
» naissance de cet amour. »

En remontant plus haut dans l'antiquité philosophique, nous verrons qu'un célèbre Académicien a aussi admis l'*aliquid inconcussum* de Descartes ; cet Académicien est Cicéron : « Sed si qualis sit
» animus, ipse animus nesciat; dic, quæso, ne esse
» quidem se sciet ? ne moveri quidem se ?... *sentit*
» *igitur animus se moveri : quod cùm sentit, illud*
» *una sentit se vi suâ, non alienâ, moveri.* » (*Tuscul.*, lib. 1, c. 22 et 23.)

Je pourrais produire beaucoup d'autres autorités, mais je n'écris pas l'histoire de la philosophie. J'observe seulement que les sceptiques qui, comme l'avoue Sextus Empiricus, ne niaient pas les *apparences*, les *phénomènes*, admettaient par cela même l'*aliquid inconcussum* de Descartes. *Cela me paraît* équivaut à *je pense cela,* je suis existant avec cette pensée. Toute philosophie est impossible sans l'*aliquid inconcussum* dont nous avons parlé. Kant n'admet pas explicitement l'*aliquid inconcussum*, car il veut que sa critique soit une science absolument *à priori*, et elle ne serait pas telle si elle partait des données expérimentales de la conscience; mais comme il est intrinsèquement impossible de philosopher sans admettre le fait de la conscience, Kant admet implicitement l'*aliquid inconcussum*, car ce philosophe n'a aucune peur des contradictions. Par conséquent, j'accepte l'observation de M. Degerando, que Kant a commencé par le dogmatisme et a fini par le scepticisme; et je n'accepte l'observation de M. Cousin, que Kant est parti de la *psychologie,* qu'avec une distinction : *implicitement*, je l'admets, *explicitement*, je le nie. Kant ne commença pas explicitement par la psychologie; il en partit implicitement et sans s'en douter, parce que l'*aliquid inconcussum* est intrinsèquement indispensable à toutes les méthodes de philosopher.

Je crois parfaitement avec M. Jouffroy que, les prémisses de l'École écossaise et de la philosophie critique étant admises, la réalité et la certitude de la connaissance humaine n'ont plus de bases, et seront éternellement chancelantes; et que, par conséquent, tous les efforts des philosophes pour la solution de ce problème ainsi posé sont vains.

Le respectable et profond Rosmini a adopté, quant à l'origine de la connaissance, la doctrine de Reid et de Kant; c'est-à-dire que la connaissance ne peut se réaliser que par l'élément *à priori*. Je sais bien qu'il a cru avoir réduit tous les éléments *à priori* à un seul, qu'il place dans la notion de l'*être*. Mais cela ne fait point que la connaissance ne dépende pas, quant à son existence, de l'élément *à priori*. Cette réduction ne change rien au fond de la question de la génération de la connaissance; et par conséquent ce système ne détruit pas les objections et les difficultés dirigées contre la réalité de la connaissance. Nous ne pouvons, dit cet éminent philosophe, croire à l'existence de nos sensations qu'au moyen d'un jugement par lequel nous appliquons aux sensations l'idée générale *d'existence*. Cette doctrine établie, je crois fermement que la réalité de la connaissance n'a plus de fondement. Quand je juge, dit Rosmini, que la sensation A existe, je classe cette sensation parmi les choses existantes. Examinons. Certainement, je ne puis pas ranger un individu sous son espèce, ni une espèce sous son genre, si je ne trouve pas dans l'individu l'idée de l'espèce, et dans l'idée de l'espèce celle du genre, car, sans cela, ma classification serait sans fondement et tout-à-fait arbitraire. Je devrais donc voir l'idée d'existence dans la sensation, ce qui répugne à la doctrine de Rosmini; car, selon lui, l'idée d'existence ne vient pas de la sensation; elle est *à priori*. Mais si la chose est ainsi, cette application, étant une opération de l'esprit sans aucun fondement dans l'objet en soi, est incapable de donner aucune réalité; tous les objets demeurent idéaux, toute réalité en soi disparaît, et le résultat sceptique du criticisme est inévitable. L'idée d'*existence* est *à priori*, dites-vous; elle n'a donc aucune valeur objective. De ce que j'ai une idée dans mon esprit, suis-je autorisé à poser quelque réalité en soi, correspondante à cette idée? Dieu ne voit les choses existantes que dans son éternel décret de les créer; mais l'esprit humain ne crée ni ne peut créer les êtres; si ceux-ci ne lui sont pas présentés, il ne peut les connaître. Par conséquent, il faut admettre une perception purement expérimentale de certaines existences; mais alors la doctrine de Rosmini ne subsiste plus. L'ordre *à priori* est purement idéal.

Encore un mot. Si je ne trouve pas dans la sensation même l'idée d'existence, cette idée sera un prédicat ajouté au sujet du jugement. Le jugement sera donc *synthétique;* et nous voilà revenus par une autre voie aux jugements synthétiques *à priori* de Kant, et aux *lois de notre nature* de Reid; et il suivra de là, selon les observations de M. Jouffroy, que nous devons croire uniquement parce que notre nature nous force de croire, et que, par conséquent, nous ne possédons qu'une vérité humaine et non la vérité absolue. Qu'on arrive par une voie ou par une autre au même résultat, peu importe : ce n'est là qu'une circonstance accidentelle.

Enfin, en supposant, sans l'accorder pourtant, que je puisse être certain de l'existence des sensations, je ne pourrai pas être certain de l'existence du *moi*, ou du sujet d'inhérence des sensations. Pour arriver au *moi*, Rosmini nous oblige à ce raisonnement. *Les qualités existantes supposent la substance existante; les sensations existent et sont des qualités; par conséquent, la substance à laquelle les sensations sont inhérentes existe.* La majeure de ce syllogisme est une proposition *à priori*, une proposition identique, et, par conséquent, incontestable; mais elle est par elle-même inféconde et impuissante à produire la réalité; elle est purement hypothétique. La mineure (*les sensations existent*) ne nous conduit pas à l'existence en soi, à l'*objectivité* des sensations; car le prédicat (*l'existence*) est une *catégorie*, une notion *à priori*, qui, n'ayant pas d'objectivité, ne peut la communiquer aux sensations. L'autre partie de la mineure (*les sensations sont des qualités*) suppose la notion de *qualité*. Maintenant, je demande : cette notion de qualité est-elle *à priori* ou *à posteriori?* Si elle est *à priori*, elle n'est pas objective; si elle est *à posteriori*, l'idée de Substance qui lui est corrélative devrait aussi être *à posteriori*, puisqu'on ne peut avoir l'idée de qualité sans celle de substance, les qualités étant ce qui est inhérent à un sujet. Or, Rosmini pose *à priori* l'idée de substance ; l'idée de qualité est donc aussi *à priori*. Par conséquent, la mineure n'a également qu'une valeur idéale et pas d'objectivité. Le *moi* est donc idéal ; il n'est qu'un phénomène, une apparence, comme le prétend le criticisme.

Les œuvres des grands esprits méritent d'être étudiées en détail. J'examinerai plus au long la doctrine du *nouvel Essai sur l'origine des idées*, dans l'ouvrage que j'espère publier, et qui aura pour titre : *La Philosophie de l'expérience sur l'existence de l'esprit humain, du monde et de Dieu*.

Résumons les résultats du criticisme. 1° Ce système ne satisfit pas les sceptiques à cause du dogmatisme qu'il renferme ; et il ne satisfit pas les dogmatiques à cause de son résultat sceptique. 2° Quant aux philosophes rationalistes, ils se sont divisés. Quelques-uns ont accepté dans toutes ses parties la philosophie critique, et ont admis par conséquent son résultat sceptique ; le savant Jouffroy est de ce nombre. D'autres ont accepté la première partie de la doctrine critique et ont rejeté la seconde ; à cette dernière classe appartiennent le célèbre Cousin, en Italie l'illustre Rosmini, et l'habile professeur Tedeschi, à Catane.

Mais que dirons-nous des philosophes de *l'expérience*? Le criticisme n'exerça-t-il donc sur leur esprit aucune influence ? Ce serait contraire à la loi de la marche de la pensée philosophique. En effet, l'état de la philosophie d'une époque a toujours influé sur celui de l'époque suivante. Je résumerai ici brièvement les diverses phases par lesquelles ont passé mes idées en philosophie.

I. Après avoir attentivement étudié les œuvres philosophiques de Condillac et celles des plus célèbres sensualistes, j'obtins un résultat opposé à la philosophie de la sensation. *L'esprit humain est sensitif; mais il est en outre intelligent et raisonnant. Le sens est donc distinct de l'intelligence.*

II. Je méditai avec beaucoup de soin et de travail la Critique de la Raison pure de Kant, et j'arrivai aux conclusions suivantes :

1° L'ordre *à priori*, que ce philosophe appelle aussi ordre *transcendental*, est purement idéal et dépourvu de toute réalité.

2° Je vis qu'en fondant la connaissance sur l'ordre *à priori* on arrive nécessairement au scepticisme, et je reconnus que la Doctrine écossaise est la mère légitime du Criticisme et, par conséquent, du scepticisme, qui est la conséquence de la philosophie Critique.

3° Je ne pus accepter ce scepticisme. Une philosophie sceptique, me dis-je, est une absurdité; la philosophie est essentiellement dogmatique, et ne peut être que dogmatique; elle doit contenir des vérités absolues.

4° Si on doit rejeter une doctrine qui conduit légitimement à l'absurde, il faut rejeter le *rationalisme*, qui fait reposer la connaissance sur l'ordre *à priori*, puisque ce rationalisme produit précisément le scepticisme, qui est une absurdité.

Que faire donc ? N'y aurait-il pas un moyen de perfectionner la philosophie de l'expérience et d'en faire disparaître les défauts qui la déparent et que les rationalistes lui reprochent? N'y aurait-il pas une route entre le Rationalisme et l'Empirisme? Je jugeai qu'il ne fallait pas désespérer. Dans cette vue, j'entrepris une analyse exacte de l'intelligence humaine. Le Criticisme m'a beaucoup aidé en cela, et je reconnais le mérite de quelques-unes de ses recherches.

Je considérai comme de la plus haute importance ce problème de Kant : *Il convient de déterminer ce qu'il y a d'objectif et ce qu'il y a de subjectif dans la connaissance.* Les Empiriques n'admettent dans la connaissance d'autres éléments que les *objectifs*. Mais l'esprit humain étant un agent, ne pourrait-il pas développer, par son action propre, quelque élément qu'il ne reçoit pas, mais qu'il produit? Et cet élément *subjectif* ne pourrait-il pas être tel qu'il laissât intact l'élément objectif, et, coopérant avec celui-ci, n'altérât en rien la réalité de la connaissance, mais, au contraire, l'étendît et la fécondât? Tel est le problème que je me donnai à résoudre.

III. Laromiguière, après avoir rejeté la doctrine de la sensation de Condillac, enseigna ensuite que *chaque idée est un sentiment distinct des autres sentiments.* Cette doctrine m'a paru fausse. Dieu, ai-je dit, n'est pas un objet sensible; on ne peut donc en avoir aucun sentiment, mais une idée intellectuelle. La notion de Dieu n'est donc pas un élément empirique de la connaissance. Il ne faut pas confondre le sentiment d'une idée avec l'idée elle-même.

On peut avoir et nous avons effectivement la conscience de l'idée de Dieu ; mais cet être infini étant distinct de la nature sensible, n'est pas un objet senti, mais pensé par la raison qui du conditionnel s'élève à l'absolu. J'arrivai donc à ces autres résultats.

1° Il y a une notion essentielle qui n'est pas *empirique,* et qui est *subjective.* Ici se présente cette terrible difficulté : si la notion de Dieu est subjective, comment est-elle réelle ? Voici comment je suis parvenu à la résoudre. Si on me propose ce problème : *Le nombre seize étant donné, trouver un nombre qui soit le double de celui-ci,* les données de ce problème sont le nombre seize et le rapport de ce nombre avec le nombre inconnu que je cherche ; je peux donc, étant donnés un terme et sa relation avec un autre terme inconnu, trouver cet inconnu. La notion du double de seize est identique avec la notion de trente-deux.

2° Pareillement, ai-je dit, l'expérience me donne le *conditionnel ;* le conditionnel est de sa nature relatif ; j'ai donc dans le conditionnel un terme de la relation. Je peux, en conséquence, sans sortir de l'identité, trouver l'autre terme, qui est *l'inconditionnel* ou *l'absolu.* L'esprit ne peut donc pas ne pas remonter du conditionnel à l'absolu, du fini à l'infini, du composé au simple, du muable à l'immuable, du temps à l'éternité. Et ce n'est pas en vertu des jugements synthétiques *à priori* de Kant, ni de la faculté *d'inspiration* de Reid, que l'esprit agit; mais en vertu de l'intuition médiate du raisonnement appuyé sur le principe d'identité : A=A.

Mais cela ne me tirait pas entièrement d'embarras. Le principe sur lequel repose la démonstration de l'existence de Dieu est la loi de causalité, *il n'y a pas d'effet sans cause.* Or, que de questions à résoudre sur la nature de ce principe ! Est-il une vérité identique, fondée sur le principe de contradiction ? Si ce n'est pas une vérité identique, c'est alors un principe synthétique *à priori*, comme le prétend Kant, ce qui introduit les croyances aveugles que je veux chasser de la philosophie, ayant reconnu l'impossibilité des jugements synthétiques *à priori.* En conséquence, je portai mon attention sur le fait de conscience, et je me convainquis que le *moi* m'est donné en même temps, par le seul sentiment intérieur, et comme *substance* et comme *cause.*

3° J'examinai le principe de Substance, et je trouvai que la proposition qui l'énonce, *il n'y a pas de qualité sans une substance à laquelle elle est inhérente*, est une vérité identique. Un accident ou qualité quelconque est, en effet, une chose existante dans un sujet. Par conséquent, dire : *Il y a la qualité*, c'est dire *Il y a une chose inhérente à un sujet;* ou bien encore, *Il y a un sujet auquel une chose est inhérente.* Mais pouvons-nous dire de même du principe de causalité ? Cette proposition : *Il n'y a pas d'effet sans cause*, est-elle aussi une proposition identique ? J'ai démontré son identité de la manière suivante. Ce qui a un commencement d'existence doit avoir été précédé ou d'un temps vide ou d'un être, car autrement la chose dont il s'agit serait la première existence et la première lettre de l'alphabet des êtres ; et on ne pourrait dire d'une telle chose qu'elle commence d'être, puisque cette notion de commencement d'existence implique en soi une priorité, relativement à l'être qui commence. Ces deux notions *existence commencée* et *existence précédée d'une autre chose* sont donc identiques. Mais est-il possible qu'une existence soit précédée d'un temps vide ? J'ai montré qu'une durée vide est une chimère, un produit de l'imagination dépourvu de toute réalité. Vous trouverez le développement de cette preuve, que je ne puis exposer ici, dans mon *Essai sur la Critique de la connaissance*. J'ai établi là que le temps n'est que *le nombre des productions*. Aristote a dit que le temps est *le nombre du mouvement*. Ceci supposé, *l'existence commencée est une existence précédée d'une autre existence*. Cette proposition est identique. Mais comment une existence peut-elle être précédée d'une autre existence. L'existence qui précède est-elle donc dans un instant de temps antérieur à celui où est l'existence précédée ? Dans ce cas, on retombe dans la doctrine du temps distinct des choses existantes. Il faut donc admettre que l'existence qui précède est telle qu'elle rend l'existence précédée *existence commencée*. Celle-ci n'est existence commencée que parce qu'elle est existence précédée. L'*antériorité* de l'existence qui précède est donc une antériorité *de nature*, une antériorité objective, une antériorité qui fait le commencement de l'existence précédée ; elle est par conséquent la *cause efficiente* de cette existence. Le grand principe de causalité est donc invinciblement démontré ; il est une proposition identique. Enfin, la causalité étant objective, l'absolu est également objectif. Nous avons donc ici un élément à la fois *subjectif* quant à son origine, puisqu'il n'est pas empirique et qu'il émane de l'activité synthétique de l'intelligence, et *objectif* quant à sa valeur.

4° Mais n'y a-t-il dans nos connaissances que ce seul élément subjectif ? Reprenons le problème proposé ci-dessus : Un terme et la relation de ce terme avec un autre terme inconnu étant donnés, trouver l'inconnu. Deux termes étant donnés, je peux aussi connaître leur rapport entre eux. Ce rapport n'est pas un élément empirique ; les termes peuvent être, il est vrai, tous deux empiriques, mais le rapport est logique et idéal ; il est un élément *subjectif* de notre connaissance, tant à l'égard de son origine, car il vient du Sujet et non de l'Objet, qu'à l'égard sa valeur, car les termes des rapports sont réels, ainsi que le fondement des rapports, qui consiste dans la nature des termes, mais le rapport lui-même est logique et idéal. Je suis donc arrivé à conclure que les deux notions fondamentales des rapports logiques, c'est-à-dire les notions d'*iden-*

sité et de *diversité*, sont des éléments *subjectifs* de la connaissance.

5° Arrivé à ce point, le problème du criticisme relatif aux éléments de l'expérience se trouvait résolu. L'expérience est composée, suivant le criticisme, d'éléments subjectifs et d'éléments objectifs. J'ai distingué deux espèces d'expérience : la *primitive* et la *comparée*. La primitive est composée d'éléments objectifs seulement; la comparée, d'éléments objectifs et subjectifs. Telle est la conclusion où je suis arrivé, et qui me paraît concilier la réalité de la connaissance avec l'existence des éléments subjectifs.

J'ai enfin appuyé sur la véracité de la conscience, la véracité de tous nos autres moyens de connaître. J'ai montré qu'on ne peut admettre la véracité d'aucun mode de connaissance, sans admettre celle de la conscience; et que la véracité de la conscience admise, celle de tous nos autres moyens de connaître suit nécessairement.

Ainsi, selon moi, l'*aliquid inconcussum* est dans la conscience; et la conscience est la base de toute la science humaine.

NOTE

RELATIVE A M. COUSIN.

Dans ma *Philosophie de la Volonté*, j'ai imputé à M. Cousin deux erreurs, le dogme de l'*unité* de la substance, qui conduit au panthéisme, et le *fatalisme*. J'ai là aussi combattu ces deux erreurs. Je déclare que dans l'ardeur de la discussion le mot de *fatalisme* m'est échappé un peu à tort, car les fatalistes nient toute liberté, tandis que M. Cousin prouve lumineusement, dans beaucoup de passages de ses œuvres, la liberté humaine ; mais j'avais cité aussi ces passages dans mon ouvrage. Quant à la *liberté* de Dieu dans la création de l'univers, j'avais cru que ce philosophe ne l'admettait pas. Je me réjouis maintenant de voir qu'il rejette ces deux graves erreurs. La nouvelle édition (la 3e 1838) de ses *Fragments Philosophiques* est précédée d'un *Avertissement* où l'on trouve ce qui suit :

« Je ne veux pas poser la plume sans répondre
» encore brièvement à des attaques d'une tout au-
» tre nature, dont la persistance, malgré toutes mes
» explications, me prouve qu'il peut y avoir quel-
» que chose à changer au moins dans l'expression
» de ma pensée. Je veux parler de cette vague accu-

» sation de panthéisme, que j'ai souvent confondue
» et avec laquelle j'en veux finir.

» Cette accusation se fonde sur les deux propo-
» sitions suivantes, que l'on m'attribue :

» 1° Il y a une seule et unique substance, dont
» le moi et le non-moi ne sont que des modifica-
» tions;

» 2° La création du monde est nécessaire.

» Or, je déclare rejeter absolument et sans ré-
» serve ces deux propositions, au sens faux et dan-
» gereux qu'il a plu de leur donner.

» 1° Dans les rares endroits où j'ai parlé de la
» substance unique, il faut entendre ce mot de sub-
» stance, non dans son acception ordinaire, mais
» comme l'ont entendu Platon, les plus illustres
» docteurs de l'Église, et la Sainte-Écriture dans
» la grande parole : *Je suis celui qui suis.* Évidem-
» ment, il est alors question de la substance qui
» existe d'une existence absolue et éternelle, et il
» est bien certain qu'il n'y a et qu'il ne peut y avoir
» qu'une seule substance de cette nature.

» 2° Jamais je n'ai dit, ni pu dire, que le moi et
» le non-moi ne sont que des modifications d'une
» substance unique, et j'ai dit cent fois le contraire.
» Si j'ai souvent désigné le moi et le non-moi par le
» mot de phénomènes, c'est par opposition à celui
» de substance, entendu au sens platonicien, et ré-
» servé à Dieu; et je ne conçois pas pourquoi de
» cette opposition, qui n'est pas contestée, on a
» voulu conclure qu'à mes yeux ces phénomènes

» n'existaient pas réellement à leur manière, et
» avec l'indépendance limitée qui leur appartient?
» Comment aurais-je pu faire du moi et du non-moi
» de simples modifications d'un autre être, quand
» j'établis partout que ce sont des causes, des for-
» ces, au sens de Leibnitz, et quand toute ma phi-
» losophie morale et politique repose sur la notion
» du moi considéré comme une force essentielle-
» ment douée de liberté? Enfin, après avoir si sou-
» vent démontré, avec Leibnitz et M. de Biran, que
» la notion de cause est le fondement de celle de sub-
» stance, pouvais-je croire qu'il me fût nécessaire
» de déclarer que le moi et le non-moi, étant des
» causes et des forces, sont des substances, et si on
» veut, des substances finies, dès qu'on cesse de
» prendre le mot d'être et de substance dans la
» haute acception que j'ai tout-à-l'heure rappelée?
» Au reste, si cette expression de substances finies
» peut aller au-devant d'honnêtes scrupules, je
» consens bien volontiers à l'ajouter à celle de phé-
» nomènes et de forces, appliquée à la nature et à
» l'homme. Il vaut cent fois mieux éclaircir ou ré-
» former un mot, même sans nécessité, que de cou-
» rir le risque de scandaliser un seul de nos sem-
» blables.

» 3° Reste la nécessité de la création. A la ré-
» flexion, je trouve moi-même cette expression
» assez peu révérencieuse envers Dieu, dont elle a
» l'air de compromettre la liberté, et je ne fais pas
» la moindre difficulté de la retirer; mais en la re-

» tirant je la dois expliquer. Elle ne couvre aucun
» mystère de fatalisme : elle exprime une idée qui
» se trouve partout, dans les plus saints docteurs
» comme dans les plus grands philosophes. Dieu,
» comme l'homme, n'agit et ne peut agir que con-
» formément à sa nature, et sa liberté même est re-
» lative à son essence. Or, en Dieu surtout la force
» est adéquate à la substance, et la force divine est
» toujours en acte; Dieu est donc essentiellement
» actif et créateur. Il suit de là qu'à moins de dé-
» pouiller Dieu de sa nature et de ses perfections
» essentielles, il faut bien admettre qu'une puis-
» sance essentiellement créatrice n'a pas pu ne pas
» créer, comme une puissance essentiellement intel-
» ligente n'a pu créer qu'avec intelligence, comme
» une puissance essentiellement sage et bonne n'a
» pu créer qu'avec sagesse et bonté. Le mot de
» nécessité n'exprime pas autre chose. Il est incon-
» cevable que de ce mot on ait voulu tirer et m'im-
» puter le fatalisme universel. Quoi! parce que je
» rapporte l'action de Dieu à sa substance même,
» je considère cette action comme aveugle et fatale!
» Quoi! il y a de l'impiété à mettre un attribut de
» Dieu, la liberté, en harmonie avec tous ses autres
» attributs et avec la nature divine elle-même! »

Après avoir accompli un devoir sacré en retirant mes deux imputations, je présenterai à M. Cousin l'observation suivante. Il convient que le *moi* se montre à la conscience comme *cause* ou *force*; il avoue aussi que toute force est une substance. Il suit de là que les deux notions de *substance* et de *cause* peuvent être tirées de la conscience ; qu'elles sont *objectives*, tant à l'égard de l'origine qu'à l'égard de la valeur. Ce philosophe ne pourrait-il donc pas, en partant de ces prémisses, résoudre le problème de la réalité de la connaissance par la méthode expérimentale, comme je l'ai fait moi-même ? Je laisse à ce profond penseur l'appréciation de cette observation.

FIN.

TABLE.

Préface du Traducteur.
                   Pages.

Lettre Ire. — Direction que prit la philosophie à l'époque de Descartes. 1

Lettre II. — De la philosophie de Locke. 18

Lettre III. — Comment Condillac a résolu le nouveau problème de la philosophie. 39

Lettre IV. — Point de vue auquel la critique de Locke par Leibnitz réduisit la question des principes de la connaissance. 60

Lettre V. — Comment Kant, suivant les traces de Condillac et admettant le principe de Leibnitz sur les connaissances nécessaires, a posé d'une manière nouvelle le problème de la philosophie. — Esthétique transcendantale. 81

Lettre VI. — Des Catégories de Kant. 97

Lettre VII. — Comment Kant construisit le monde sensible. 109

Lettre VIII. — Observations sur les Doctrines précédentes. — Résultats de l'analyse du langage. — Port-Royal. — Dumarsais. 125

Lettre IX. — Nouveaux problèmes proposés par Hume à la philosophie. 147

Lettre X. — Comparaison de la Doctrine de Hume avec quelques autres Doctrines antérieures. — Malebranche. — Bayle. — Berkeley. 177

Lettre XI. — Comment Reid et ses disciples ont combattu le scepticisme de Hume. 215

LETTRE XII. — Comment la doctrine de Hume et celle de Reid conduisirent Kant au transcendantalisme. . 239

LETTRE XIII. — Doctrine de Kant sur la possibilité de la métaphysique, ou dialectique transcendantale de ce philosophe. 258

LETTRE XIV. — Résultat du criticisme. — Doctrine de Cousin. — Jouffroy. — Rosmini. — Conclusion. 305

NOTE relative à M. Cousin. 345

FIN DE LA TABLE.

www.ingramcontent.com/pod-product-compliance
Lightning Source LLC
Chambersburg PA
CBHW050259170426
43202CB00011B/1754